KB090919

개념어

중등 내신 잡고  수능 국어 실력 다지는

어휘력

3

비문학

꿈씨앗연구소 지음

개념어

중등 내신 잡고 수능 국어 실력 다지는

어휘력

3

비문학

BM (주)도서출판 성안당

국어 성적을 올리는 어휘력의 비밀

**❝ 비문학 독해의 해법은
어휘력에 있다! ❞**

많은 학생이 국어 공부에서 가장 큰 걸림돌로 생각하는 것은 비문학 영역입니다. 수능과 모의고사는 해를 거듭할수록 어려운 어휘를 사용하고 일정 수준 이상의 배경지식을 요구하고 있습니다. 하지만 정치, 법률, 과학 등 다양한 분야의 전문적인 글을 짧은 시간 내에 이해하고 문제를 풀기란 결코 쉽지 않습니다.

처음 보는 글을 읽으면서 내용을 완벽하게 파악하는 능력을 '독해력'이라고 합니다. 수능 국어, 특히 비문학 영역의 관건은 독해력이며, 독해력의 핵심이 되는 것이 바로 국어 어휘력입니다. 시험에서 모르는 단어가 나오면 당황스럽고 지문을 빠르게 독해하기 어렵습니다.

그렇다면 학생들이 비문학 독해를 어려워하는 주된 이유는 무엇일까요? 첫째는 '글을 읽어도 무슨 뜻인지 모르겠다.'라는 것이고, 둘째는 '글을 이해하는 데 시간이 너무 오래 걸린다.'라는 것입니다.

이 모든 문제를 해결할 수 있는 해법은 바로 '어휘력'에 있습니다. 다양한 배경지식의 기본을 이루는 것도 역시 '어휘'입니다. 일상생활에서 접하기 힘든 법률, 정치, 과학 등의 대표 어휘들을 익힌다면, 수능과 모의고사 지문을 더욱 쉽고 빠르게 이해할 수 있습니다.

독해 지문에 있는 단어의 뜻을 임의로 해석하여 오답을 내거나, 지문의 내용을 잘못 이해하여 세부 정보를 확인하는 문제를 틀리는 수험생들이 많습니다. 이 책은 실제 기출 문제로 시험에 대한 적용력과 문제 해결력을 키우고, 다양한 분야의 어휘를 익히면서 낯설고 어려운 어휘들에 친숙해지도록 구성하였습니다.

수능 국어에 출제되는 어휘를 잘 알고 있다고 생각하여 별다른 노력을 하지 않는 학생들이 많습니다. 하지만 시험에서는 어렴풋이 아는 것이 오히려 '독'이 되어 오답을 고를 수 있습니다. 아무리 쉽고 익숙한 단어라도 문맥에 맞지 않는 방향으로 해석한다면 엉뚱한 답을 고르기 마련입니다. 결국 비문학 독해에서 가장 중요한 핵심은 '다양한 분야의 어휘를 정확하게 아는 것'입니다.

이 책은 단순히 어휘만을 모아 보여주는 것이 아니라, 그 의미를 정확하게 담고 있는 예문과 실전 문제를 통해 어휘를 이해하고 실전에서 활용할 수 있도록 구성하였습니다. 또한 수능과 모의고사에서 자주 출제되는 어휘 문제를 완벽하게 익히고 대비할 수 있고, 각 분야의 지문에사 가장 빈번하게 등장하는 어휘들을 체계적으로 학습할 수 있습니다.

학습자는 해당 어휘의 사전적 의미를 실전 문제를 통해 학습하고, 실생활에서 활용함으로써 확실히 기억할 수 있습니다. 또한 한자의 뜻과 음을 함께 익히면서 더욱 정확하게 뜻을 이해하고, 다른 단어로 확장해 공부할 수 있습니다. 그런가 하면 실전 문제를 통해 학습자 스스로 아는 것과 모르는 것을 인지할 수 있어 학습적인 효과를 극대화할 수 있습니다. 이 책에 나온 어휘들을 모두 완벽하게 익힌다면 비문학 독해에 든든한 조력자의 역할을 완벽하게 수행할 것입니다.

'집을 팔아도 안 되는 것이 국어 점수 올리는 일'이라는 말이 있을 정도로, 국어 실력을 선천적 능력이라 여기는 사람들이 많습니다. 하지만 이는 어디까지나 제대로 된 국어 공부법을 몰라서 하는 말입니다. 국어 실력의 가장 기본인 어휘력부터 차근차근 익히고 기출 문제 위주로 각 유형을 분석하면서 공부한다면, 혼자 힘으로도 충분히 좋은 성적을 낼 수 있습니다. 국어 공부는 어렵다는 말에 현혹되지 말고 한 단계씩 실력을 쌓아가다 보면, 결국 가장 높은 곳에 도달할 수 있다는 믿음으로 꾸준히 노력하길 바랍니다.

꿈씨앗연구소

중등 내신부터 수능까지 국어 학습력 강화를 위한
국어 성적을 결정짓는 개념어·어휘력 시리즈

「중등 내신 잡고 수능 국어 실력 다지는 **개념어·어휘력**」 시리즈는 학년 구분 없이 중등 과정 전체를 총 3권으로 구성하였습니다. 국어 공부의 핵심인 개념 어휘를 '시 문학, 현대·고전 소설, 비문학'으로 구분하여 각 권에 나누어 담았고, 중등 국어 교육과정을 바탕으로 엄선한 필수 어휘와 실생활에서 가장 많이 사용되는 사자성어로 어휘력을 확장할 수 있습니다. 또한 단어의 사전적 정의를 단순히 나열하는 데 그치지 않고, 풍부한 예시와 실전 문제를 통해 개념을 더욱더 쉽게 이해하고 실제 시험에서 큰 효과를 발휘할 수 있습니다. 이 책에 수록된 어휘를 완전히 내 것으로 만들면 국어 공부가 쉬워지는 것은 물론이고, 국어를 이해하는 안목도 깊어질 것입니다.

대상	• 중등 전 학년 & 고등 1학년

- 국어 시험에 자주 나오는 **시 문학** 개념어 학습
- 국어 교과서에서 뽑은 중등 과정 필수 어휘 익히기
- 실생활에서 많이 쓰는 사자성어 익히기
- 기출 예시와 실전 문제로 국어 실력 키우기

- **현대·고전 소설** 개념어 학습
- 국어 교과서에서 뽑은 중등 과정 필수 어휘 익히기
- 실생활에서 많이 쓰는 사자성어 익히기
- 기출 예시와 실전 문제로 국어 실력 키우기

- 법률·경제 관련 빈출 어휘 익히기
- 문화·예술 관련 빈출 어휘 익히기
- 인문·철학 관련 빈출 어휘 익히기
- 과학·기술 관련 빈출 어휘 익히기
- 기출 예시와 실전 문제로 국어 실력 키우기

차례

STEP 1 수능 모의고사 기출 어휘 익히기

모든 공부의 가장 기본은 기출 문제를 완벽하게 이해하고 분석하는 것입니다. 1단계 수능과 모의고사에서 출제된 어휘 문제를 직접 풀어보면서 유형을 이해하고, 기본 실력을 쌓는 단계입니다. 국어 어휘 문제는 같은 단어가 반복해서 출제되는 경우가 많으므로, 기출 문제에 관한 완벽한 학습이 필요합니다.

▶ 2021년 6월 고1 모의고사

정약용은 인간에게 '감각적 욕구에서 비롯된 기호'와 '도덕적 욕구에서 비롯된 기호'가 있다고 보았다. 먼저, 감각적 욕구에서 비롯된 기호는 생명이 있는 모든 존재가 지니는 육체의 경향성으로, 맛있는 것을 좋아하고 맛없는 것을 싫어하는 것을 예로 ⓐ들 수 있다.

02 ⓐ와 문맥적 의미가 가장 유사한 것은?

① 명확한 증거를 들었다.
② 감기가 들어 약을 먹었다.
③ 마음에 드는 사람이 있다.
④ 우리 집은 햇볕이 잘 든다.
⑤ 상자 안에 선물이 들어 있다.

▶ 2017년 11월 고1 모의고사

다음으로 공급 측면에서, 정보재는 원본의 개발에 ⓐ드는 초기 고정 비용*은 크지만 디지털로 생산·유통되기 때문에 원본의 복제를 통한 재생산에 투입되는 추가적인 한계 비용*은 매우 작다는 특성이 있다.

*고정 비용: 생산량의 변동 여하에 관계없이 불변적으로 지출되는 비용.
*한계 비용: 생산물 한 단위를 추가로 생산할 때 필요한 총비용의 증가분.

03 ⓐ의 문맥적 의미와 가장 가까운 것은?

① 그는 교내 합창 동아리에 들었다.
② 꽃은 해가 잘 드는 데 심어야 한다.
③ 잔치 음식을 준비하는 데 돈이 많이 든다.
④ 올해 들어 해외 여행자 수가 부쩍 늘었다.
⑤ 좋은 생활 습관이 들면 자기 발전에 도움이 된다.

▶ 2023년 6월 고1 모의고사

• 문제가 발생한다면 다섯 가지 기본 욕구를 실현 가능한 수준으로 타협하고 조절해 새로운 선택을 할 필요가 있다고 ⓐ제안했다.
• 이 욕구가 강한 사람은 직장에서의 성공과 명예를 중시하고 높은 사회적 지위에 ⓑ도달하기 위해 노력한다.
• 자유의 욕구와 힘의 욕구 모두가 강한 사람은 자신이 ⓒ선호하는 것을 우선시하고 이것이 방해받으면 불편해하며 주변 사람들과 갈등을 일으킬 수 있다.
• 타인과의 사소한 의견충돌 상황에서 자기주장을 강조하기보다는 타인의 마음을 헤아리고 그 의견을 ⓓ겸허하게 수용하는 연습을 하게 할 수 있다.
• 현재 현실 요법은 상담 분야에서 호응을 얻어 심리 상담에 널리 ⓔ활용되고 있다.

02 ⓐ~ⓔ의 사전적 의미로 적절하지 않은 것은?

① ⓐ: 안이나 의견으로 내놓음.
② ⓑ: 사람이나 동식물 따위가 자라서 점점 커짐.
③ ⓒ: 여럿 가운데서 특별히 가려서 좋아함.
④ ⓓ: 스스로 자신을 낮추고 비우는 태도가 있음.
⑤ ⓔ: 충분히 잘 이용함.

수능 국어 어휘 만점 대비하기

비문학에서 반드시 한 문항 이상 출제되는 어휘 문제는 언뜻 쉽게 보여도 뜻이 헷갈리는 경우가 많아 오답률이 의외로 높습니다. 2단계에서는 어휘 실력을 탄탄하게 다지고, 출제 가능성이 높은 단어의 뜻을 예문으로 익힐 수 있습니다. 단순히 한번 읽고 지나치는 것이 아니라, 예문을 읽고 문맥에 맞는 뜻을 찾으면서 정확하게 익히도록 구성하였습니다.

들다 · 다음 밑줄 친 부분에 해당하는 의미를 사전적 의미 에서 찾아 그 기호를 쓰시오.

13 볕이 잘 <u>드는</u> 집을 구해야 한다. ( )

14 동생은 축구를 잘하는 편에 <u>들었다</u>. ( )

15 그는 이미 최고의 경지에 <u>든</u> 작가였다. ( )

16 편지에 어떤 내용이 <u>들어</u> 있는지 모른다. ( )

17 그 일은 생각보다 힘이 많이 <u>드는</u> 일이다. ( )

18 청바지와 함께 세탁한 흰옷에 파란 물이 <u>들었다</u>. ( )

사전적 의미
㉠ 빛, 볕, 물 등이 안으로 들어오다.
㉡ 어떤 일에 돈, 시간, 노력, 물자 등이 쓰이다.
㉢ 물감, 색깔, 물기, 소금기가 스미거나 배다.
㉣ 어떤 범위나 기준, 일정한 기간에 속하거나 포함되다.
㉤ 안에 담기거나 그 일부를 이루다.
㉥ 어떤 처지에 놓이다.

오르다 · 다음 밑줄 친 부분에 해당하는 의미를 사전적 의미 에서 찾아 그 기호를 쓰시오.

01 산에 <u>오르기</u> 위해서는 적절한 장비와 준비가 필요하다. ( )

02 연속으로 승리를 거두면서 한국팀의 기세가 <u>오르고</u> 있다. ( )

03 민중들은 새로운 지도자가 왕위에 <u>오르길</u> 바라고 있었다. ( )

04 유행어는 아무리 많이 쓰였다 해도 사전에 <u>오르지</u> 않는다. ( )

05 그 사건에 관해 확인되지 않은 사실들이 구설에 <u>오르고</u> 있다. ( )

06 혈압이 <u>오르면</u> 두통이나 어지러움 같은 증상이 나타날 수 있다. ( )

사전적 의미
㉠ 사람이나 동물 등이 아래에서 위쪽으로 움직여 가다.
㉡ 지위나 신분 따위를 얻게 되다.
㉢ 값이나 수치, 온도, 성적 등이 이전보다 올라가다.
㉣ 남의 이야깃거리가 되다.
㉤ 기록에 적히다.
㉥ 기운이나 세력이 왕성해지다.

구하다 · 다음 밑줄 친 부분에 해당하는 의미를 사전적 의미 에서 찾아 그 기호를 쓰시오.

07 이 책은 나라를 <u>구한</u> 영웅들에 관한 이야기다. ( )

08 원하는 값을 <u>구하기</u> 위해 다양한 실험을 진행하였다. ( )

09 정책 변경에 대한 의사결정은 상부에 협조를 <u>구해야</u> 한다. ( )

10 전셋집을 <u>구할</u> 때 주변 주거환경을 반드시 확인해야 한다. ( )

11 태풍으로 피해를 본 이재민들을 <u>구하기</u> 위한 모금 운동이다. ( )

사전적 의미
㉠ 필요한 것을 얻으려고 찾다. 또는 찾아서 얻다.
㉡ 다른 사람의 이해나 동의, 도움을 얻으려고 하다.
㉢ 물건 등을 제공하여 생활이 어려운 사람을 돕다.
㉣ 위태롭거나 어려운 상황에서 벗어나게 하다.
㉤ 문제에 대한 답이나 수, 양을 알아내다.

영역별 어휘로 독해력 키우기

수능 국어의 비문학 영역에서는 경제, 정치, 예술, 과학 등 다양한 영역의 정보들이 골고루 출제됩니다. 이 책에서는 각각의 분야에서 많이 사용하는 빈출 어휘들을 익힐 수 있어, 낯설고 어려운 지문을 술술 읽을 수 있게 해 줍니다. 또한 전문 용어의 특성상 한글만으로는 의미가 잘 파악되지 않기에, 한자를 함께 익혀 더욱 정확하게 단어를 이해하고 다른 단어로 확장해 가면서 심화 학습을 할 수 있습니다.

● 법률·경제 관련 빈출 어휘

소송 호소할 訴 송사할 訟	법률상의 판결을 법원에 요구함. 예 산업 재해로 상해를 입은 근로자는 회사를 상대로 □□을 걸었다.
원고 언덕 原 고할 告	법원에 민사 소송을 제기한 사람. 예 형사 재판에서는 검사가 □□가 되어 재판이 진행된다.
피고 입을 被 고할 告	민사 소송에서 소송을 당한 측의 당사자. 예 재판부는 □□에게 손해액을 배상할 것을 판결하였다.
승소 이길 勝 호소할 訴	소송에서 이기는 일. 예 부당 해고된 직원들의 □□가 확정되면서 회사로 복귀하게 되었다.
패소 패할 敗 호소할 訴	소송에서 짐. 예 명예 훼손죄에 대해 재판부는 원고 □□ 판결을 내렸다.
가결 옳을 可 결단할 決	회의에서, 제출된 의안을 합당하다고 결정함. 예 정치 관련 개혁안이 압도적인 득표율로 □□되었다.

● 문화·예술 관련 빈출 어휘

반향 돌이킬 反 울릴 響	어떤 사건이나 발표 등이 세상에 영향을 미치어 일어나는 반응. 예 이번에 출판된 그의 소설은 큰 □□을 불러일으켰다.
발현 필 發 나타날 現	속에 있거나 숨은 것이 밖으로 나타나거나 그렇게 나타나게 함. 예 훌륭한 그림이란 결국 자아의 순수한 □□임을 알아야 한다.
방증 결 傍 증거 證	어떤 사실에 대한 간접적이고 주변적인 증거. 예 구체적인 증거가 아닌 □□만으로 유죄 판결을 내릴 수 없다.
반증 돌이킬 反 증거 證	어떤 사실이나 주장이 옳지 아니함을 그에 반대되는 근거를 들어 증명함. 예 변호사는 목격자의 진술에 대한 □□을 제시하였다.
비영리 아닐 非 경영할 營 이로울 利	재산상의 이익을 꾀하지 않음. 예 그는 가난한 어린이들을 지원하는 □□□ 단체를 설립하였다.
배양 북돋울 培 기를 養	인격, 사상, 능력 등이 발전하도록 가르쳐 기름. 예 우리 학교는 청소년들의 합리적이고 과학적인 사고 □□을 위해 설립되었다.

● 인문·철학 관련 빈출 어휘

철학 밝을 哲 배울 學	인간과 세계에 대한 근본 원리와 삶의 본질 등을 연구하는 학문. 예 세상의 본질적인 원리를 알고 지혜를 얻기 위해 □□을 공부한다.
현상 나타날 現 코끼리 象	인간이 알아서 깨달을 수 있는, 사물의 모양이나 상태. 예 지구 온난화로 인해 기후가 이상 □□이 일어나고 있다.
개체 낱 個 몸 體	단일하고 고유한 독자적 존재. 예 철학은 □□로서의 인간을 중심으로, 인간의 본질을 탐구한다.
객체 손 客 몸 體	사람이 감각하거나 인식하거나 행동하는 것의 대상이 되는 사물. 예 개개의 인간은 자신을 주체로, 다른 사람을 □□로 인식한다.
경도 기울 傾 넘어질 倒	어떤 대상으로 생각이 쏠려 온 마음을 기울여 열중함. 예 특정 이념에 대한 맹목적인 □□는 지양되어야 한다.
경지 지경 境 땅 地	학문, 예술, 인품 등에서 일정한 특성과 체계를 갖춘 독자적인 범□. 예 그의 작품은 이미 예술적인 □□에 이르렀다.

● 과학·기술 관련 빈출 어휘

곡면 굽을 曲 낯 面	평평하지 않고 굽어 휘어진 면. 예 뫼비우스의 띠는 안과 같이 모두 □□이라 구분할 수 없다.
파동 물결 波 움직일 動	공간의 한 점에서 일어난 물리적인 상태의 변화가 주변으로 퍼지는 현상. 예 바이올린과 같은 현악기는 줄의 □□이 소리를 만들어 낸다.
음파 소리 音 물결 波	소리의 진동으로 생기는 파동. 예 인간은 □□의 진동으로 인해 소리를 인식할 수 있다.
파장 물결 波 길 長	파동이 퍼져 나갈 때 반복되는 모양의 첫 부분부터 끝부분까지의 길이. 예 무지개는 빛의 □□ 차이로 인해 다양한 색상으로 나타난다.
전파 번개 電 물결 波	물체 안에서 전류가 진동함으로써 밖으로 퍼지는 파동. 예 무선 통신에 쓰이는 □□는 안테나에서 생성되어 공기를 통해 진동한다.
주파수 두루 周 물결 波 셈 數	전파나 음파가 1초 동안에 흔들려 움직이는 횟수. 예 라디오 방송은 특정 □□□에서 송출되며 수신기로 선택하여 듣는다.

실전 문제로 어휘력 완성하기

실전 문제를 통해 앞에서 배운 어휘들을 확실하게 알고 있는지 점검하는 단계입니다. 대충 눈치로 맞힐 수 있는 문제가 아니라, 관련 내용을 정확하게 알아야만 답을 쓸 수 있는 실전형 문제들로 구성하였습니다. 잘 몰랐거나 헷갈려서 틀린 문제는 다시 한번 앞에서 공부하고 넘어갈 수 있도록 합니다. 다양한 비문학 지문을 읽고, 문맥적 흐름에 맞는 답을 찾는 실전 문제를 통해 어휘를 더욱 완벽하게 익힐 수 있습니다.

● 다음 글을 읽고 물음에 답하시오.

최근 세계 경제가 경기 회복의 조짐을 보이며 물가가 ⊙오르는 현상이 발생하고 있다. 경기가 회복되면 생산성과 수요가 증가하면서 물가를 끌어올리게 된다. 물가 상승은 소비자와 기업에 큰 영향을 미친다. 소비자는 물가 상승으로 인해 물품과 서비스를 구매하는 데 더 큰 비용을 지급해야 하며, 기업은 원재료 가격 상승으로 인해 생산 비용이 증가하게 된다.

01 ⊙의 문맥적 의미와 가장 가까운 것은?
① 공연의 인기가 오르자, 예약하기 더욱 어려워졌다.
② 매일 아침 계단을 오르다 보니 체력이 많이 향상되었다.
③ 최근 발표된 연구 결과가 학계에서 화제에 오르고 있다.
④ 갑자기 열이 오르면 면역 체계가 반응하는 신호일 수 있다.
⑤ 그가 벼슬길에 오르자, 쇠락해 가던 가문이 다시 일어섰다.

● 다음 글을 읽고 물음에 답하시오.

자동차의 속도를 측정하려면, 운전자가 운전하는 자동차를 기준으로 하는 것이 아니라, 도로 위의 정지된 지점이나 다른 차량을 기준으로 해야 한다. 이렇게 외부에 고정된 기준점을 사용하여 속도를 ⓒ구하면, 운전자는 자신이 얼마나 빠르게 움직이고 있는지를 정확하게 알 수 있다. 자동차의 속도를 정확히 파악하여 안전운전에 도움이 되며, 교통 상황을 예측하고 적절한 주행 속도를 유지할 수 있다.

02 ⓒ의 문맥적 의미와 가장 가까운 것은?
① 주인을 화재의 위험에서 구한 고양이가 화제이다.
② 정부는 극빈자들을 구하기 위한 정책을 마련해야 한다.
③ 수학 시간에 평면도형의 넓이를 구하는
④ 선사 시대에는 주로 동식물을 이용하
⑤ 업무상의 실수에 대해 양해를 구하는

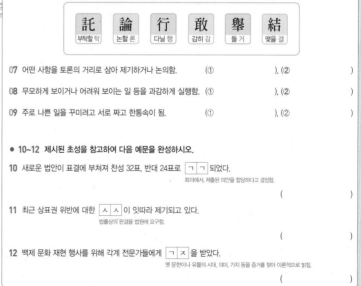

● 07~09 다음 설명에 맞는 글자를 골라 ①한글과 ②한자로 쓰시오.

託	論	行	敢	擧	結
부탁할 탁	논할 론	다닐 행	감히 감	들 거	맺을 결

07 어떤 사항을 토론의 거리로 삼아 제기하거나 논의함. (①), (②)

08 무모하게 보이거나 어려워 보이는 일 등을 과감하게 실행함. (①), (②)

09 주로 나쁜 일을 꾸미려고 서로 짜고 한통속이 됨. (①), (②)

● 10~12 제시된 초성을 참고하여 다음 예문을 완성하시오.

10 새로운 법안이 표결에 부쳐져 찬성 32표, 반대 24표로 ㄱㄱ 되었다.
회의에서, 제출된 의안을 합당하고 결정함.
( )

11 최근 상표권 위반에 대한 ㅅㅅ 이 잇따라 제기되고 있다.
법률상의 판결을 법원에 요구함.
( )

12 백제 문화 재현 행사를 위해 각계 전문가들에게 ㄱㅈ 을 받았다.
옛 문헌이나 유물의 시대, 의미, 가치 등을 증거를 찾아 이론적으로 밝힘
( )

> **2023년 9월 고1 모의고사**

- 운동선수처럼 반복적 수련을 하거나 안경 등의 도구를 이용하면 인식 주체들이 지닌 조건은 ⓐ달라질 수 있다.
- 이런 경향은 현대 회화에도 영향을 ⓑ끼쳤으며, 회화에서 현실 세계를 다루는 양상에도 변화가 나타났다.
- 추상의 강도가 더해질수록 현대회화는 실재의 재현에서 더욱 ⓒ멀어져, 실재가 아닌 화가의 내면을 표현하는 것으로 인식되었다.
- 상상의 대부분은 현실의 경험에서 ⓓ비롯되며, 내면의 추상적 영역 또한 객관적 실재의 외면을 이질적으로 변형시켜 존재를 다양하게 드러낸다.
- 일상에서 들을 수 있는 일반적 소리와 달리 균질적이고 세련되며 인위적인 배열을 ⓔ따른다.

01 문맥상 ⓐ～ⓔ와 바꾸어 쓰기에 가장 적절한 것은?

① ⓐ: 치환(置換)될   ② ⓑ: 부과(賦課)했으며   ③ ⓒ: 심화(深化)되어
④ ⓓ: 시작(始作)되며   ⑤ ⓔ: 추종(追從)한다

> **2023년 6월 고1 모의고사**

- 문제가 발생한다면 다섯 가지 기본 욕구를 실현 가능한 수준으로 타협하고 조절해 새로운 선택을 할 필요가 있다고 ⓐ제안했다.
- 이 욕구가 강한 사람은 직장에서의 성공과 명예를 중시하고 높은 사회적 지위에 ⓑ도달하기 위해 노력한다.
- 자유의 욕구와 힘의 욕구 모두가 강한 사람은 자신이 ⓒ선호하는 것을 우선시하고 이것이 방해받으면 불편해하며 주변 사람들과 갈등을 일으킬 수 있다.
- 타인과의 사소한 의견충돌 상황에서 자기주장을 강조하기보다는 타인의 마음을 헤아리고 그 의견을 ⓓ겸허하게 수용하는 연습을 하게 할 수 있다.
- 현재 현실 요법은 상담 분야에서 호응을 얻어 심리 상담에 널리 ⓔ활용되고 있다.

02 ⓐ～ⓔ의 사전적 의미로 적절하지 않은 것은?

① ⓐ: 안이나 의견으로 내놓음.   ② ⓑ: 사람이나 동식물 따위가 자라서 점점 커짐.
③ ⓒ: 여럿 가운데서 특별히 가려서 좋아함.   ④ ⓓ: 스스로 자신을 낮추고 비우는 태도가 있음.
⑤ ⓔ: 충분히 잘 이용함.

> **2023년 3월 고1 모의고사**

- 그는 인간을 무의식의 지배를 받는 비합리적 존재로 간주하고, 정신 분석 이론을 통해 인간의 정신세계를 ⓐ규명하려 하였다.
- 승화는 그러한 욕구를 예술과 같이 가치 있는 활동으로 ⓑ전환하는 것을 의미한다.
- 기존의 이론에서 ⓒ간과한 무의식에 대한 탐구를 통해 인간 이해에 대한 지평을 넓혔다는 평을 받고 있다.
- 개인 무의식은 의식에 의해 ⓓ배제된 생각이나 감정, 기억 등이 존재하는 영역이다.
- 이 과정에서 자아는 자신의 또 다른 모습인 그림자와 ⓔ대면하게 되고, 집단 무의식에 존재하는 여러 원형들을 발견하게 된다.

03 ⓐ～ⓔ의 사전적 의미로 적절하지 않은 것은?

① ⓐ: 어떤 사실을 자세히 따져서 바로 밝힘.   ② ⓑ: 주기적으로 자꾸 되풀이하여 돎.
③ ⓒ: 큰 관심 없이 대강 보아 넘김.   ④ ⓓ: 받아들이지 아니하고 물리쳐 제외함.
⑤ ⓔ: 서로 얼굴을 마주 보고 대함.

수능 국어 어휘 만점 대비하기

오르다	다음 밑줄 친 부분에 해당하는 의미를 `사전적 의미` 에서 찾아 그 기호를 쓰시오.

01 산에 오르기 위해서는 적절한 장비와 준비가 필요하다. ( )

02 연속으로 승리를 하면서 한국팀의 기세가 오르고 있다. ( )

03 민중은 새로운 지도자가 왕위에 오르길 바라고 있었다. ( )

04 유행어는 아무리 많이 쓰였다 해도 사전에 오르지 않는다. ( )

05 그 사건에 관해 확인되지 않은 사실들이 구설에 오르고 있다. ( )

06 혈압이 오르면 두통이나 어지러움 같은 증상이 나타날 수 있다. ( )

`사전적 의미` ㉠ 사람이나 동물 등이 아래에서 위쪽으로 움직여 가다. ㉡ 지위나 신분 등을 얻게 되다.
㉢ 값이나 수치, 온도, 성적 등이 이전보다 올라가다. ㉣ 남의 이야깃거리가 되다.
㉤ 기록에 적히다. ㉥ 기운이나 세력이 왕성해지다.

구하다	다음 밑줄 친 부분에 해당하는 의미를 `사전적 의미` 에서 찾아 그 기호를 쓰시오.

07 이 책은 나라를 구한 영웅들에 관한 이야기다. ( )

08 원하는 값을 구하기 위해 다양한 실험을 진행하였다. ( )

09 정책 변경에 대한 의사결정은 상부에 협조를 구해야 한다. ( )

10 전셋집을 구할 때 주변 주거환경을 반드시 확인해야 한다. ( )

11 태풍으로 피해를 본 이재민들을 구하기 위한 모금 운동이다. ( )

`사전적 의미` ㉠ 필요한 것을 얻으려고 찾다. 또는 찾아서 얻다. ㉡ 다른 사람의 이해나 동의, 도움을 얻으려고 하다.
㉢ 물건 등을 제공하여 생활이 어려운 사람을 돕다. ㉣ 위태롭거나 어려운 상황에서 벗어나게 하다.
㉤ 문제에 대한 답이나 수, 양을 알아내다.

굳다	다음 밑줄 친 부분에 해당하는 의미를 `사전적 의미` 에서 찾아 그 기호를 쓰시오.

12 나쁜 말버릇이 굳어 버리면 여간해서 고치기 힘들다. ( )

13 새해에는 꾸준히 운동하겠다는 굳은 결심을 드러냈다. ( )

14 스트레칭은 굳은 관절을 부드럽게 푸는 데 도움이 된다. ( )

15 아이가 무사히 집에 오자 어머니의 굳었던 얼굴이 환해졌다. ( )

16 시멘트는 탄산칼슘이 물에 녹았다가 굳는 원리로 만들어졌다. ( )

`사전적 의미` ㉠ 무른 물질이 단단하게 되다. ㉡ 근육이나 뼈마디 등 신체의 일부가 뻣뻣하게 되다.
㉢ 표정이나 태도 등이 어둡거나 딱딱하게 되다. ㉣ 행동이나 말, 태도나 성격 등이 몸에 배어서 버릇이 되다.
㉤ 흔들리거나 바뀌지 아니할 만큼 힘이나 뜻이 강하다.

법률·경제 관련 빈출 어휘 익히기

소송 호소할 訴 송사할 訟	법률상의 판결을 법원에 요구함. 예 산업 재해로 상해를 입은 근로자는 회사를 상대로 ☐☐ 을 걸었다.
원고 언덕 原 고할 告	법원에 민사 소송을 제기한 사람. 예 형사 재판에서는 검사가 ☐☐ 가 되어 재판이 진행된다.
피고 입을 被 고할 告	민사 소송에서 소송을 당한 측의 당사자. 예 재판부는 ☐☐ 에게 손해액을 배상할 것을 판결하였다.
승소 이길 勝 호소할 訴	소송에서 이기는 일. 예 부당 해고된 직원들의 ☐☐ 가 확정되면서 회사로 복귀하게 되었다.
패소 패할 敗 호소할 訴	소송에서 짐. 예 명예 훼손죄에 대해 재판부는 원고 ☐☐ 판결을 내렸다.
가결 옳을 可 결단할 決	회의에서, 제출된 의안을 합당하다고 결정함. 예 정치 관련 개혁안이 압도적인 득표율로 ☐☐ 되었다.
부결 아닐 否 결단할 決	의논한 안건을 받아들이지 아니하기로 결정함. 예 이 안건은 투표 결과 과반수의 찬성을 얻지 못하면 ☐☐ 된다.
공소 공평할 公 호소할 訴	검사가 법원에 특정 형사 사건의 재판을 청구함. 예 검찰은 피고인의 혐의에 대해서 ☐☐ 를 제기하였다.
공방 칠 攻 막을 防	서로 공격하고 방어함. 예 여야는 의미 없는 정치 ☐☐ 을 멈추고 민생을 돌봐야 한다.
기소 일어날 起 호소할 訴	검사가 특정한 형사 사건에 대하여 법원에 심판을 요구하는 일. 예 그는 뚜렷한 혐의가 없어 ☐☐ 도 안 되고 바로 풀려났다.

문화·예술 관련 빈출 어휘 익히기

감행 감히 敢 다닐 行	무모하게 보이거나 어려워 보이는 일 등을 과감하게 실행함. 예 정부는 시장의 안정을 위하여 부동산 개혁을 ☐☐ 하기로 하였다.
자행 마음대로 恣 다닐 行	제멋대로 방자하게 행동하거나 일을 저지름. 예 해적들은 해역을 지나는 배들을 상대로 약탈을 ☐☐ 하였다.
개론 대개 槪 논할 論	어떤 학문 따위의 내용을 간략하게 추려 서술한 내용. 또는 그 책. 예 문학 이론에 대해 배우려면 가장 먼저 문학 ☐☐ 수업을 들어야 한다.
거론 들 擧 논할 論	어떤 사항을 토론의 거리로 삼아 제기하거나 논의함. 예 회의에서 ☐☐ 된 문제들을 정리하여 보고서를 작성하였다.
결탁 맺을 結 부탁할 託	주로 나쁜 일을 꾸미려고 서로 짜고 한통속이 됨. 예 그는 권력과의 ☐☐ 을 거부하고 지성인의 양심을 지켰다.
고사 연고 故 일 事	예부터 전하여 내려오는 유서 깊은 일. 또는 그것을 나타낸 어구. 예 ☐☐ 를 살펴보면 오늘날에도 배울 점이 많다.
고서 옛 古 글 書	아주 오래전에 간행된 책. 예 국립박물관에서 조선 시대 ☐☐ 전시회가 열리고 있다.
고증 생각할 考 증거 證	옛 문헌이나 유물의 시대, 의미, 가치 등을 증거를 찾아 이론적으로 밝힘. 예 왕궁이 철저한 문헌의 ☐☐ 을 통해 완벽하게 복원되었다.
몰각 빠질 沒 물리칠 却	완전히 없애 버림. 예 옛날 생활의 흔적들이 모두 ☐☐ 되고 말았다.
관조 볼 觀 비칠 照	고요한 마음으로 사물이나 현상을 관찰하거나 비추어 봄. 예 동양적 정서는 자연과 인생에 대한 ☐☐ 를 담고 있다.

실전 문제로 어휘력 완성하기

● 다음 글을 읽고 물음에 답하시오.

> 최근 세계 경제가 경기 회복의 조짐을 보이며 물가가 ㉠오르는 현상이 발생하고 있다. 경기가 회복되면 생산성과 수요가 증가하면서 물가를 끌어올리게 된다. 물가 상승은 소비자와 기업에 큰 영향을 미친다. 소비자는 물가 상승으로 인해 물품과 서비스를 구매하는 데 더 큰 비용을 지급해야 하며, 기업은 원재료 가격 상승으로 인해 생산 비용이 증가하게 된다.

01 ㉠의 문맥적 의미와 가장 가까운 것은?

① 공연의 인기가 오르자, 예약하기 더욱 어려워졌다.
② 매일 아침 계단을 오르다 보니 체력이 많이 향상되었다.
③ 최근 발표된 연구 결과가 학계에서 화제에 오르고 있다.
④ 갑자기 열이 오르면 면역 체계가 반응하는 신호일 수 있다.
⑤ 그가 벼슬길에 오르자, 쇠락해 가던 가문이 다시 일어섰다.

● 다음 글을 읽고 물음에 답하시오.

> 자동차의 속도를 측정하려면, 운전자가 운전하는 자동차를 기준으로 하는 것이 아니라, 도로 위의 정지된 지점이나 다른 차량을 기준으로 해야 한다. 이렇게 외부에 고정된 기준점을 사용하여 속도를 ㉡구하면, 운전자는 자신이 얼마나 빠르게 움직이고 있는지를 정확하게 알 수 있다. 자동차의 속도를 정확히 파악하여 안전운전에 도움이 되며, 교통 상황을 예측하고 적절한 주행 속도를 유지할 수 있다.

02 ㉡의 문맥적 의미와 가장 가까운 것은?

① 주인을 화재의 위험에서 구한 고양이가 화제이다.
② 정부는 극빈자들을 구하기 위한 정책을 마련해야 한다.
③ 수학 시간에 평면도형의 넓이를 구하는 공식을 배웠다.
④ 선사 시대에는 주로 동식물을 이용하여 약을 구했다.
⑤ 업무상의 실수에 대해 양해를 구하는 편지를 보냈다.

● 다음 글을 읽고 물음에 답하시오.

> 인간의 뇌는 안정성을 추구하고 불확실성을 피하는 특성으로 인해, 새로운 습관을 형성하기보다는 기존의 습관을 유지하려는 경향이 있다. 따라서 새로운 습관 형성 시도 시, 불안감과 저항감이 발생하여 뇌는 익숙한 행동을 계속해서 반복하게 된다. 이러한 이유로 한번 ㉢굳은 습관을 바꾸는 것은 매우 어려운 과정이다.

03 ㉢의 문맥적 의미와 같은 뜻으로 쓰인 것은?

① 그는 굳은 표정으로 자리에 앉아 있었다.
② 피아노를 치기 전에는 굳은 손을 풀어 줘야 한다.
③ 행복한 가정을 이루겠다는 굳은 맹세를 떠올렸다.
④ 굳은 땅에 비가 오면 표면에 물이 머무르게 된다.
⑤ 아동기에 형성된 성격이 굳어 평생 이어질 수 있다.

● 04~06 다음 설명에 맞는 글자를 골라 ①한글과 ②한자로 쓰시오.

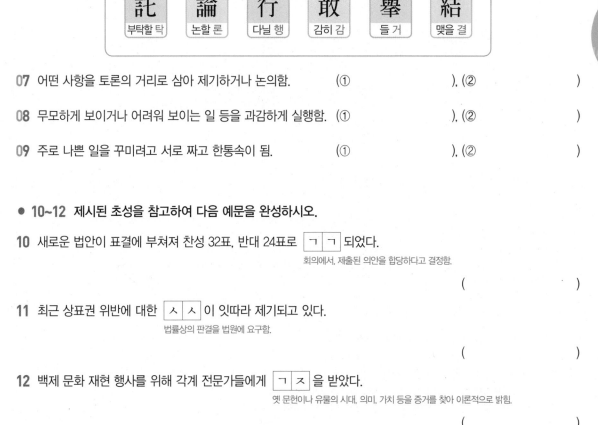

訴	原	訴	起	公	告
호소할 소	언덕 원	호소할 소	일어날 기	공평할 공	고할 고

04 검사가 법원에 특정 형사 사건의 재판을 청구함.　　　(①　　　　　), (②　　　　　)

05 검사가 특정한 형사 사건에 대하여 법원에 심판을 요구하는 일.

　　　　　　　　　　　　　　　　　　　　　　(①　　　　　), (②　　　　　)

06 법원에 민사 소송을 제기한 사람.　　　(①　　　　　), (②　　　　　)

● 07~09 다음 설명에 맞는 글자를 골라 ①한글과 ②한자로 쓰시오.

託	論	行	敢	擧	結
부탁할 탁	논할 론	다닐 행	감히 감	들 거	맺을 결

07 어떤 사항을 토론의 거리로 삼아 제기하거나 논의함.　　(①　　　　　), (②　　　　　)

08 무모하게 보이거나 어려워 보이는 일 등을 과감하게 실행함. (①　　　　　), (②　　　　　)

09 주로 나쁜 일을 꾸미려고 서로 짜고 한통속이 됨.　　(①　　　　　), (②　　　　　)

● 10~12 제시된 초성을 참고하여 다음 예문을 완성하시오.

10 새로운 법안이 표결에 부쳐져 찬성 32표, 반대 24표로 　ㄱ　ㄱ　되었다.
　　　　　　　　　　　　　　　　　　　회의에서, 제출된 의안을 합당하다고 결정함.

　　　　　　　　　　　　　　　　　　　　　　　　　(　　　　　　)

11 최근 상표권 위반에 대한 　ㅅ　ㅅ　이 잇따라 제기되고 있다.
　　　　　　　　　법률상의 판결을 법원에 요구함.

　　　　　　　　　　　　　　　　　　　　　　　　　(　　　　　　)

12 백제 문화 재현 행사를 위해 각계 전문가들에게 　ㄱ　ㅈ　을 받았다.
　　　　　　　　　　　　　　옛 문헌이나 유물의 시대, 의미, 가치 등을 증거를 찾아 이론적으로 밝힘.

　　　　　　　　　　　　　　　　　　　　　　　　　(　　　　　　)

≫ **2022년 11월 고1 모의고사**

• 그는 자신이 살던 현실의 문제에 실리적으로 ⓐ대처하고 정치적인 분열을 적극적으로 막아 나라의 부강과 백성의 평안을 이루고자 하였다.
• 하지만 군주가 마음대로 법을 만들면 백성의 삶이 ⓑ피폐해질 수 있으므로 군주는 이익을 추구하는 백성의 본성을 고려해 백성의 삶이 윤택해질 수 있는 법을 만들어야 한다고 보았다.
• 또한 관중은 군주가 자신에 대해서는 존귀하게 여기지 않는 것을 '패(覇)'라고 ⓒ규정하였는데, 이를 바탕으로 군주도 법의 적용에서 예외가 되지 않아야 한다고 주장하였다.
• 재능과 지식은 ⓓ부족하지만 현명한 신하를 분별하여 그에게 나라의 일을 맡길 줄 안다.
• 조세 부담을 줄이는 등 백성의 경제적 기반을 유지할 수 있는 정책을 펼쳐야 함을 ⓔ역설한 것이다.

01 ⓐ~ⓔ의 사전적 의미로 적절하지 <u>않은</u> 것은?

① ⓐ: 어떤 정세나 사건에 대하여 알맞은 조치를 취함.
② ⓑ: 지치고 쇠약해짐.
③ ⓒ: 바로잡아 고침.
④ ⓓ: 필요한 양이나 기준에 미치지 못해 충분하지 아니함.
⑤ ⓔ: 자신의 뜻을 힘주어 말함.

≫ **2022년 9월 고1 모의고사**

저작권이란 저작자가 자신이 창작한 저작물에 대해 갖는 권리이다. 저작권은 여러 가지 권리의 총집합으로 저작인격권과 저작재산권으로 ⓐ나눌 수 있다. 저작인격권은 저작자가 자신의 저작물에 대하여 가지는 인격적 권리로, 저작자만이 가질 수 있으며 양도할 수 없고 저작자가 사망하면 소멸한다.

02 문맥상 ⓐ와 바꾸어 쓰기에 가장 적절한 것은?

① 분류(分類)할
② 변별(辨別)할
③ 배분(配分)할
④ 판별(判別)할
⑤ 해석(解釋)할

≫ **2022년 9월 고1 모의고사**

석빙고는 조상들의 지혜가 집약된 천연 냉장고로, 당시 다른 나라의 장치에 비해서도 기술이 ⓐ떨어지지 않는 건축물이다.

03 문맥상 ⓐ의 의미와 가장 가까운 것은?

① 그의 실력은 평균보다 떨어지는 편이다.
② 곧 너에게 중요한 임무가 떨어질 것이다.
③ 이미 그 일에 정이 떨어진 지 꽤 되었다.
④ 아이는 잠시도 엄마에게서 떨어지지 않으려고 한다.
⑤ 배가 고프다는 말이 떨어지기가 무섭게 밥상이 나왔다.

수능 국어 어휘 만점 대비하기

| 이기다 | 다음 밑줄 친 부분에 해당하는 의미를 사전적 의미 에서 찾아 그 기호를 쓰시오. |

01 그는 막강한 상대를 이기고 우승을 차지하였다. ( )
02 진흙을 물과 잘 이겨서 움푹 파인 벽에 발랐다. ( )
03 그녀는 온갖 역경을 이기고 지금의 자리에 섰다 ( )
04 궁금한 마음을 이기지 못하고 일기를 훔쳐보았다. ( )
05 아버지는 몸을 이기지 못할 정도로 술에 취해 들어오셨다. ( )

> **사전적 의미** ㉠ 몸을 곧추거나 가누다.   ㉡ 감정이나 욕망, 흥취 등을 억누르다.
> ㉢ 고통이나 고난을 참고 견디어 내다.   ㉣ 가루나 흙 따위에 물을 부어 반죽하다.
> ㉤ 내기나 시합, 싸움 등에서 재주나 힘을 겨루어 우위를 차지하다.

| 떨어지다[1] | 다음 밑줄 친 부분에 해당하는 의미를 사전적 의미 에서 찾아 그 기호를 쓰시오. |

06 마지막 2차 면접 단계에서 아쉽게 떨어졌다. ( )
07 식당은 본관과 조금 떨어져 있는 별관에 있다. ( )
08 입사한 지 한 달 만에 중요한 임무가 떨어졌다. ( )
09 이 가방은 가격이 싼 대신 품질이 조금 떨어진다. ( )
10 과수원에 주먹만 한 우박이 떨어져 큰 피해를 보았다. ( )
11 시청률이 자꾸 떨어져 드라마는 결국 조기 종영이 되었다. ( )

> **사전적 의미** ㉠ 위에서 아래로 내려지다.   ㉡ 명령이나 허락 등이 내려지다.
> ㉢ 다른 것보다 수준이 처지거나 못하다.   ㉣ 시험, 선거, 선발 등에 응하여 뽑히지 못하다.
> ㉤ 일정한 거리를 두고 있다.   ㉥ 값, 기온, 수준, 형세 등이 낮아지거나 내려가다.

| 떨어지다[2] | 다음 밑줄 친 부분에 해당하는 의미를 사전적 의미 에서 찾아 그 기호를 쓰시오. |

12 어제부터 쌀이 떨어져 굶고 출근하였다. ( )
13 시험 기간에는 피곤해서 그런지 입맛이 떨어진다. ( )
14 한 달 넘게 감기가 떨어지지 않아 고생이다. ( )
15 선생님의 호령이 떨어지자 모두 잠에서 깼다. ( )
16 삼 년 동안 신었던 신발이 떨어져 구멍이 났다. ( )
17 사과 한 상자를 팔면 농민에게 만 원이 떨어진다. ( )
18 좌회전 신호가 떨어지자 차들이 움직이기 시작하였다. ( )

> **사전적 의미** ㉠ 병이나 습관 등이 없어지다.   ㉡ 이익이 남다.
> ㉢ 뒤를 대지 못하여 남아 있는 것이 없게 되다.   ㉣ 입맛이 없어지다.
> ㉤ 옷이나 신발 등이 해어져서 못 쓰게 되다.   ㉥ 말이 입 밖으로 나오다.
> ㉦ 지정된 신호 등이 나타나다.

인문·철학 관련 빈출 어휘 익히기

철학 밝을 哲 배울 學	인간과 세계에 대한 근본 원리와 삶의 본질 등을 연구하는 학문. (예) 세상의 본질적인 원리를 알고 지혜를 얻기 위해 _____ 을 공부한다.
현상 나타날 現 코끼리 象	인간이 알아서 깨달을 수 있는, 사물의 모양이나 상태. (예) 지구 온난화로 인해 기후에 이상 _____ 이 일어나고 있다.
개체 낱 個 몸 體	단일하고 고유한 독자적 존재. (예) 철학은 _____ 로서의 인간을 중심으로, 인간의 본질을 탐구한다.
객체 손 客 몸 體	주체로부터 독립되어 있는 인간의 인식과 실천의 대상. (예) 개개의 인간은 자신을 주체로, 다른 사람은 _____ 로 인식한다.
경도 기울 傾 넘어질 倒	어떤 대상에 생각이 쏠려서 온 마음을 기울여 열중함. (예) 특정 이념에 대한 맹목적인 _____ 는 지양되어야 한다.
경지 지경 境 땅 地	학문, 예술, 인품 등에서 일정한 특성과 체계를 갖춘 독자적인 범주나 부분. (예) 그의 작품은 이미 예술적인 _____ 에 이르렀다.
계몽 열 啓 어두울 蒙	지식수준이 낮거나 의식이 덜 깬 사람들을 깨우쳐 줌. (예) 그는 민중을 _____ 하기 위해 학교를 설립하고 신교육을 하였다.
의타 의지할 依 다를 他	남에게 기대어 도움을 받음. (예) 성인이 되면 부모에게 _____ 하지 않고 스스로 문제를 해결해야 한다.
고수 굳을 固 지킬 守	가진 물건이나 힘, 의견 등을 굳게 지킴. (예) 과거에는 폐쇄 정책을 _____ 하였던 나라들도 교류의 뜻을 밝혔다.
고안 생각할 考 책상 案	연구를 하여 새로운 물건이나 방법, 계획 등을 생각해 냄. (예) 이 배는 물살의 저항을 적게 받도록 _____ 되었다.

과학·기술 관련 빈출 어휘 익히기

곡면 굽을 曲 낯 面	편평하지 않고 굽어 휘어진 면. 예 뫼비우스의 띠는 안과 겉이 모두 ⬚⬚ 이라 구분할 수 없다.
파동 물결 波 움직일 動	공간의 한 점에서 일어난 물리적인 상태의 변화가 주변으로 퍼지는 현상. 예 바이올린과 같은 현악기는 줄의 ⬚⬚ 이 소리를 만들어 낸다.
음파 소리 音 물결 波	소리의 진동으로 생기는 파동. 예 인간은 ⬚⬚ 의 진동으로 인해 소리를 인식할 수 있다.
파장 물결 波 길 長	파동이 퍼져 나갈 때 반복되는 모양의 첫 부분부터 끝부분까지의 길이. 예 무지개는 빛의 ⬚⬚ 차이로 인해 다양한 색상으로 나타난다.
전파 번개 電 물결 波	물체 안에서 전류가 진동함으로써 밖으로 퍼지는 파동. 예 무선 통신에 쓰이는 ⬚⬚ 는 안테나에서 생성되어 공기를 통해 진동한다.
주파수 두루 周 물결 波 셈 數	전파나 음파가 1초 동안에 흔들려 움직이는 횟수. 예 라디오 방송은 특정 ⬚⬚ 에서 송출되며 수신기로 선택하여 듣는다.
공명 한가지 共 울 鳴	물체가 외부로부터의 음파에 자극되어 그와 같은 진동수의 소리를 냄. 예 건물 안에서 소리가 울리면 그 소리가 반복되어 ⬚⬚ 이 일어난다.
관성 익숙할 慣 성품 性	물체가 다른 힘을 받지 않는 한 그 상태로 머물러 있거나 계속 움직이려는 성질. 예 자동차가 급정거하면 승객들은 ⬚⬚ 으로 인해 앞으로 밀려 나간다.
광속 빛 光 빠를 速	진공 상태에서 빛이 나아가는 속도. 예 자연계에서 가장 빠른 속도인 ⬚⬚ 은 1초에 약 30만 킬로미터를 이동한다.
굴절 굽힐 屈 꺾을 折	빛이나 소리 등이 한 매질에서 다른 매질로 들어갈 때 경계면에서 그 진행 방향이 바뀌는 현상. 예 빛은 파장의 길이에 따라 ⬚⬚ 각도가 변할 수 있다.

실전 문제로 어휘력 완성하기

● 다음 글을 읽고 물음에 답하시오.

> 슬픔을 ㉠이기기 위한 가장 좋은 방법은 슬픔을 부정하지 않고 받아들이는 것이다. 심리학적 연구에 따르면, 감정을 부정하거나 억누르면 오히려 우울감이 더욱 깊어져 심리적 질병으로 발전할 수 있다. 감정을 인지하고 그 원인을 이해하는 것은 심리적 회복을 위한 핵심적인 요소이다.

01 ㉠의 문맥적 의미와 가장 가까운 것은?

① 할머니는 병을 이기고 건강을 회복하셨다.
② 친구는 제 몸을 이기지 못하고 비틀거렸다.
③ 그는 온갖 고난을 이기고 마침내 성공했다.
④ 아이는 분을 이기지 못하고 울음을 터뜨렸다.
⑤ 우리 팀이 상대를 큰 점수로 이기고 우승하였다.

● 다음 글을 읽고 물음에 답하시오.

> 은하들은 전반적으로 거대한 공간에서 서로 멀리 ㉡떨어져 있어 충돌이 발생하지 않는다. 은하단 내부에서는 빠르게 이동하며 중력에 의해 서로 끌어당기지만, 그 거리와 속도 차이가 충돌을 일으킬 만한 수준이 아니다. 이와 같은 현상은 우주에서 발생하는 다양한 중력 상호 작용과 물질의 분포에 대한 우리의 이해를 돕는 중요한 연구 주제이다.

02 ㉡의 문맥적 의미와 가장 가까운 것은?

① 액자가 바닥으로 떨어져 산산조각이 났다.
② 국어 성적은 오르고 수학 성적은 조금 떨어졌다.
③ 노트북의 성능이 점점 떨어져 바꿀 때가 되었다.
④ 소유권이 드디어 우리에게도 출동 명령이 떨어졌다.
⑤ 서비스 센터는 지하철역에서 조금 떨어진 곳에 있다.

● 다음 글을 읽고 물음에 답하시오.

> 기후 변화로 인해 최근 일부 지역에서는 식량 생산의 어려움을 겪고 있어 식량이 ㉢떨어지는 상황이 발생하고 있다. 기온 상승, 강수량 변화 등의 영향으로 농작물의 수확량이 감소하고, 가뭄이 발생하여 농경지의 생산성이 저하되고 있는 것이다. 식량 부족으로 인한 문제는 국가적 차원에서 심각한 것이라서 정부와 국제기구들이 긴급한 대응 조치를 취하고 있다. 하지만 기후 변화의 영향은 복잡해서 지속적으로 여기에 대처해야 하므로, 식량 부족 문제를 해결하기는 결코 쉬운 일이 아니다.

03 ㉢의 문맥적 의미와 같은 뜻으로 쓰인 것은?

① 몸살이 떨어지려면 잘 먹고 잘 자야 한다.　② 한여름에도 다 떨어진 겨울옷을 입고 있었다.
③ 선수들은 출발 신호가 떨어지자 달려 나갔다.　④ 모든 재료가 다 떨어지는 바람에 주문할 수 없었다.
⑤ 비용을 빼니 수중에 떨어지는 돈은 얼마 안 된다.

● 04~06 다음 설명에 맞는 글자를 골라 ①한글과 ②한자로 쓰시오.

學 배울 학	體 몸 체	個 낱 개	體 몸 체	客 손 객	哲 밝을 철

04 사람이 감각하거나 인식하거나 행동하는 것의 대상이 되는 사물.

(①   ), (②   )

05 단일하고 고유한 독자적 존재.

(①   ), (②   )

06 인간과 세계에 대한 근본 원리와 삶의 본질 등을 연구하는 학문.

(①   ), (②   )

● 07~09 다음 설명에 맞는 글자를 골라 ①한글과 ②한자로 쓰시오.

動 움직일 동	鳴 울 명	慣 익숙할 관	波 물결 파	共 한가지 공	性 성품 성

07 물체가 외부로부터의 음파에 자극되어 그와 같은 진동수의 소리를 냄.

(①   ), (②   )

08 공간의 한 점에서 일어난 물리적인 상태의 변화가 주변으로 퍼지는 현상.

(①   ), (②   )

09 물체가 다른 힘을 받지 않는 한 그 상태로 머물러 있거나 계속 움직이려는 성질.

(①   ), (②   )

● 10~12 제시된 초성을 참고하여 다음 예문을 완성하시오.

10 우주선이 블랙홀에서 탈출하려면 ㄱ ㅅ 보다 빨라야 가능하다.

진공 상태에서 빛이 나아가는 속도. (   )

11 무역 협정에 나선 양국은 각자 이익만 ㄱ ㅅ 해 협상이 결렬되었다.

가진 물건이나 힘, 의견 등을 굳게 지킴. (   )

12 고갈되어 가는 석유를 대체할 에너지를 ㄱ ㅇ 해야 한다.

연구를 하여 새로운 물건이나 방법, 계획 등을 생각해 냄. (   )

STEP 1 # 수능 모의고사 기출 어휘 익히기

▶ **2022년 6월 고1 모의고사**

조선은 중화사상을 수용하여 한족 왕조인 명나라의 문화를 받아들이는 것을 당연시하였다. 17세기에 이민족이 ⓐ세운 청나라가 중국 땅을 차지하였지만, 조선은 청나라를 중화라고 생각하지 않고 명나라의 부활을 고대하였다.

01 문맥상 ⓐ와 의미가 가장 유사한 것은?

① 그는 새로운 회사를 세웠다.
② 국가의 기강을 바로 세워야 한다.
③ 집을 지을 구체적인 방안을 세웠다.
④ 두 귀를 쫑긋 세우고 말소리를 들었다.
⑤ 도끼날을 잘 세워야 나무를 쉽게 벨 수 있다.

▶ **2022년 3월 고1 모의고사**

마르크스의 이러한 주장과 달리 보드리야르는 교환가치가 아닌 사용가치가 경제적 가치를 결정하며, 자본주의 사회는 소비 우위의 사회라고 주장했다. 이때 보드리야르가 제시한 사용가치는 사물 자체의 유용성에 대한 가치가 아니라 욕망의 대상으로서 기호(sign)가 ⓐ지니는 기능적 가치, 즉 기호가치를 의미한다.

02 문맥상 의미가 ⓐ와 가장 가까운 것은?

① 그는 항상 지갑에 현금을 지니고 있었다.
② 그녀는 어릴 때의 모습을 그대로 지니고 있다.
③ 우리는 자기가 맡은 일에 책임을 지녀야 한다.
④ 사람은 누구나 고정 관념을 지니고 살기 마련이다.
⑤ 그는 어린 시절의 추억을 항상 마음속에 지니고 있다.

▶ **2021년 11월 고1 모의고사**

• 양전자 단층촬영(PET)은 세포의 대사량 등 인체에 대한 정보를 확인하기 위해 몸속에 특정 물질을 ⓐ주입하여 그 물질의 분포를 영상화하는 기술이다.
• 세포 내에 축적된 방사성 추적자의 방사성 동위원소는 붕괴되면서 양전자를 ⓑ방출한다.
• 180도로 방출된 한 쌍의 감마선은 각각의 진행 방향에 있는 검출기에 ⓒ도달하게 된다.
• 최대 시간폭인 동시계수 시간폭을 설정하고 동시계수 시간폭 안에 들어온 경우를 유효한 성분으로 ⓓ간주한다.
• 산란계수와 랜덤계수의 검출을 최소화하기 위해 동시계수 시간폭을 적절하게 ⓔ설정하는 것이 중요하다.

03 ⓐ~ⓔ의 사전적 의미로 적절하지 않은 것은?

① ⓐ: 흘러 들어가도록 부어 넣다.
② ⓑ: 입자나 전자기파의 형태로 에너지를 내보내다.
③ ⓒ: 목적한 곳이나 수준에 다다르다.
④ ⓓ: 유사한 점에 기초하여 다른 사물을 미루어 추측하다.
⑤ ⓔ: 새로 만들어 정해 두다.

세우다¹   다음 밑줄 친 부분에 해당하는 의미를 사전적 의미 에서 찾아 그 기호를 쓰시오.

01 무뎌진 낫의 날을 세워 풀을 베었다. ( )

02 국회에서 국가의 예산을 세우고 결정한다. ( )

03 군대에서는 위계질서를 세울 필요가 있다. ( )

04 한국팀이 세계 신기록을 세우며 우승하였다. ( )

05 어깨를 쭉 펴고서 허리를 세우고 걸어야 한다. ( )

06 그가 한번 고집을 세우면 아무도 꺾지 못한다. ( )

사전적 의미　㉠ 계획, 방안 등을 정하거나 짜다.　　　　　㉡ 무딘 것을 날카롭게 하다.
　　　　　　㉢ 질서나 체계, 규율 등을 올바르게 하거나 짜다.　㉣ 몸이나 그 일부를 곧게 펴거나 일어서게 하다.
　　　　　　㉤ 주장이나 고집 등을 강하게 내세우다.　　　㉥ 공로나 업적 등을 이룩하다.

세우다²   다음 밑줄 친 부분에 해당하는 의미를 사전적 의미 에서 찾아 그 기호를 쓰시오.

07 건물에 기둥을 세우는 단계에 들어섰다. ( )

08 아버지는 바지에 줄을 세워 입곤 하셨다. ( )

09 동메달 획득으로 종주국의 체면은 세웠다. ( )

10 막차가 끊겨 지나가는 택시를 불러 세웠다. ( )

11 소외된 아이들을 위한 학교를 세우고 싶다. ( )

12 마을에서 가장 오래 산 사람을 대표로 세우자. ( )

사전적 의미　㉠ 줄이나 주름 등을 두드러지게 하다.　　　㉡ 부피를 가진 물체를 땅 위에 수직 상태로 있게 하다.
　　　　　　㉢ 나라나 기관 등을 처음으로 생기게 하다.　㉣ 다른 곳으로 가던 대상을 어느 한 곳에 멈추게 하다.
　　　　　　㉤ 체면 등을 유지시키다.　　　　　　　　㉥ 어떤 역할을 맡게 하다.

지니다   다음 밑줄 친 부분에 해당하는 의미를 사전적 의미 에서 찾아 그 기호를 쓰시오.

13 그는 올곧은 성품을 지닌 사람이다. ( )

14 스승의 가르침을 마음속에 지니고 살았다. ( )

15 통행 허가증을 지닌 사람만 들어갈 수 있다. ( )

16 고향 마을은 옛 모습을 그대로 지니고 있었다. ( )

17 그는 계약에 대한 책임을 지니고 출장을 떠났다. ( )

사전적 의미　㉠ 몸에 간직하여 가지다.　　　㉡ 기억하여 잊지 않고 새겨 두다.
　　　　　　㉢ 바탕으로 갖추고 있다.　　　㉣ 본래의 모양을 그대로 간직하다.
　　　　　　㉤ 어떠한 일을 맡아 가지다.

법률·경제 관련 빈출 어휘 익히기

기각 버릴 棄 물리칠 却	법원이 심판을 요구한 신청에 대해 실체적으로 이유가 없다고 판단하여 소송을 끝마치는 일. 예 법원은 증거 불충분으로 그의 구속 영장을 ☐☐ 하였다.
선고 베풀 宣 고할 告	형사 사건을 심사하는 법정에서 재판장이 판결을 알리는 일. 예 치열한 법정 싸움 끝에 결국 그에게 유죄가 ☐☐ 되었다.
배상 물어줄 賠 갚을 償	남의 권리를 침해한 사람이 그 손해를 물어 줌. 예 과거 정권이 저지른 폭력에 대한 ☐☐ 의 책임은 국가에 있다.
상소 윗 上 호소할 訴	하급 법원의 판결에 따르지 않고 상급 법원에 재심을 요구하는 일. 예 그는 판결을 받아들일 수 없다며 ☐☐ 하겠다는 뜻을 밝혔다.
항소 겨룰 抗 호소할 訴	민사나 형사 소송에서 판결을 받아들이지 않고 다시 재판할 것을 요구함. 예 그는 재판에서 패소하자 고등 법원에 ☐☐ 를 제기하였다.
공증 공평할 公 증거 證	국가나 공공 단체의 권한으로 법적인 사실을 공식적으로 증명하는 일. 예 유언이 법적인 효력을 가지려면 변호사의 ☐☐ 을 받아야 한다.
준칙 준할 準 법칙 則	어떤 일의 기준이 되는 규칙이나 법칙. 예 회사의 직원뿐 아니라 간부도 근무 ☐☐ 을 따라야 한다.
제반 모두 諸 가지 般	어떤 것과 관련된 모든 것. 예 행사와 관련된 ☐☐ 비용은 회사 측이 부담하기로 하였다.
등기 오를 登 기록할 記	땅이나 집 같은 부동산에 대한 권리관계를 법정 절차에 따라 등기부에 기록하는 일. 예 현재 사는 집은 어머니 명의로 ☐☐ 가 되어 있다.
공시 공평할 公 보일 示	국가나 공공 단체가 일정한 사항을 일반인에게 널리 알림. 예 공공기관에서는 거래 업체를 구할 때 게시판에 ☐☐ 해야 한다.

문화·예술 관련 빈출 어휘 익히기

| 구도
얽을 構 그림 圖	그림에서 모양, 색깔, 위치 등의 짜임새. 예 □□를 잡으려면 가로와 세로의 비를 잘 맞추어야 한다.
구연
입 口 펼 演	설화나 민요, 동화, 만담 등을 여러 사람 앞에서 말로써 재미있고 실감 나게 이야기함. 예 설화는 예로부터 □□으로 전승되는 구비 문학이다.
구현
갖출 具 나타날 現	어떤 사실이나 현상 따위가 구체적인 모습으로 뚜렷이 나타남. 예 희곡은 무대에서 □□되는 문학이다.
귀결
돌아갈 歸 맺을 結	의논이나 행동 따위가 어떤 결론이나 결과에 도달함. 예 결국 선은 선으로, 악은 악으로 □□한다.
귀속
돌아갈 歸 무리 屬	재산이나 권리, 영토 등이 어떤 사람이나 단체, 국가 등에 속하여 그 소유가 됨. 예 두 나라는 그 섬의 □□ 문제로 오랫동안 분쟁 중이다.
귀착
돌아갈 歸 붙을 着	일의 경과 등이 이런저런 과정 끝에 어떤 결말이나 결론에 다다름. 예 생명의 권리도 자유의 권리도 결국은 행복을 추구할 권리에 □□된다.
규찰
얽힐 糾 살필 察	어떠한 사실을 자세히 조사하여 살핌. 예 암행어사는 지방 관리들의 위법 사례 등을 주로 □□하였다.
근간
뿌리 根 줄기 幹	사물의 바탕이나 중심이 되는 중요한 것. 예 부정 선거는 민주주의의 □□을 뒤흔드는 부도덕한 행위이다.
기법
재주 技 법 法	기술이나 솜씨가 아주 교묘한 기교나 방법을 아울러 이르는 말. 예 두 작품은 색채를 칠하고 말리는 □□에서 차이가 난다.
식별
알 識 나눌 別	사물의 성질이나 종류 등을 알아서 구별함. 예 그는 골동품을 수집한 오랜 경험으로 진품을 □□할 수 있었다.

실전 문제로 어휘력 완성하기

● 다음 글을 읽고 물음에 답하시오.

> 기술 관련 프로젝트에 성공하려면 구체적인 방안을 ㉠세우고 실행하는 것이 중요하다. 개발 과정에서 발생할 수 있는 잠재적인 위험 요소들을 사전에 파악하고 대응 방안을 마련할 수 있다. 구체적인 계획을 세우고 목표를 추진하면 효율적으로 작업을 수행할 수 있으며, 예상치 못한 어려움에 대처하는 데에도 도움이 된다.

01 ㉠의 문맥적 의미와 가장 가까운 것은?

① 그녀는 무릎을 세우고 앉아 있었다.
② 감독은 새로운 작전을 세우기 시작하였다.
③ 그는 전투에서 큰 공을 세워 훈장을 받았다.
④ 나라의 기강을 세우려면 비리를 근절해야 한다.
⑤ 아버지는 숫돌에 칼날을 세우는 방법을 알고 있다.

● 다음 글을 읽고 물음에 답하시오.

> 고층 빌딩 건설은 정확한 계획과 정밀한 실행을 요구하는 복잡한 과정을 거친다. 먼저 건물의 설계도와 기획서를 완성한 후, 건축가와 공사자들은 대형 철근과 콘크리트를 사용하여 건물의 기반을 강화한다. 크레인과 기타 건설 장비를 활용하여 각 층의 철근 골조와 콘크리트 벽을 ㉡세우고, 건물의 높이를 높여 간다.

02 ㉡의 문맥적 의미와 가장 가까운 것은?

① 떠나려는 버스를 세우기 위해 달렸다.　　② 이순신 장군의 동상을 세우기로 하였다.
③ 수익금은 장학 재단을 세우는 데 쓰인다.　　④ 우리 사이에 자존심을 세울 필요는 없다.
⑤ 정치 경험이 많은 사람을 후보로 세우자.

● 다음 글을 읽고 물음에 답하시오.

> 헴펠의 설명 이론이 ㉢지니는 문제점은 단순한 원인과 결과의 관계로만 사건을 설명하여 현실 세계의 복잡한 현상들을 충분히 해명하지 못한다는 점이다. 현실에서는 사건들이 다양한 원인의 상호 작용과 영향을 받으며 복잡하게 연결되는 경우가 많다. 그러나 헴펠의 이론은 하나의 원인과 그에 관한 결과로만 귀결되기 때문에 현상의 복잡성을 설명하기에는 한계가 있다.

03 ㉢의 문맥적 의미와 가장 가까운 것은?

① 동짓날이 되면 몸에 지니던 부적을 태운다.
② 민주주의의 국민은 투표의 의무를 지니고 있다.
③ 사람은 자기중심적인 고정 관념을 지니고 있다.
④ 친구는 어릴 때의 모습을 그대로 지니고 있었다.
⑤ 즐거웠던 어린 시절 기억을 항상 지니면서 산다.

● **04~06** 다음 설명에 맞는 글자를 골라 ①한글과 ②한자로 쓰시오.

證	告	公	償	宣	賠
증거 증	고할 고	공평할 공	갚을 상	베풀 선	물어줄 배

04 형사 사건을 심사하는 법정에서 재판장이 판결을 알리는 일. (①   ), (②   )

05 국가나 공공 단체의 권한으로 어떤 법적인 사실을 공식적으로 증명하는 일.

(①   ), (②   )

06 남의 권리를 침해한 사람이 그 손해를 물어 줌. (①   ), (②   )

● **07~09** 다음 설명에 맞는 글자를 골라 ①한글과 ②한자로 쓰시오.

演	法	技	屬	口	歸
펼 연	법 법	재주 기	무리 속	입 구	돌아갈 귀

07 설화나 민요, 동화, 만담 등을 여러 사람 앞에서 말로써 재미있고 실감 나게 이야기함.

(①   ), (②   )

08 재산이나 권리, 영토 등이 어떤 사람이나 단체, 국가 등에 속하여 그 소유가 됨.

(①   ), (②   )

09 기술이나 솜씨가 아주 교묘한 기교나 방법을 아울러 이르는 말.

(①   ), (②   )

● **10~12** 제시된 초성을 참고하여 다음 예문을 완성하시오.

10 지금 살고 있는 아파트는 아버지 명의로 ㄷ ㄱ 가 되어 있다.

땅이나 집 같은 부동산에 대한 권리관계를 법정 절차에 따라 등기부에 기록하는 일.

(   )

11 재판부는 원고의 항소를 소명 자료 부족을 이유로 ㄱ ㄱ 하였다.

법원이 심판을 요구한 신청에 대해 실체적 이유가 없다고 판단하여 소송을 끝마치는 일.

(   )

12 그는 일심에서 패소한 뒤에 ㅎ ㅅ 를 포기하였다.

민사나 형사 소송에서 판결을 받아들이지 않고 다시 재판할 것을 요구함. (   )

2021년 9월 고1 모의고사

자동차에서 배출되는 오염 물질로 인한 대기 오염 및 기후 변화 문제가 심각해지면서 세계 각국은 온실가스의 배출 억제를 위해 자동차 분야 규제를 강화하고 있어 오염 물질의 배출이 적은 친환경차가 주목을 ⓐ받고 있다.

01 문맥상 ⓐ와 가장 가까운 의미로 쓰인 것은?

① 회사의 미래를 위해 신입 사원을 받아야 하겠군.
② 네가 원하는 요구 조건은 무엇이든지 받아 주겠다.
③ 그 아이는 막내로 태어나 집에서 귀염을 받고 자랐다.
④ 그는 좌회전 신호를 받고 천천히 차의 속도를 높였다.
⑤ 예전에는 빗물을 큰 물통에 받아 빨래하는 데 쓰기도 했다.

2021년 6월 고1 모의고사

정약용은 인간에게 '감각적 욕구에서 비롯된 기호'와 '도덕적 욕구에서 비롯된 기호'가 있다고 보았다. 먼저, 감각적 욕구에서 비롯된 기호는 생명이 있는 모든 존재가 지니는 육체의 경향성으로, 맛있는 것을 좋아하고 맛없는 것을 싫어하는 것을 예로 ⓐ들 수 있다.

02 ⓐ와 문맥적 의미가 가장 유사한 것은?

① 명확한 증거를 들었다.
② 감기가 들어 약을 먹었다.
③ 마음에 드는 사람이 있다.
④ 우리 집은 햇볕이 잘 든다.
⑤ 상자 안에 선물이 들어 있다.

2021년 3월 고1 모의고사

• 또한 백성은 보살핌과 가르침을 받는 존재로서 통치에 ⓐ순응해야 한다고 보았다.
• 또한 왕권이 정상적으로 작동하기 위해서는 왕을 정점으로 하여 관료 조직을 위계적으로 ⓑ정비하는 것과 더불어, 민심을 받들어 백성을 보살피는 자로서 군주가 덕성을 갖추는 것이 중요하다.
• 이이는 특히 애민은 부모가 자녀를 가르치듯 군주가 백성들을 도덕적으로 교화함으로써 실현되며, 교화를 ⓒ순조롭게 이루기 위해서는 우선 백성들을 경제적으로 안정시켜야 한다는 점을 강조했다.
• 한편 정약용은 백성을 통치 체제 유지에 기여해야 하는 존재라 보고, 백성이 각자의 경제적 형편에 ⓓ부합하는 역할을 수행해야 한다고 주장하여 백성에 대한 기존의 관점과 차이를 드러냈다.
• 이는 조선 후기 농업 기술과 상·공업의 발달로 인해 재산을 축적한 백성들이 등장한 현실을 고려한 것으로, 백성이 국가를 유지하는 근간이라고 보는 관점에 ⓔ기반한 주장이었다.

03 문맥상 ⓐ~ⓔ와 바꾸어 쓰기에 적절하지 **않은** 것은?

① ⓐ: 따라야
② ⓑ: 가다듬는
③ ⓒ: 끊임없이
④ ⓓ: 걸맞은
⑤ ⓔ: 바탕을 둔

수능 국어 어휘 만점 대비하기

| 가르다 | 다음 밑줄 친 부분에 해당하는 의미를 [사전적 의미]에서 찾아 그 기호를 쓰시오. |

01 사과를 네 조각으로 갈라 나누어 먹었다.　　　　　　　　　　　　　　　　（　　　　）

02 모터보트가 물을 가르며 시원하게 달린다.　　　　　　　　　　　　　　　（　　　　）

03 경기 종료 직전에 터진 골이 승부를 갈랐다.　　　　　　　　　　　　　　（　　　　）

04 고등어의 배를 가르고 내장을 빼서 손질한다.　　　　　　　　　　　　　　（　　　　）

05 과거에는 결투로 잘잘못을 가르는 경우가 있었다.　　　　　　　　　　　　（　　　　）

06 지리산은 경상도와 전라도를 가르는 동쪽 경계이다.　　　　　　　　　　　（　　　　）

[사전적 의미]
⊙ 따로 나누어 서로 구분을 짓다.　　　　　　　　ⓒ 쪼개거나 나누어 따로따로 되게 하다.
ⓒ 물체가 공기나 물을 양옆으로 열며 움직이다.　　ⓔ 승부나 등수 등을 서로 겨루어 정하다.
ⓜ 옳고 그름을 따져서 구분하다.　　　　　　　　ⓗ 양쪽으로 열어젖히다.

| 받다 | 다음 밑줄 친 부분에 해당하는 의미를 [사전적 의미]에서 찾아 그 기호를 쓰시오. |

07 한 달에 한 번만 용돈을 받는다.　　　　　　　　　　　　　　　　　　　　（　　　　）

08 그녀는 가장 먼저 박사 학위를 받았다.　　　　　　　　　　　　　　　　　（　　　　）

09 당선자는 지지자들로부터 축하를 받았다.　　　　　　　　　　　　　　　　（　　　　）

10 피부가 하얀 그녀는 밝은 옷이 잘 받는다.　　　　　　　　　　　　　　　　（　　　　）

11 멧돼지가 머리로 받아서 울타리가 망가졌다.　　　　　　　　　　　　　　　（　　　　）

12 모레까지 서류를 제출하라는 법원의 통보를 받았다.　　　　　　　　　　　（　　　　）

[사전적 의미]
⊙ 다른 사람이 주거나 보내오는 물건 등을 가지다.　　ⓒ 타인이 하는 행동, 심리적 작용 등을 당하거나 입다.
ⓒ 점수나 학위 등을 따다.　　　　　　　　　　　　　ⓔ 요구, 질문, 공격 등을 당하거나 거기에 응하다.
ⓜ 색깔이나 모양 등이 어떤 것에 잘 어울리다.　　　　ⓗ 머리나 뿔 등으로 세게 부딪치다.

| 들다 | 다음 밑줄 친 부분에 해당하는 의미를 [사전적 의미]에서 찾아 그 기호를 쓰시오. |

13 볕이 잘 드는 집을 구해야 한다.　　　　　　　　　　　　　　　　　　　　（　　　　）

14 예선 순위 안에 들어 대회에 나갈 수 있다.　　　　　　　　　　　　　　　（　　　　）

15 그는 이미 최고의 경지에 든 작가였다.　　　　　　　　　　　　　　　　　（　　　　）

16 편지에 어떤 내용이 들어 있는지 모른다.　　　　　　　　　　　　　　　　（　　　　）

17 그 일은 생각보다 힘이 많이 드는 일이다.　　　　　　　　　　　　　　　（　　　　）

18 청바지와 함께 세탁한 흰옷에 파란 물이 들었다.　　　　　　　　　　　　（　　　　）

[사전적 의미]
⊙ 빛, 볕, 물 등이 안으로 들어오다.　　　　　　　ⓒ 어떤 일에 돈, 시간, 노력, 물자 등이 쓰이다.
ⓒ 물감, 색깔, 물기, 소금기가 스미거나 배다.　　ⓔ 어떤 범위나 기준, 일정한 기간에 속하거나 포함되다.
ⓜ 안에 담기거나 그 일부를 이루다.　　　　　　　ⓗ 어떤 처지에 놓이다.

인문·철학 관련 빈출 어휘 익히기

고전 옛古 법典	어떤 분야에서 오랫동안 가치가 높다고 널리 인정된 문학이나 예술 작품. 예) 이 책은 시대와 지역을 초월하여 '철학의 ☐☐'으로 불린다.
도래 이를 到 올 來	어떤 시기나 기회가 옴. 예) 과학의 발전은 정보화 사회의 ☐☐를 야기하였다.
고찰 생각할 考 살필 察	어떤 것을 깊이 생각하고 면밀히 연구함. 예) 종교의 역사에 대해 체계적으로 ☐☐하는 자료가 필요하다.
공존 한가지 共 있을 存	두 가지 이상의 사물이나 현상이 함께 존재함. 예) 인간은 자연과 조화를 이루어 ☐☐하며 살아가야 한다.
교정 바로잡을 矯 바를 正	틀어지거나 잘못된 것을 바로잡아 고침. 예) 근시는 오목 렌즈로 시력을 ☐☐해야 한다.
교화 가르칠 敎 될 化	가르치고 이끌어서 좋은 방향으로 나아가게 함. 예) 톨스토이는 문학을 도덕적 ☐☐의 수단으로 보았다.
귀납 돌아갈 歸 들일 納	여러 가지 구체적 사실로부터 일반적인 결론이나 법칙을 이끌어 냄. 예) 박 교수는 ☐☐으로 자신의 이론을 정립하고자 많은 자료를 수집하였다.
연역 펼 演 풀 繹	일반적 사실이나 원리로부터 개별적인 사실이나 특수한 원리를 결론으로 이끌어 냄. 예) 철학적인 논의에서 ☐☐은 주장을 논리적으로 뒷받침하는 중요한 방법이다.
기반 터 基 소반 盤	무엇을 하기 위해 기초가 되는 것. 예) 판소리는 설화에 ☐☐을 두고 형성되었다.
기저 터 基 밑 底	사물의 뿌리나 밑바탕이 되는 기초. 예) 이 소설은 유교 사상을 ☐☐에 깔고 있다.

과학·기술 관련 빈출 어휘 익히기

궤적 바퀴 자국 軌 발자취 跡	물체가 이동하면서 그리는 경로나 이동 경로. 예 우주선은 발사된 후 ☐☐ 을 그리며 우주 공간으로 진입하였다.
궤도 바퀴 자국 軌 길 道	사물이 따라서 움직이는 정해진 길. 예 인공위성이 성공적으로 ☐☐ 에 진입하여 지구를 돌고 있다.
기압 기운 氣 누를 壓	공기의 무게로 인해 생기는 압력. 예 높은 고도로 올라갈수록 공기 주변의 ☐☐ 이 낮아진다.
낙하 떨어질 落 아래 下	높은 데서 낮은 데로 떨어짐. 예 제품의 내구성을 알아보기 위해 ☐☐ 실험이 반복되었다.
난반사 어지러울 亂 돌이킬 反 쏠 射	울퉁불퉁한 바깥면에 빛이 부딪쳐서 사방팔방으로 흩어지는 현상. 예 자동차의 흠집은 표면의 ☐☐☐ 를 유도하여 광택을 감소시킨다.
도식화 그림 圖 법식 式 될 化	사물의 구조, 관계, 변화 상태 등을 쉽게 보이기 위하여 표나 그림으로 나타냄. 예 이 자료는 최근 몇 년간의 주식 시장 동향을 그래프로 ☐☐☐ 한 것이다.
수식화 셈 數 법식 式 될 化	수나 양을 나타내는 숫자나 문자가 계산 기호로 연결된 식이 됨. 예 천의 무게에 따라 염료의 양을 결정하려면 ☐☐☐ 된 기준이 필요하다.
등속 무리 等 빠를 速	같은 속도. 예 ☐☐ 으로 움직이는 물체의 속도는 일정하게 유지된다.
가속 더할 加 빠를 速	점점 속도를 더함. 또는 그 속도. 예 내리막길에 들어서자, 자전거는 ☐☐ 이 붙어 빠르게 달리기 시작하였다.
매질 중매 媒 바탕 質	어떤 물리적 작용을 한 곳에서 다른 곳으로 전하여 주는 매개물. 예 전자기파는 ☐☐ 을 사용하지 않고도 빈 공간을 통해 전파된다.

실전 문제로 어휘력 완성하기

● 다음 글을 읽고 물음에 답하시오.

> 새로운 국가의 성립은 역사적으로 큰 전환점이며, 기존의 권력과 체제에 대한 변화와 함께 새로운 가치와 이념이 시대를 ㉠가르는 하나의 기준이 된다. 이는 인류의 진보와 문명의 발전에 영향을 미치며, 새로운 국가가 민족의 정체성을 구축하고 다양한 문화가 공존하는 세계를 형성하는데 기여한다.

01 ㉠의 문맥적 의미와 가장 가까운 것은?

① 참가자들의 순위를 가르는 경기는 결선이다.
② 자른 오이를 십자로 가르고 완성된 소를 넣는다.
③ 한강은 서울을 남쪽과 북쪽으로 가르는 경계이다.
④ 비행기가 굉음과 함께 허공을 가르며 날아올랐다.
⑤ 피자를 여섯 조각으로 가르면 각자 세 조각씩 먹는다.

● 다음 글을 읽고 물음에 답하시오.

> 대륙 고기압의 영향을 ㉡받아 기상 조건은 크게 변화할 수 있다. 대륙 고기압은 공기가 하늘에 쌓이는 고압 영역을 의미한다. 주로 겨울철에 나타나며 규모가 크고 안정적인 날씨 패턴을 가지고 있다. 주변 지역에 비해 상대적으로 맑은 하늘과 매우 낮은 강수량을 특징으로 하며, 지역과 계절에 따라 온도 변화가 있을 수 있다.

02 ㉡의 문맥적 의미와 가장 가까운 것은?

① 인간은 누구나 환경의 지배를 받는다.
② 품평회에서 최고 등급을 받은 사과다.
③ 화재 신고를 받고 소방관들이 출동하였다.
④ 오전에 도착하는 택배를 받고 나가야 한다.
⑤ 단속을 피해 도망치던 차가 중앙 분리대를 받았다.

● 다음 글을 읽고 물음에 답하시오.

> 특별한 기술에 성공하기 위해서는 연구 개발, 장비 구매, 인력 고용 등에 큰 비용이 소요된다. 이렇게 초기 투자 비용이 많이 ㉢드는 기술은 시작부터 많은 난관에 부딪히게 된다. 그러나 잠재적인 이익과 혜택이 크다면 투자를 고려해야 한다. 기술의 성공 가능성을 검토하고 신중한 계획과 전략을 수립하는 것이 중요하다. 초기 투자 비용이 많이 들더라도 잠재적인 이익과 혜택이 큰 경우, 투자를 고려해야 한다.

03 ㉢의 문맥적 의미와 가장 가까운 것은?

① 그 문서에는 엄청난 비밀이 들어 있었다.
② 이 작품은 가장 공이 많이 든 조각품이다.
③ 우리 팀은 8강에 드는 것을 목표로 삼았다.
④ 단풍이 든 설악산의 모습은 정말 아름다웠다.
⑤ 많은 학생이 축구 동아리에 들기를 희망한다.

● 04~06 다음 설명에 맞는 글자를 골라 ①한글과 ②한자로 쓰시오.

納	繹	底	歸	基	演
들일 납	풀 역	밑 저	돌아갈 귀	터 기	펼 연

04 일반적 사실이나 원리로부터 개별적인 사실이나 특수한 원리를 결론으로 이끌어 냄.

(①   ), (②   )

05 여러 가지 구체적 사실로부터 일반적인 결론이나 법칙을 이끌어 냄.

(①   ), (②   )

06 사물의 뿌리나 밑바탕이 되는 기초.   (①   ), (②   )

● 07~09 다음 설명에 맞는 글자를 골라 ①한글과 ②한자로 쓰시오.

速	跡	質	等	軌	媒
빠를 속	발자취 적	바탕 질	무리 등	바퀴 자국 궤	중매 매

07 어떤 물리적 작용을 한 곳에서 다른 곳으로 전하여 주는 매개물.

(①   ), (②   )

08 같은 속도.   (①   ), (②   )

09 물체가 이동하면서 그리는 경로나 이동 경로.   (①   ), (②   )

● 10~12 제시된 초성을 참고하여 다음 예문을 완성하시오.

10 문화에 대한 ㄱ ㅊ 로 인간의 삶을 이해할 수 있다.
어떤 것을 깊이 생각하고 면밀히 연구함.

(   )

11 인공지능을 기반으로 한 새로운 시대가 ㄷ ㄹ 하고 있다.
어떤 시기나 기회가 옴.

(   )

12 높은 산에 올라가면 ㄱ ㅇ 이 낮아서 호흡이 힘들어진다.
공기의 무게로 인해 생기는 압력.

(   )

>> **2020년 11월 고1 모의고사**

이는 물질이 전도에 의해 열을 전달할 수 있는 능력의 척도, 즉 열전도도가 물질마다 다르기 때문이다. 따라서 푸리에의 열전도 법칙에 ⓐ따르면 다른 조건이 같더라도 열전도도가 높은 경우 열전달률도 높게 나타난다.

01 ⓐ와 문맥적 의미가 가장 유사한 것은?

① 우리는 해안선을 <u>따라</u> 올라갔다.
② 동생은 어머니를 <u>따라</u> 전통 시장에 갔다.
③ 학생들이 모두 선생님의 동작에 <u>따라</u> 춤을 췄다.
④ 수출이 증가함에 <u>따라</u> 경제도 서서히 회복되어 갔다.
⑤ 그들은 자율적으로 정한 규칙에 <u>따라</u> 일을 진행했다.

>> **2020년 9월 고1 모의고사**

직접 매핑은 CPU가 요청한 데이터가 캐시 기억장치에 있는지 확인할 때 해당 라인만 검색하면 되기 때문에 검색 속도가 빠르다. 그리고 회로의 구조가 단순하여 시스템을 구성하는 비용이 저렴한 장점이 있다. 하지만 같은 라인에 저장되어야 하는 서로 다른 블록을 CPU가 번갈아 요청하는 경우, 계속 캐시 미스가 발생해서 반복적으로 블록이 교체되므로 시스템의 효율이 ⓐ떨어질 수 있다.

02 문맥상 의미가 ⓐ와 가장 가까운 것은?

① 엔진의 성능이 <u>떨어져서</u> 큰일이다.
② 소매에서 단추가 <u>떨어져서</u> 당황했다.
③ 감기가 <u>떨어지지</u> 않아 큰 고생을 했다.
④ 해가 <u>떨어지기</u> 전에 이 일을 마치기로 했다.
⑤ 굵은 빗방울이 머리에 한두 방울씩 <u>떨어지기</u> 시작했다.

>> **2020년 6월 고1 모의고사**

• 반면 그것을 하나의 교훈적인 말로 받아들이는 사람은 그것이 하나의 ⓐ보편적인 법칙 같은 것을 뜻하는 것으로 이해하기 때문에 전체 긍정으로 읽게 되는 것이다.
• 전체 중에서 단 한 사람에 대한 긍정을 한 것도 부분 긍정으로 ⓑ일반화시킬 수밖에 없으며, 한 사람만 제외한 다른 모든 사람에 대한 긍정도 부분 긍정으로 ⓒ간주할 수밖에 없다.
• 일상 언어의 문장은 그것이 어떤 사실을 긍정하는 것일지라도 위에서 ⓓ검토해 본 예문들처럼 그것의 논리적 의미가 분명치 못한 것이 많다.
• 이러한 문제는 논리학의 범위에 속하지 않는 것이므로 그것을 사용하는 사람이 자기대로 ⓔ타당한 이해를 할 수밖에 없는 것이다.

03 ⓐ~ⓔ의 사전적 의미로 적절하지 <u>않은</u> 것은?

① ⓐ: 두루 널리 미치는.　　　　　② ⓑ: 구체적인 것으로 됨.
③ ⓒ: 상태, 모양, 성질 따위가 그와 같다고 봄.　　④ ⓓ: 사실이나 내용을 분석해 따짐.
⑤ ⓔ: 일의 이치로 보아 옳은.

수능 국어 어휘 만점 대비하기

가깝다

다음 밑줄 친 부분에 해당하는 의미를 사전적 의미 에서 찾아 그 기호를 쓰시오.

01 우리 집은 대공원에서 가깝다. ( )

02 요즘은 이웃과 가깝게 지내기 어렵다. ( )

03 그녀는 가까운 친척도 없이 외롭게 자랐다. ( )

04 체조 선수는 완벽에 가까운 연기를 펼쳤다. ( )

05 십 년에 가까운 시간을 연구에만 몰두하였다. ( )

06 그 회사는 가까운 시일에 신제품을 출시한다. ( )

사전적 의미 ㉠ 어느 한 곳에서 다른 곳까지의 거리가 짧다. ㉣ 서로의 사이가 다정하고 친하다.
㉢ 어떤 수치에 근접하다. ㉥ 어떤 것과 성질이나 상태가 거의 비슷하다.
㉤ 시간적으로 오래지 않다. ㉦ 촌수가 멀지 않다.

따르다¹

다음 밑줄 친 부분에 해당하는 의미를 사전적 의미 에서 찾아 그 기호를 쓰시오.

07 아이가 할아버지를 유난히 잘 따른다. ( )

08 카페 거리가 해안선을 따라 형성되었다. ( )

09 낯설고 위험한 곳이라 일행을 따라 움직였다. ( )

10 외국에서는 외교적 관례에 따라 행동해야 한다. ( )

11 김치에 있어 할머니의 솜씨를 따를 사람이 없었다. ( )

사전적 의미 ㉠ 다른 사람의 뒤에서 그가 가는 대로 같이 가다. ㉣ 보다 높은 수준의 것과 같은 수준에 이르다.
㉢ 좋아하거나 존경해서 가까이 좇다. ㉥ 정해진 법규나 절차, 관행, 타인의 의견을 그대로 실행하다.
㉤ 일정한 선이나 방향 등을 그대로 밟아 움직이다.

따르다²

다음 밑줄 친 부분에 해당하는 의미를 사전적 의미 에서 찾아 그 기호를 쓰시오.

12 관습은 시대나 상황에 따라 달라진다. ( )

13 어미 개가 짖어대자 새끼들이 따라 짖는다. ( )

14 모든 약이 부작용이 따를 수 있음을 명심해라. ( )

15 최근 연구에 따르면 유산균이 암을 억제한다고 한다. ( )

16 노령 인구가 늘어남에 따라 노인 관련 업종의 수가 늘고 있다. ( )

사전적 의미 ㉠ 남이 하는 대로 같이 하다. ㉣ 어떤 일이 다른 일과 함께 일어나다
㉢ 어떤 조건이나 기준, 상황에 근거하다. ㉥ 그것에 비례하다.
㉤ 어떤 것에 의하다.

법률·경제 관련 빈출 어휘 익히기

심리 살필 審 다스릴 理	법원이 증거를 심사하여 사실과 법률을 명확히 하는 행위. 예 배심원들은 사실을 [ ][ ] 하고 유죄 여부를 평가한다.
휴정 쉴 休 조정 廷	법원에서 재판을 잠깐 동안 쉬는 일. 예 판사는 [ ][ ] 을 선언하고 자리에서 일어났다.
관철 꿸 貫 통할 徹	어떤 주장이나 방침, 일 등을 끝까지 밀고 나가 끝내 이룸. 예 시민 단체는 새로운 환경법 제정을 [ ][ ] 시키기 위해 집회를 열었다.
구형 구할 求 형벌 刑	형사 재판에서, 피고인에게 어떠한 형벌을 줄 것을 검사가 판사에게 요구함. 예 검사는 피고에게 사기죄를 적용하여 징역 5년을 [ ][ ] 하였다.
금고 금할 禁 막을 錮	일정한 곳에 가두어 신체적 자유를 빼앗는 형벌 중의 하나. 예 법관은 [ ][ ] 이상의 형을 선고받으면 그 직책에서 파면된다.
탄핵 탄알 彈 꾸짖을 劾	고위 공무원이 저지른 위법 행위에 대하여 국회에서 소추하여 처벌하거나 파면함. 예 야당은 비리를 저지른 총리의 [ ][ ] 을 요구하고 있다.
소추 호소할 訴 쫓을 追	고위 공무원이 직무상 저지른 위법 행위에 대하여 국가가 탄핵을 결의하는 일. 예 헌법상 내란과 외환 죄를 제외하고 현직 대통령은 형사 [ ][ ] 를 받지 않는다.
면책 면할 免 꾸짖을 責	책임이나 책망을 면함. 채무자가 채무의 전부 또는 일부를 면제받는 일. 예 그가 이번 사건의 책임자인 만큼 [ ][ ] 은 불가능할 것이다.
법령 법 法 하여금 令	법률과 명령을 아울러 이르는 말. 예 이번에 개정된 교통 [ ][ ] 은 내년부터 시행될 예정이다.
법익 법 法 더할 益	어떤 법의 규정이 보호하려고 하는 이익. 예 인권 변호사는 노동자들의 [ ][ ] 을 보호하기 위해 애를 쓰고 있다.

문화·예술 관련 빈출 어휘 익히기

기점 일어날 起 점 點	어떠한 것이 처음으로 일어나거나 시작되는 곳. ⑩ 그 사건이 ▢▢ 이 되어 한국인에 대한 인식이 좋게 변하였다.
거점 근거 據 점 點	어떤 활동의 근거로 삼는 중요한 지점. ⑩ 독립군은 만주, 연해주 등지를 ▢▢ 으로 삼아 독립운동을 전개하였다.
기제 틀 機 절제할 制	인간의 행동에 영향을 미치는 심리의 작용이나 원리. ⑩ 사람은 위기에 처하면 자신을 보호하기 위해 방어 ▢▢ 를 사용한다.
기조 터 基 고를 調	사상, 작품, 학설 등에 일관해서 흐르는 기본적인 경향이나 방향. ⑩ 그의 초기 작품은 인간성 회복을 ▢▢ 로 삼고 있었다.
기치 기 旗 기 幟	일정한 목적을 위하여 내세우는 태도나 주장. ⑩ 자주독립의 ▢▢ 아래 독립군이 조직되었다.
답습 밟을 踏 엄습할 襲	예로부터 해 오던 방식이나 수법을 좇아 그대로 행함. ⑩ 지난 세대의 잘못을 ▢▢ 해서는 안 된다.
계승 이을 繼 이을 承	조상의 전통이나 문화유산, 업적 등을 물려받아 이어 나감. ⑩ 전통의 가치를 발견하고 ▢▢ 하는 것은 민족의 미래를 위해서도 중요하다.
당위 마땅 當 할 爲	마땅히 해야 하거나 되어야 할 것. ⑩ 윤리학은 인간 사회에서의 도덕적인 ▢▢ 를 연구하는 학문이다.
모사 본뜰 模 베낄 寫	어떠한 대상이나 현상을 있는 그대로 본떠서 언어나 그림으로 묘사함. ⑩ 그는 자연을 있는 그대로 화폭에 옮기는 ▢▢ 의 달인이다.
무상 없을 無 윗 上	그 위에 더할 것 없이 가장 높고 좋음. ⑩ 욕심을 버리고 묵묵히 수행하면서 ▢▢ 의 기쁨을 맛보았다.

05

실전 문제로 어휘력 완성하기

● 다음 글을 읽고 물음에 답하시오.

> 빛의 속도인 광속도는 이론적으로 항상 일정하며, 약 299,792,458미터/초이다. 이에 따라 빛은 우주에서 가장 빠르게 움직이는 것으로 알려져 있다. 만약 어떤 물질이 광속도에 ㉠가까운 속도로 가속된다면, 물체의 질량이 증가하고 시간이 느려지게 된다. 이는 상대성 이론에 따른 현상으로, 시간과 공간이 서로 밀접하게 연결되어 사차원의 세계를 구성한다는 법칙으로 물리학과 우주 과학에서 중요한 개념으로 여겨진다.

01 ㉠의 문맥적 의미와 가장 가까운 것은?

① 바지는 회색보다 흰색에 가까운 옷이었다.
② 나와 그 선배는 친자매처럼 가까운 사이다.
③ 회사에서 가까운 곳에 지하철역이 들어선다
④ 절반에 가까운 재산을 장학금으로 내놓았다.
⑤ 시험이 가까우니 도서관마다 빈자리가 없다.

● 다음 글을 읽고 물음에 답하시오.

> 수요는 소비자가 상품이나 서비스를 원하는 양과 가격을 나타내며, 공급은 생산자가 해당 상품이나 서비스를 제공할 수 있는 양과 가격을 나타낸다. 시장 경제는 수요와 공급의 원칙에 ㉡따라 자원과 상품의 흐름이 조절된다. 시장에서 수요가 공급을 넘어설 때 가격은 상승하고, 공급이 수요를 초과하면 가격은 하락하여 시장이 균형점을 찾는다. 이러한 수요와 공급의 원칙은 경제의 원활한 기능을 도와주며, 경제 주체들이 자유로운 거래를 통해 효율적인 자원 배분과 경제 발전을 이루는 데 이바지한다.

02 ㉡의 문맥적 의미와 가장 가까운 것은?

① 우리 개는 낯선 사람을 따르지 않는다.
② 졸업식은 정해진 식순에 따라 진행되었다.
③ 이 길을 따라 걷다 보면 목적지에 도착한다.
④ 입장 행렬을 따라 천천히 경기장에 들어갔다.
⑤ 중등부에서 우리 학교 야구부를 따를 학교가 없다.

● 다음 글을 읽고 물음에 답하시오.

> 가계부채는 가정 경제의 안정성과 소비 활동에 영향을 미친다. 가계부채 증가에 ㉢따라 가정 경제의 취약성이 증가하게 된다. 가계부채가 늘어나면 가정들은 더 많은 이자 지출을 감당해야 하고, 상환 부담으로 인해 저축을 감소시키는 경향이 생길 수 있다. 또한 가계부채 증가는 소비 활동에도 영향을 미치는데, 대출을 통해 구매한 상품들에 대한 상환 부담으로 인해 소비자들의 소비 심리가 저하될 수 있다. 이에 따라 소비 지출이 줄어들어 경기 침체를 유발하게 된다.

03 ㉢의 문맥적 의미와 가장 가까운 것은?

① 선생님이 접는 모양을 따라 종이를 접는다.
② 이번 사업에는 많은 어려움이 따를 것이다.
③ 일기 예보에 따르면 내일 첫눈이 내릴 것이다.
④ 금리 인상에 따라 은행권 대출 금리도 상승하였다.
⑤ 고객의 나이에 따라 판매 전략을 세워야 한다.

● 04~06 다음 설명에 맞는 글자를 골라 ①한글과 ②한자로 쓰시오.

錮	審	責	禁	免	理
막을 고	살필 심	꾸짖을 책	금할 금	면할 면	다스릴 리

04 법원이 증거를 심사하여 사실과 법률을 명확히 하는 행위.　　(① 　　　　), (② 　　　　　)

05 일정한 곳에 가두어 신체적 자유를 빼앗는 형벌 중의 하나.　　(① 　　　　), (② 　　　　　)

06 책임이나 책망을 면함. 채무자가 채무의 전부 또는 일부를 면제받는 일.

(① 　　　　), (② 　　　　　)

● 07~09 다음 설명에 맞는 글자를 골라 ①한글과 ②한자로 쓰시오.

模	幟	調	旗	基	寫
본뜰 모	기 치	고를 조	기 기	터 기	베낄 사

07 사상, 작품, 학설 등에 일관해서 흐르는 기본적인 경향이나 방향.

(① 　　　　), (② 　　　　　)

08 일정한 목적을 위하여 내세우는 태도나 주장.　　(① 　　　　), (② 　　　　　)

09 어떠한 대상이나 현상을 있는 그대로 본떠서 언어나 그림으로 묘사함.

(① 　　　　), (② 　　　　　)

● 10~12 제시된 초성을 참고하여 다음 예문을 완성하시오.

10 오늘 자정을 ㄱ ㅈ 으로 휘발유 가격이 대폭 인상된다.
어떠한 것이 처음으로 일어나거나 시작되는 곳.

(　　　　　)

11 국민의 안전을 지키는 것은 국가 존립의 기본적인 ㄷ ㅇ 이다.
마땅히 해야 하거나 되어야 할 것.

(　　　　　)

12 검사는 일심에서 1년을 ㄱ ㅎ 하였다.
형사 재판에서, 피고인에게 어떠한 형벌을 줄 것을 검사가 판사에게 요구함.

(　　　　　)

▶ 2020년 6월 고1 모의고사

동위원소 중 방사성 붕괴를 ⓐ일으키는 동위원소를 방사성 동위원소라 한다. 이들은 방사성 붕괴를 통해 불안정한 원자핵이 안정된 상태의 다른 종류의 원자핵으로 변한다.

01 문맥상 ⓐ의 단어와 가장 가까운 의미로 쓰인 것은?

① 세찬 바람이 거친 파도를 일으켰다.
② 그의 행동은 모두에게 오해를 일으켰다.
③ 그는 혼자 힘으로 쓰러진 가세를 일으켰다.
④ 아침에 몸이 피곤했지만 억지로 몸을 일으켰다.
⑤ 그녀는 자전거를 타다 넘어진 아이를 일으켰다.

▶ 2020년 3월 고1 모의고사

• 그는 이 부위를 브로카 영역이라 ⓐ명명하고 이곳이 손상되어 나타나는 증상을 브로카 실어증이라 하였다.
• 이와 같은 실어증 환자들의 뇌 손상 부위와 증상을 연구하는 과정에서 인간의 언어 처리 과정에 대한 관심이 ⓑ대두되면서 그와 관련된 이론이 발전해 왔다.
• 〈그림〉은 게쉬윈드가 제시한 언어 처리 모형으로, 청각 자극을 ⓒ수용하는 기본 청각 영역과 시각 자극을 수용하는 기본 시각 영역, 그리고 베르니케 영역, 브로카 영역, 운동 영역, 각회라는 네 개의 언어 중추를 중심으로 언어 처리 과정을 설명하고 있다.
• 그리고 운동 영역은 브로카 영역에서 받은 운동 프로그램에 근거하여 말하거나 쓰기에 필요한 신경적 지시를 내리는 기능을 ⓓ담당한다고 보았다.
• 이 모형에 ⓔ의거하면 듣기 과정은 '기본 청각 영역 → 베르니케 영역'의 순서로 이루어진다.

02 문맥에 따라 ⓐ~ⓔ를 바꿔 쓴 것으로 적절하지 않은 것은?

① ⓐ: 이름 붙이고
② ⓑ: 옮겨지면서
③ ⓒ: 받아들이는
④ ⓓ: 맡는다고
⑤ ⓔ: 따르면

▶ 2019년 11월 고1 모의고사

상변화 물질을 활용하여 열병합 발전소에서 인근 지역 공동주택으로 열을 수송하는 과정을 통해 이를 살펴보자. 열병합 발전소에서는 발전에 사용된 수증기를 열교환기로 ⓐ보낸다.

03 ⓐ와 문맥적 의미가 가장 유사한 것은?

① 그는 선물을 동생 집으로 보냈다.
② 그는 그저 멍하니 세월만 보냈다.
③ 그는 아들을 작년에 장가를 보냈다.
④ 관객들은 연주자에게 박수를 보냈다.
⑤ 그녀는 슬피 울며 정든 친구를 보냈다.

수능 국어 어휘 만점 대비하기

보내다 — 다음 밑줄 친 부분에 해당하는 의미를 사전적 의미 에서 찾아 그 기호를 쓰시오.

01 아이를 유치원에 보내고 다시 일하게 되었다. ( )

02 집에 오신 손님은 잘 대접해서 보내야 한다. ( )

03 직접 농사지은 사과를 친구들에게 보냈다. ( )

04 그들은 자식을 유학 보내기 위해 매일 열심히 일하였다. ( )

05 이번 방학은 영화를 실컷 보며 한가롭게 보내고 싶다. ( )

06 전국 곳곳에서 우리 대표팀 선수들에게 응원을 보내 왔다. ( )

사전적 의미 ⊙ 사람이나 물건 등을 다른 곳으로 가게 하다. ⓒ 일정한 임무나 목적으로 가게 하다.
ⓒ 사람을 일정한 곳에 소속되게 하다. ② 상대편이 자신의 마음가짐을 느껴 알도록 표현하다.
ⓜ 놀아주어 떠나게 하다. ⑲ 시간이나 세월이 지나가게 하다.

부르다¹ — 다음 밑줄 친 부분에 해당하는 의미를 사전적 의미 에서 찾아 그 기호를 쓰시오.

07 배송 업체에 새로 바뀐 주소를 불러 주었다. ( )

08 누군가 이름을 부르는 소리에 뒤를 돌아봤다. ( )

09 교수님은 수업 전에 출석을 부르고 시작한다. ( )

10 외국에서도 케이팝을 즐겨 부르는 사람이 많다. ( )

11 친한 친구 사이에서는 이름 대신 별명을 부른다. ( )

12 세상에 하나밖에 없는 물건이라 부르는 게 값이다. ( )

사전적 의미 ⊙ 말이나 행동 등으로 다른 사람의 주의를 끌거나 오라고 하다. ⓒ 이름이나 명단을 소리 내어 읽으며 대상을 확인하다.
ⓒ 무엇이라고 가리켜 말하거나 이름을 붙이다. ② 남이 자신의 말을 받아 적을 수 있게 또박또박 읽다.
ⓜ 곡조에 맞추어 노래의 가사를 소리 내다. ⑲ 값이나 액수 등을 얼마라고 말하다.

부르다² — 다음 밑줄 친 부분에 해당하는 의미를 사전적 의미 에서 찾아 그 기호를 쓰시오.

13 서핑하라고 바다가 나를 부르는 것 같다. ( )

14 거짓말은 또 다른 거짓말을 부르게 된다. ( )

15 배가 부르면 잠이 쏟아져 낮잠을 자게 된다. ( )

16 한국의 우승이 확정되자 모두 만세를 불렀다. ( )

17 이른 새벽에 공항에 가기 위해 택시를 불렀다. ( )

18 할머니는 배가 부른 항아리에 소금을 보관하셨다. ( )

사전적 의미 ⊙ 구호나 만세 등을 소리 내어 외치다. ⓒ 어떤 방향으로 따라오거나 동참하도록 유도하다.
ⓒ 어떤 행동이나 말이 관련된 다른 일이나 상황을 초래하다. ② 청하여 오게 하다.
ⓜ 먹은 것이 많아 속이 꽉 찬 느낌이 들다. ⑲ 불룩하게 부풀어 있다.

인문·철학 관련 빈출 어휘 익히기

보편 넓을 普 두루 遍	모든 것에 두루 미치거나 공통되는 것. **예** 인간은 대체로 특수보다는 ☐☐ 을 지향하며 살아간다.	
윤리 인륜 倫 다스릴 理	사람으로서 마땅히 행하거나 지켜야 할 도리. **예** 학교에서는 학생들에게 ☐☐ 에 어긋나는 행위를 하지 않도록 교육한다.	
난점 어려울 難 점 點	해결하기 어려운 점. **예** 이번 프로젝트는 기술상의 ☐☐ 이 많아 성공하기가 어렵다.	
난제 어려울 難 제목 題	해결하기 어려운 일이나 사건. **예** 지구 자원 이용과 환경 보호는 인류의 중요한 ☐☐ 이다.	
논변 논할 論 말씀 辯	어떤 주장이나 의견의 옳고 그름을 논리적으로 말함. **예** 논설문에서는 타당한 근거를 들어 자신의 ☐☐ 을 전개해야 한다.	
논증 논할 論 증거 證	어떤 주장이나 이론의 옳고 그름을 논리적인 이유를 들어 증명함. **예** 학문에서는 철저한 ☐☐ 이 중요하다.	
논제 논할 論 제목 題	토론이나 논의의 주제. **예** 토론자가 주어진 ☐☐ 에 대해 찬성 입장에서 주장을 펼쳤다.	
논리 논할 論 다스릴 理	생각이나 추론이 지녀야 하는 원리나 법칙. **예** 그 나라의 지배 ☐☐ 는 건국 신화에 잘 드러나 있다.	
논박 논할 論 논박할 駁	어떤 주장이나 의견에 대하여 그 잘못된 점을 조리 있게 공격하여 말함. **예** 그 학자의 주장에는 허점이 많아 ☐☐ 될 여지가 다분하였다.	
논점 논할 論 점 點	어떤 문제에 대해 서로 의논하거나 의견을 내며 다툴 때 중심이 되는 문제점. **예** 하나의 글에서 너무 많은 내용을 다루면 ☐☐ 이 흐려지게 마련이다.	

과학·기술 관련 빈출 어휘 익히기

매체	어떤 작용을 다른 곳으로 전달하는 일을 하는 물체.
중매 媒 몸 體	예 열을 잘 전달하는 [ ]를 사용하면 효율적인 난방 시스템을 만들 수 있다.

음속	소리나 소음이 퍼지는 속도.
소리 音 빠를 速	예 비행기가 [ ]을 초과하는 속도로 이동하면 폭발음이 발생한다.

명도	색의 밝고 어두운 정도.
밝을 明 법도 度	예 [ ]가 가장 낮은 색은 검정이고, 가장 높은 색은 흰색이다.

채도	색의 선명한 정도.
채색 彩 법도 度	예 벽이 너무 선명한 파랑이라 회색을 섞어 [ ]를 낮추었다.

반사	빛이나 전파 등이 다른 물체의 표면에 부딪혀서 나아가던 방향이 반대 방향으로 바뀌는 현상.
돌이킬 反 쏠 射	예 햇빛이 창문에 [ ]되어 눈이 부셨다.

발육	신체나 정신 등이 발달하여 점차로 크게 자람.
필 發 기를 育	예 정상적인 [ ]은 아이들이 건강하게 자라며 몸이 커지는 과정을 말한다.

방출	빛, 열 등을 밖으로 내보냄.
놓을 放 날 出	예 지구 온난화를 막기 위해 온실가스 [ ]을 막아야 한다.

변이	같은 종에서 성별, 나이와 관계없이 모양과 성질이 다른 개체가 존재하는 현상.
변할 變 다를 異	예 바이러스는 자기 복제 과정에서 [ ]를 발생시킨다.

변환	원래와 다르게 바뀜.
변할 變 바꿀 換	예 영상 신호의 [ ]을 통해 화려한 시각적 효과를 만들어 낼 수 있다.

부식	금속에 공기나 액체가 닿아서 녹이 생김.
썩을 腐 좀먹을 蝕	예 스테인리스는 [ ]이 일어나지 않는 물질이다.

실전 문제로 어휘력 완성하기

● 다음 글을 읽고 물음에 답하시오.

> 조선 시대에는 특정한 범죄를 저지른 사람에게 처벌로 귀양을 ㉠보냈다. 무거운 짐을 지고 멀리 이동해야 했기 때문에 귀양길에 오른 사람들은 큰 고통과 어려움을 겪었다. 귀양지로 간 사람은 거주지에서 외면당하고 고립되는 사회적인 차별을 받아야 했다. 이렇듯 형벌로서의 귀양은 사회적인 범죄 예방 효과도 가지고 있었다. 사람들이 이러한 형벌을 목격하거나 이야기를 듣게 되면, 범죄에 대한 경각심을 갖게 되어 사회 질서를 유지하는 데 도움이 되었던 것이다.

01 ㉠의 문맥적 의미와 가장 가까운 것은?

① 우체국에서 등기로 지원서를 보냈다.　② 반드시 범인을 잡아 감옥에 보내야 한다.
③ 그는 조국의 독립을 위해 평생을 보냈다.　④ 어머니가 동생을 가게로 심부름을 보냈다.
⑤ 공연이 끝나자, 관객들은 배우에게 박수를 보냈다.

● 다음 글을 읽고 물음에 답하시오.

> 우리가 국학이라고 ㉡부르는 것은 곧 한국학을 의미한다. 한국학은 한국의 역사, 문화, 언어, 예술, 철학 등을 종합적으로 연구하는 학문으로, 우리 민족의 정체성과 독특한 면모를 이해하고 발전시키는 데에 중요한 역할을 한다. 한국은 오랜 역사와 다양한 역사적 사건을 겪어 온 동시에 현대적인 문화와 기술의 발전을 이룬 독특한 나라이다. 그렇기 때문에 한국학은 민족의 뿌리와 고유성을 파악하는 데에 큰 도움이 된다.

02 ㉡의 문맥적 의미와 가장 가까운 것은?

① 할아버지는 손짓으로 아이를 불렀다.　② 후대의 예술가들은 그를 천재라고 부른다.
③ 나에게는 노래를 부르는 것이 가장 어렵다.　④ 그녀가 부르는 대로 가계부를 받아 적었다.
⑤ 중심가에 있는 가게에서는 값을 비싸게 부른다.

● 다음 글을 읽고 물음에 답하시오.

> 과다한 칼로리 섭취와 운동 부족으로 인해 에너지 균형이 깨지는 생활 습관이 비만을 ㉢부른다. 비만은 고혈압, 당뇨병, 심혈관 질환, 관절 문제, 호흡기 질환 및 일부 종류의 암과 관련이 있으며, 이에 따라 건강에 큰 영향을 미친다. 비만은 또한 심리적인 건강에도 부정적인 영향을 미칠 수 있으며, 자존감 문제, 우울증, 불안증, 스트레스와 같은 정신 건강 문제를 유발할 수 있다. 비만을 예방하고 건강을 유지하기 위해서는 균형 잡힌 식습관을 채택하고, 적절한 운동을 지속해서 실천해야 한다.

03 ㉢의 문맥적 의미와 가장 가까운 것은?

① 가구를 옮기기 위해 친구들을 집으로 불렀다.　② 그는 예상대로 주식이 폭등하자 쾌재를 불렀다.
③ 소탐대실은 욕심이 과하면 화를 부른다는 의미다.　④ 마지막 코스 요리는 배가 너무 불러 먹지 못하였다.
⑤ 무엇을 넣었는지 바지 주머니의 배가 불러 있었다.

● 04~06 다음 설명에 맞는 글자를 골라 ①한글과 ②한자로 쓰시오.

理	題	辯	倫	論	難
다스릴 리	제목 제	말씀 변	인륜 윤	논할 논	어려울 난

04 사람으로서 마땅히 행하거나 지켜야 할 도리.　　　　　(①　　　　　　), (②　　　　　　)

05 해결하기 어려운 일이나 사건.　　　　　(①　　　　　　), (②　　　　　　)

06 어떤 주장이나 의견의 옳고 그름을 논리적으로 말함.　　　　　(①　　　　　　), (②　　　　　　)

● 07~09 다음 설명에 맞는 글자를 골라 ①한글과 ②한자로 쓰시오.

速	度	音	換	彩	變
빠를 속	법도 도	소리 음	바꿀 환	채색 채	변할 변

07 소리나 소음이 퍼지는 속도를 나타내는 것.　　　　　(①　　　　　　), (②　　　　　　)

08 색의 선명한 정도.　　　　　(①　　　　　　), (②　　　　　　)

09 원래와 다르게 바뀜.　　　　　(①　　　　　　), (②　　　　　　)

● 10~12 제시된 초성을 참고하여 다음 예문을 완성하시오.

10 자동차의 [ㅂ][ㅅ] 을 막으려면 반드시 코팅 처리를 해야 한다.
　　　　금속에 공기나 액체가 닿아서 녹이 생김.

　　　　　　　　　　　　　　　　　　　　　　　　　　（　　　　　　　）

11 뼈에서 칼슘이 [ㅂ][ㅊ] 되면 골다공증에 걸릴 수 있으므로 주의해야 한다.
　　　　빛, 열 등을 밖으로 내보냄.

　　　　　　　　　　　　　　　　　　　　　　　　　　（　　　　　　　）

12 새롭게 주장된 학설은 기존 학계의 [ㄴ][ㅂ] 의 대상이 되었다.
　　　　어떤 주장이나 의견에 대하여 그 잘못된 점을 조리 있게 공격하여 말함.

　　　　　　　　　　　　　　　　　　　　　　　　　　（　　　　　　　）

06

51

❯ 2019년 9월 고1 모의고사

> 세포 안에 불필요한 단백질과 망가진 세포 소기관이 쌓이면 세포는 세포막을 이루는 구성 성분을 이용해 이를 이중막으로 둘러싸 작은 주머니를 만든다. 이 주머니를 '오토파고솜'이라고 ⓐ부른다.

01 문맥상 의미가 ⓐ와 가장 가까운 것은?

① 그는 속으로 쾌재를 불렀다.
② 푸른 바다가 우리를 부른다.
③ 그 가게에서는 값을 비싸게 불렀다.
④ 도덕 기준이 없는 혼돈 상태를 아노미라고 부른다.
⑤ 그녀는 학교 앞을 지나가는 친구를 큰 소리로 불렀다.

❯ 2019년 6월 고1 모의고사

> 원재료 또는 부품 제조업자의 경우에는 해당 원재료 또는 부품을 사용한 제조물 제조업자의 설계 또는 제작에 관한 지시로 인하여 결함이 발생하였다는 사실을 입증하면 책임을 지지 않아도 된다. 그러나 면책 사유에 해당하더라도 제조업자가 제조물의 결함을 ⓐ알면서도 적절한 피해 예방 조치를 하지 않은 경우, 또는 주의를 기울였다면 충분히 알 수 있었을 결함을 발견하지 못한 경우에는 책임을 피할 수 없다.

02 문맥상 의미가 ⓐ와 가장 가까운 것은?

① 이 문제는 당신이 알아서 처리해야 한다.
② 밖으로 나와서야 날씨가 추운 것을 알았다.
③ 그녀는 차는 없었지만, 운전을 할 줄 알았다.
④ 그 사람은 공부만 알지 세상 물정을 통 모른다.
⑤ 그녀는 그의 사랑 고백을 농담으로 알고 지나쳤다.

❯ 2019년 3월 고1 모의고사

- 최근 예술 분야에서는 과학 기술을 이용하여 새로운 장르를 ⓐ개척하려는 시도가 이루어지고 있다.
- 엑스레이 아트의 거장인 닉 베세이는 엑스레이를 활용하여 오브제 내부에 ⓑ주목한 작품을 만들었다.
- 엑스레이 아트의 창작 의도를 ⓒ구현하기 위해서는 오브제의 특성을 고려해야 한다.
- 그리고 오브제가 겹쳐 있을 경우, 창작 의도와 다른 사진이 나올 수 있으므로 이를 고려하여 오브제를 적절하게 ⓓ배치하고 촬영 각도를 결정한다.
- 기존의 예술 작품과는 다른 미적 감수성을 불러일으킨다는 점에서 현대 예술의 외연을 넓히는 데 ⓔ기여하였다는 평가를 받고 있다.

03 ⓐ~ⓔ의 사전적 의미로 적절하지 않은 것은?

① ⓐ: 새로운 물건을 만들거나 새로운 생각을 내어놓음.
② ⓑ: 관심을 가지고 주의 깊게 살핌.
③ ⓒ: 어떤 내용이 구체적인 사실로 나타나게 함.
④ ⓓ: 사람이나 물자 따위를 일정한 자리에 알맞게 나누어 둠.
⑤ ⓔ: 도움이 되도록 이바지함.

수능 국어 어휘 만점 대비하기

가리다

다음 밑줄 친 부분에 해당하는 의미를 사전적 의미 에서 찾아 그 기호를 쓰시오.

01 당뇨병 환자는 음식을 <u>가려</u> 먹어야 한다. ( )

02 차단막으로 햇빛을 <u>가려</u> 그늘을 만들었다 ( )

03 그는 자기 앞도 제대로 못 <u>가리는</u> 사람이다. ( )

04 그녀는 내성적이고 낯을 많이 <u>가리는</u> 성격이다. ( )

05 두 회사는 결국 법정에서 시비를 <u>가리게</u> 되었다. ( )

06 인재를 <u>가려</u> 뽑기 위해 다양한 검증 절차가 필요하다. ( )

사전적 의미
㉠ 여럿 가운데서 하나를 구별하여 고르다.　　㉡ 수줍음 등의 이유로 낯선 사람을 대하기 싫어하다.
㉢ 잘잘못이나 좋은 것과 나쁜 것 따위를 따져서 분간하다.　㉣ 음식을 골라서 먹다.
㉤ 자기 일을 알아서 스스로 처리하다.　　㉥ 보이거나 통하지 못하도록 막다.

붙이다

다음 밑줄 친 부분에 해당하는 의미를 사전적 의미 에서 찾아 그 기호를 쓰시오.

07 책상은 벽에 <u>붙이고</u> 침대는 창문을 향해 배치했다. ( )

08 시설 유지에 책임을 진다는 조건을 <u>붙여</u> 계약했다. ( )

09 어려운 부분에는 주석을 <u>붙여</u> 부연 설명을 달아라. ( )

10 장난꾸러기 동생에게 짱구라는 애칭을 <u>붙여</u> 불렀다. ( )

11 오랜 시간 작업하니 요령이 <u>붙어</u> 일이 점점 쉬워진다. ( )

12 시장은 상인과 손님 사이에 흥정이 <u>붙어</u> 시끌벅적했다. ( )

13 교구 놀이 덕분에 아이가 수학에 흥미를 <u>붙이게</u> 되었다. ( )

사전적 의미
㉠ 조건, 이유, 구실 등을 보태다.　　㉡ 주가 되는 것에 달리게 하거나 딸리게 하다.
㉢ 물체와 물체 또는 사람을 서로 바짝 가깝게 하다.　㉣ 어떤 것을 더하게 하거나 생기게 하다.
㉤ 이름이나 제목 등을 정하다.　　㉥ 어떤 감정이나 감각을 생기게 하다.
㉦ 경쟁이나 싸움 등의 겨루는 일을 서로 시작하게 하다.

타다

다음 밑줄 친 부분에 해당하는 의미를 사전적 의미 에서 찾아 그 기호를 쓰시오.

14 옛날에는 말을 <u>타고</u> 이동했다. ( )

15 잿더미에서 <u>타다</u> 만 신분증을 찾았다. ( )

16 풍선이 바람을 <u>타고</u> 하늘로 올라간다. ( )

17 그의 산을 <u>타는</u> 솜씨는 전문가 수준이다. ( )

18 아이와 전화가 안 되면 걱정에 애가 <u>탄다</u>. ( )

19 부동산 경기를 <u>타고</u> 재개발 열풍이 불었다. ( )

사전적 의미
㉠ 탈것이나 짐승의 등 위에 몸을 얹다.　　㉡ 바람이나 물결, 전파 따위에 실려 퍼지다.
㉢ 어떤 조건이나 시간, 기회 등을 이용하다.　㉣ 마음이 몹시 조급해지다.
㉤ 불씨나 높은 열로 불꽃이 일어나거나 불이 붙어 번지다.　㉥ 도로, 줄, 산, 나무, 바위 등을 밟고 오르거나 따라 지나가다.

법률·경제 관련 빈출 어휘 익히기

법규 법法 법規	일반 국민의 권리 및 의무와 관계 있는 법 규범. 예 스쿨 존 교통 ☐☐ 위반자에게는 지금보다 더 큰 벌금이 부과된다.
요건 요긴할 要 물건 件	필요한 조건. 예 경력직에 응시하려면 일정한 자격 ☐☐ 을 갖추어야 한다.
침해 침노할 侵 해할 害	남의 권리나 재산 등을 함부로 침범하여 손해를 끼침. 예 교사들은 교육의 자율성 ☐☐ 에 대해 항의했다.
징수 부를 徵 거둘 收	행정 기관이 법에 따라서 조세, 수수료, 벌금 등을 국민에게서 거두어들이는 일. 예 부당하게 ☐☐ 된 세금은 원칙에 따라 다시 돌려받을 수 있다.
소환 부를 김 부를 喚	검찰 등에서 사건의 혐의자나 참고인 등을 조사하기 위하여 불러들임. 예 검찰은 핵심 관료의 ☐☐ 여부를 신중히 검토하고 있다.
소급 거스를 遡 미칠 及	어떤 영향이나 효력을 지난날에까지 거슬러 올라가서 미치게 함. 예 이 법률의 조항은 작년 10월까지 ☐☐ 하여 적용한다.
송치 보낼 送 이를 致	수사 기관(경찰)에서 다른 기관(검찰)으로 사건을 보내는 것. 예 경찰은 최종 수사 결과를 발표하고 사건을 검찰에 ☐☐ 하였다.
승계 이을 承 이을 繼	다른 사람의 권리나 의무를 이어받는 일. 예 헌법상 대통령 탄핵 시 총리가 대통령직을 ☐☐ 한다.
인계 끌 引 이을 繼	하던 일이나 물품을 넘겨주거나 넘겨받음. 예 그는 거래처에 ☐☐ 해야 할 서류를 정리하고 있었다.
시한 때 時 한할 限	일정하게 한정된 기간이나 시간. 예 보고서 작성이 늦어져서 결국 제출 ☐☐ 을 넘기고 말았다.

문화·예술 관련 빈출 어휘 익히기

문양 무늬 紋 모양 樣	무늬의 생김새. 옷이나 조각 등에 장식으로 나타난 모양. 예 태극기에 쓰인 태극은 우리나라를 상징하는 대표적인 ☐☐이다.
문인 글월 文 사람 人	문예에 종사하는 사람. 시인이나 소설가, 평론가 등을 이른다. 예 이 글은 조선 시대에 어느 이름 없는 ☐☐이 창작하였다.
미사여구 아름다울 美 말씀 辭 고울 麗 글귀 句	아름다운 말로 듣기 좋게 꾸민 글귀. 예 ☐☐☐☐만 늘어놓는다고 해서 좋은 글이 되는 건 아니다.
반향 돌이킬 反 울릴 響	어떤 사건이나 발표 등이 세상에 영향을 미치어 일어나는 반응. 예 이번에 출판된 그의 소설은 큰 ☐☐을 불러일으켰다.
발현 필 發 나타날 現	속에 있거나 숨은 것이 밖으로 나타나거나 그렇게 나타나게 함. 예 훌륭한 그림이란 결국 자아의 순수한 ☐☐임을 알아야 한다.
방증 곁 傍 증거 證	어떤 사실에 대한 간접적이고 주변적인 증거. 예 구체적인 증거가 아닌 ☐☐만으로 유죄 판결을 내릴 수 없다.
반증 돌이킬 反 증거 證	어떤 사실이나 주장이 옳지 아니함을 그에 반대되는 근거를 들어 증명함. 예 변호사는 목격자의 진술에 대한 ☐☐을 제시하였다.
비영리 아닐 非 경영할 營 이로울 利	재산상의 이익을 꾀하지 않음. 예 그는 가난한 어린이들을 지원하는 ☐☐☐ 단체를 설립하였다.
배양 북돋울 培 기를 養	인격, 사상, 능력 등이 발전하도록 가르쳐 기름. 예 우리 학교는 청소년들의 합리적이고 과학적인 사고 ☐☐을 위해 설립되었다.
고양 높을 高 날릴 揚	의식, 감정, 분위기 등을 한껏 북돋워서 높임. 예 우리는 시민들의 환경 의식 ☐☐을 위해 캠페인을 벌였다.

실전 문제로 어휘력 완성하기

● 다음 글을 읽고 물음에 답하시오.

> 탈은 행렬이나 탈춤판에서 사용하는 '가면(假面)'으로 볼 수 있다. 이러한 시각으로 바라보면, 탈은 진짜 얼굴을 ㉠가리고 '거짓 얼굴'을 보여 준다. 이는 현실의 얼굴과는 다른 얼굴을 나타내며, 사람들이 자신의 진정한 모습을 감추고 다른 역할을 연기할 수 있게 해 준다. 예술과 문화에서 중요한 요소인 탈은 다양한 상징적 의미를 지니고 있으며, 사회적인 이해와 감정 표현에 영향을 미치는 매력적인 예술 형식 중 하나이다.

01 ㉠의 문맥적 의미와 가장 가까운 것은?

① 우승팀을 가리는 결승전이 진행되고 있다.
② 공공장소에서는 입을 가리고 기침해야 한다.
③ 사건의 진상을 가리기 위하여 용의자를 심문했다.
④ 수단과 방법을 가리지 않고 이번 계약을 따야 한다.
⑤ 그녀는 입맛이 까다로운 편이라 음식을 가려 먹는다.

● 다음 글을 읽고 물음에 답하시오.

> 현대 사회에서는 기술과 혁신이 끊임없이 진보하면서 산업 분야에서도 경쟁이 치열하다. 기업들은 서로의 경쟁자를 제치고 시장에서 주도적인 위치를 차지하기 위해 노력한다. 기업 간에 경쟁이 ㉡붙은 결과로 제품과 서비스의 품질이 향상되고, 가격은 소비자들에게 더욱 유리해진다. 기술 혁신과 창의성을 바탕으로 한 기업들이 새로운 아이디어를 제시하며 시장을 선도한다. 이러한 경쟁적인 환경은 산업 전반에 걸쳐 혁신과 성장을 촉진하는 역할을 한다.

02 ㉡의 문맥적 의미와 가장 가까운 것은?

① 똑같은 모양의 집들이 다닥다닥 붙어 있었다.
② 논문의 내용에 관계되는 정보를 각주로 붙였다.
③ 그 친구 덕분에 마음 붙이고 이곳에 살게 되었다.
④ 실적 회복에 속도가 붙을 것이라는 전망이 나왔다.
⑤ 청도는 소끼리 싸움을 붙이는 소싸움이 유명하다.

● 다음 글을 읽고 물음에 답하시오.

> 많은 국가가 이념 간의 갈등으로 인해 정치적으로나 사회적으로 큰 영향을 받고 있다. 이념 충돌은 불화와 전쟁의 원인이 되기도 하고, 국제 정치에 영향을 미치는 주요 요인이었다. 하지만 최근 세계적인 화해 바람을 ㉢타고 극단적인 대립보다는 공통의 목표를 위해 협력하는 방향으로 이념들이 진화하고 있다. 이러한 변화로 인해 이념의 갈등에서는 대립적인 측면보다 조율과 타협을 통해 해결하고자 하는 노력이 강조되고 있다. 서로 다른 이념들이 가진 가치와 목표를 이해하고 존중함으로써 갈등의 여지를 최소화하고, 상호 간의 이해관계를 강화하고자 하는 시도가 증가하고 있는 것이다.

03 ㉢의 문맥적 의미와 가장 가까운 것은?

① 무인도 주위를, 배를 타고 둘러보았다.
② 그 가게는 방송을 타고 더 유명해졌다.
③ 아직 장작이 타고 있는 모닥불에 물을 부었다.
④ 남북 평화의 분위기를 타고 교류가 활발해졌다.
⑤ 합격자 발표일이 되자 입술이 마르고 속이 탔다.

● 04~06 다음 설명에 맞는 글자를 골라 ①한글과 ②한자로 쓰시오.

召	致	送	喚	遡	及
부를 소	이를 치	보낼 송	부를 환	거스를 소	미칠 급

04 수사기관(경찰)에서 다른 기관(검찰)으로 사건을 보내는 것. (①   ), (②   )

05 어떤 영향이나 효력을 지난날에까지 거슬러 올라가서 미치게 함.
(①   ), (②   )

06 검찰 등에서 어떤 사건의 혐의자나 참고인 등을 조사하기 위하여 불러들임.
(①   ), (②   )

● 07~09 다음 설명에 맞는 글자를 골라 ①한글과 ②한자로 쓰시오.

揚	證	響	傍	反	高
날릴 양	증거 증	울릴 향	곁 방	돌이킬 반	높을 고

07 어떤 사실에 대한 간접적이고 주변적인 증거. (①   ), (②   )

08 어떤 사건이나 발표 등이 세상에 영향을 미치어 일어나는 반응.
(①   ), (②   )

09 의식, 감정, 분위기 등을 한껏 북돋워서 높임. (①   ), (②   )

● 10~12 제시된 초성을 참고하여 다음 예문을 완성하시오.

10 그의 주장은 논리적이라 [ㅂ | ㅈ]을 대기가 어려웠다.
어떤 사실이나 주장이 옳지 아니함을 그에 반대되는 근거를 들어 증명함. (   )

11 그 화가는 작품 출품 [ㅅ | ㅎ] 안에 그림을 제출하기 위해 밤낮으로 작업에 몰두하였다.
일정하게 한정된 기간이나 시간. (   )

12 정부는 재건축의 인허가 [ㅇ | ㄱ]을 대폭 강화하였다.
필요한 조건. (   )

> **2018년 11월 고1 모의고사**

- 관여도란 주어진 상황에서 특정 제품에 대해 개인이 자신과의 관련성을 ⓐ지각하는 정도를 의미한다.
- 소비자는 이 요인을 통해 의미를 ⓑ부여한 특정 제품에 지속적으로 높은 관여도를 가지게 된다.
- 실용성을 ⓒ추구하는 대다수의 소비자들은 이 제품이 자신들의 욕구를 충족시켜 줄 수 있다고 생각한다.
- 두 번째 차원은 소비자가 제품에 대해 반응하는 ⓓ경향에 따라 이성적 관여와 감성적 관여로 구분하는 것이다.
- 제품 판매와 관련된 역동적이고 복잡한 제반 여건을 ⓔ반영하여 판매 전략을 세울 필요가 있다.

01 ⓐ~ⓔ의 사전적 의미로 적절하지 <u>않은</u> 것은?

① ⓐ: 그러하다고 생각하여 옳다고 인정함.
② ⓑ: 사물이나 일에 가치, 의의 따위를 붙여 줌.
③ ⓒ: 목적을 이룰 때까지 뒤좇아 구함.
④ ⓓ: 현상이나 사상, 행동 따위가 어떤 방향으로 기울어짐.
⑤ ⓔ: 다른 것에 영향을 받아 어떤 현상을 나타냄.

> **2018년 9월 고1 모의고사 Ⓐ**

시누소이드를 <u>흐르는</u> 혈액은 대사 활동에 필요한 산소와 영양소를 간세포에 공급하고, 간세포의 대사 활동의 결과물인 대사산물과 이산화탄소 같은 노폐물 등을 흡수하는데 이러한 과정을 '물질 교환'이라 한다. 이렇게 시누소이드를 거친 혈액은 중심 정맥으로 유입된 후, 다시 간정맥으로 합쳐져 심장으로 ⓐ<u>들어가는</u> 것이다.

02 ⓐ의 문맥적 의미와 가장 유사한 것은?

① 그는 방으로 들어가 버렸다.
② 통신비로 들어간 돈이 너무 많다.
③ 고생을 많이 했는지 눈이 쑥 들어갔다.
④ 다음 주부터 본격적인 선거전으로 들어간다.
⑤ 동생은 올해 여덟 살이 되어 초등학교에 들어갔다.

> **2018년 9월 고1 모의고사 Ⓑ**

- 베카리아는 형벌은 법으로 ⓐ<u>규정해야</u> 하고, 그 법은 누구나 이해할 수 있도록 문서로 만들어야 한다고 강조했다.
- 그는 범죄자만의 특성과 행위 원인을 연구하여 범죄자들의 유형을 ⓑ<u>구분하고</u> 그 유형에 따라 형벌을 달리할 것을 주장했다.
- 지역 주민들이 안전감을 느끼도록 하여 궁극적으로 삶의 질을 ⓒ<u>향상시키는</u> 종합적인 범죄 예방 전략을 의미한다.
- 사람들의 통행을 일정한 경로로 ⓓ<u>유도하여</u> 허가받지 않은 사람들의 출입을 통제하거나 차단하는 것을 말한다.
- 영역성의 원리'는 안과 밖이라는 공간 영역을 조성하여 외부인의 침범 기준을 명확히 ⓔ<u>확립하는</u> 것을 말한다.

03 문맥상 ⓐ~ⓔ와 바꿔 쓰기에 적절하지 <u>않은</u> 것은?

① ⓐ: 고쳐야   ② ⓑ: 나누고   ③ ⓒ: 높이는   ④ ⓓ: 이끌어   ⑤ ⓔ: 세우는

수능 국어 어휘 만점 대비하기

부치다	다음 밑줄 친 부분에 해당하는 의미를 [사전적 의미] 에서 찾아 그 기호를 쓰시오.

01 소포를 <u>부치기</u> 위해 우체국에 들렀다.　　　　　　　　　　　　　（　　　）

02 처음 해 보는 농사일이라 힘에 <u>부친다</u>.　　　　　　　　　　　　　（　　　）

03 양념의 비법은 비밀에 <u>부쳐져</u> 내려왔다.　　　　　　　　　　　　（　　　）

04 감자를 강판에 갈아서 전을 <u>부쳐</u> 먹었다.　　　　　　　　　　　　（　　　）

05 그는 원두막에 앉아 부채를 <u>부치고</u> 있었다.　　　　　　　　　　　（　　　）

06 이번 사태와 관련된 안건을 회의에 <u>부쳤다</u>.　　　　　　　　　　　（　　　）

[사전적 의미]　㉠ 편지나 물건 등을 어떤 방법을 써서 상대에게로 보내다.　㉡ 어떤 문제를 다른 곳이나 다른 기회로 넘기어 맡기다.
㉢ 어떤 일을 거론하거나 문제 삼지 않게 하다.　㉣ 모자라거나 미치지 못하다.
㉤ 프라이팬에 반죽이나 달걀 등을 넓적하게 펴서 익히다.　㉥ 부채 등을 흔들어서 바람을 일으키다.

빼내다	다음 밑줄 친 부분에 해당하는 의미를 [사전적 의미] 에서 찾아 그 기호를 쓰시오.

07 손가락에 박힌 가시를 <u>빼냈다</u>.　　　　　　　　　　　　　　　　（　　　）

08 금고에서 귀중품만 <u>빼내고</u> 탈출하였다.　　　　　　　　　　　　（　　　）

09 경쟁 업체에서 기술자들을 <u>빼내어</u> 갔다.　　　　　　　　　　　　（　　　）

10 비밀 장부를 <u>빼내기</u> 위해 잠입을 시도했다.　　　　　　　　　　（　　　）

11 정치인의 힘을 빌려 경찰서에서 자식을 <u>빼냈다</u>.　　　　　　　　（　　　）

[사전적 의미]　㉠ 박혀 있거나 끼워져 있는 것을 뽑다.　　　　　㉡ 여럿 가운데에서 어떤 것을 골라내다.
㉢ 남의 물건 등을 몰래 가져오다.　　　　　　　　　㉣ 남을 꾀어서 조직에서 나오게 하다.
㉤ 얽매인 사람을 자유롭게 해 주다.

들어가다	다음 밑줄 친 부분에 해당하는 의미를 [사전적 의미] 에서 찾아 그 기호를 쓰시오.

12 새끼를 낳는 고래는 포유류에 <u>들어간다</u>.　　　　　　　　　　　（　　　）

13 사고로 차 뒷부분이 움푹 <u>들어가</u> 버렸다.　　　　　　　　　　　（　　　）

14 한 달 수입의 절반이 교육비로 <u>들어간다</u>.　　　　　　　　　　　（　　　）

15 발이 부어서 운동화에 발이 안 <u>들어간다</u>.　　　　　　　　　　　（　　　）

16 실무에 <u>들어가기</u> 전에 교육을 받아야 한다.　　　　　　　　　　（　　　）

17 올해 안에 마을에 수도가 <u>들어갈</u> 계획이다.　　　　　　　　　　（　　　）

[사전적 의미]　㉠ 전기나 수도 등의 시설이 설치되다.　　　　　㉡ 새로운 상태나 시기가 시작되다.
㉢ 어떤 일에 돈, 노력, 물자 등이 쓰이다.　　　　　㉣ 일정한 범위나 기준 안에 속하거나 포함되다.
㉤ 물체의 표면이 우묵하게 되다.　　　　　　　　　㉥ 옷이나 신 등의 치수가 몸에 맞다.

인문·철학 관련 빈출 어휘 익히기

단초 끝 端 처음 初	어떤 사건이나 일의 시작, 또는 사건이나 일이 일어나게 된 동기. 예 관습이나 통념에 도전하는 정신이 사회를 바꾸는 [ ] 가 될 수 있다.
당면 마땅 當 낯 面	처리해야 할 일을 바로 앞에 만남. 예 해외 시장을 개척하는 것이 우리 회사의 [ ] 과제이다.
평정 평평할 平 정할 定	싸움이나 난리를 큰 어려움 없이 조용하게 진정시킴. 예 왕은 반란이 일어난 곳에 군사를 보내어 [ ] 시켰다.
덕목 클 德 눈 目	도덕적으로나 윤리적으로 실현해야 할 이상의 종류. 예 공정성과 리더십은 지도자가 가져야 할 [ ] 이다.
도모 그림 圖 꾀 謀	어떤 일을 이루기 위하여 대책과 방법을 세움. 예 이번 모임은 친목 [ ] 를 위해 마련된 자리이다.
공모 공평할 公 모을 募	일반에게 널리 공개하여 모집함. 예 신제품에 대한 아이디어 [ ] 에 참여하였다.
만물 일 만 萬 물건 物	세상에 있는 모든 것. 예 세상 [ ] 은 그 나름대로 존재 이유가 있을 것이다.
명명 목숨 命 이름 名	사람, 사물, 사건 등의 대상에 이름을 지어 붙임. 예 해군은 새로운 배의 이름을 이순신으로 [ ] 하였다.
명분 이름 名 나눌 分	신분이나 이름에 걸맞게 지켜야 할 도리. 예 과거 양반들은 실질적 이익보다 [ ] 을 중시하였다.
실리 열매 實 이로울 利	실제로 얻는 이익. 예 그는 도덕적 명분과 경제적 [ ] 사이에서 고민하였다.

과학·기술 관련 빈출 어휘 익히기

비례 견줄 比 법식 例	한쪽의 양이나 수가 증가하는 만큼 그와 관련 있는 다른 쪽의 양이나 수도 증가함. 예 온도가 상승함에 따라 얼음이 녹는 속도도 〔　　〕하여 증가한다.
비율 견줄 比 비율 率	기준이 되는 수나 양에 대한 어떤 값의 비. 두 값 사이의 정확한 수치적 관계. 예 식품 배달 서비스의 인기 상승으로 음식 주문 〔　　〕이 급증하였다.
산화 실 酸 될 化	어떤 물질이 산소와 결합하여 다른 물질을 만드는 반응. 예 금속이 〔　　〕되면 녹이 슬기 때문에 도금하여 사용해야 한다.
환원 돌아올 還 으뜸 元	산소와 결합하고 있는 물질이 산소를 잃는 것. 예 얼음은 높은 온도에서 산소와 결합하면 물로 〔　　〕된다.
상수 떳떳할 常 셈 數	실험이나 연구 과정에서 변하지 않는 값. 예 물의 끓는점은 해수면에서 압력 〔　　〕에 따라 변화한다.
변수 변할 變 셈 數	연구나 실험에서 변할 수 있는 요인. 예 실험에서는 온도와 압력 등 다양한 〔　　〕를 고려해야 한다.
세포 가늘 細 세포 胞	생물체를 이루고 있는 구조상, 기능상의 기본 단위. 예 이 약물은 종양 〔　　〕를 없애는 효과가 있다.
유기체 있을 有 틀 機 몸 體	생물과 같이 여러 물질로 이루어져 그 자체가 생활 기능을 가진 조직체. 예 아메바는 단 하나의 세포로 이루어진 〔　　　〕이다.
무기체 없을 無 틀 機 몸 體	광물이나 공기처럼 무기물로 이루어져 생활 기능이 없는 조직체. 예 소금은 나트륨과 염소의 화합물로 이루어진 〔　　〕이다.
시야 볼 視 들 野	눈으로 볼 수 있는 범위. 예 안개가 있으면 〔　　〕가 제한되므로 운전 시 주의가 필요하다.

08

실전 문제로 어휘력 완성하기

● 다음 글을 읽고 물음에 답하시오.

> 공론의 활성화는 민주주의 사회에서 더욱 중요한 역할을 한다. 시민들은 자신의 의견을 표현하고 주장함으로써 정책 결정에 직접적인 영향력을 행사할 수 있으며, 이는 정치적 참여와 시민적 책임감을 강화하는 데에 도움이 된다. 사회 문제가 발생하면 우리는 그것을 미루어 두지 않고, 공론에 ㉠부쳐 해결 방안을 모색하고 대화하고자 하는 노력을 기울여야 한다.

01 ㉠의 문맥적 의미와 가장 가까운 것은?

① 유학을 떠나면서 배편에 짐을 부쳤다.
② 이번 일은 모두 불문에 부치기로 하겠다.
③ 혼자서 그 일을 끝내기에 아직 실력이 부친다.
④ 정부의 주요 정책은 국민 투표에 부쳐야 한다.
⑤ 비가 오는 날이면 엄마는 빈대떡을 부치곤 하셨다.

● 다음 글을 읽고 물음에 답하시오.

> 정보 유출이 사회적으로 큰 문제가 되고 있으며, 기업, 정부, 기관 등에서 중요한 기밀을 ㉡빼내는 것은 매우 심각한 문제로 인식되고 있다. 특히 기업에서의 정보 유출은 경제적인 손실과 업무 비밀의 노출로 인해 큰 손해를 갖게 된다. 핵심 기술, 제조 과정, 고객 정보 등이 불법적으로 빼내져 경쟁사에 제공될 경우, 기업의 경쟁력이 약화되고 불공정한 경쟁이 이루어지게 된다.

02 ㉡의 문맥적 의미와 가장 가까운 것은?

① 드라이버로 벽에 막힌 모든 못을 빼냈다.　② 자신들의 두목을 감옥에서 빼내기 위해 애썼다.
③ 서랍에서 필요한 물건만 빼내고 나머지는 버려라.　④ 해커가 중요 정보를 빼내려고 컴퓨터에 접근했다.
⑤ 여기는 우리 가게 주방장을 빼내서 개업한 곳이다.

● 다음 글을 읽고 물음에 답하시오.

> 두 국가 간의 긴장 상태가 계속되고 있는 상황에서, 양국 정상은 드디어 협상을 하기로 합의했다. 협상에 ㉢들어가는 것은 단순히 긴장 상태를 해소하기 위한 과정뿐만 아니라, 더 나아가 두 국가 간의 장기적인 문제를 해결하고 더 나은 관계를 구축하기 위한 기회를 제공한다. 이 과정에서 각국은 서로의 관심사와 우려를 듣고 존중하며, 협력적인 태도로 논의를 진행할 필요가 있다.

03 ㉢의 문맥적 의미와 가장 가까운 것은?

① 밤낮으로 공부하니 상위권에 들어갔다.　② 살이 많이 쪄서 바지가 잘 안 들어간다.
③ 투표 시간이 끝나자마자 개표에 들어갔다.　④ 며칠째 잠을 못 잤는지 눈이 쑥 들어가 있었다.
⑤ 지금까지 들어간 노력에 비해 결과가 좋지 않다.

● 04~06 다음 설명에 맞는 글자를 골라 ①한글과 ②한자로 쓰시오.

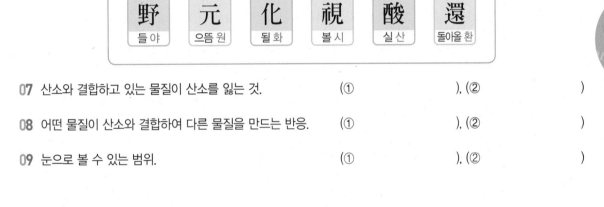

| 利 이로울 리 | 謀 꾀 모 | 募 모을 모 | 實 열매 실 | 公 공평할 공 | 圖 그림 도 |

04 어떤 일을 이루기 위하여 대책과 방법을 세움.　　　(① 　　　　　), (② 　　　　　)

05 일반에게 널리 공개하여 모집함.　　　　　　　　(① 　　　　　), (② 　　　　　)

06 실제로 얻는 이익.　　　　　　　　　　　　　　(① 　　　　　), (② 　　　　　)

● 07~09 다음 설명에 맞는 글자를 골라 ①한글과 ②한자로 쓰시오.

| 野 들 야 | 元 으뜸 원 | 化 될 화 | 視 볼 시 | 酸 실 산 | 還 돌아올 환 |

07 산소와 결합하고 있는 물질이 산소를 잃는 것.　　(① 　　　　　), (② 　　　　　)

08 어떤 물질이 산소와 결합하여 다른 물질을 만드는 반응.　(① 　　　　　), (② 　　　　　)

09 눈으로 볼 수 있는 범위.　　　　　　　　　　　(① 　　　　　), (② 　　　　　)

● 10~12 제시된 초성을 참고하여 다음 예문을 완성하시오.

10 투표는 민주 시민으로서 반드시 지켜야 하는 ㄷ ㅁ 이다.
도덕적으로나 윤리적으로 실현해야 할 이상의 종류.
　　　　　　　　　　　　　　　　　　　　　(　　　　　　　　　)

11 금융 실명제 실시는 경제 개혁 정책의 ㄷ ㅊ 가 되었다.
어떤 사건이나 일의 시작. 또는 사건이나 일이 일어나게 된 동기.
　　　　　　　　　　　　　　　　　　　　　(　　　　　　　　　)

12 사람은 수없이 많은 ㅅ ㅍ 로 구성된 유기체이다.
생물체를 이루고 있는 구조상 · 기능상의 기본 단위.
　　　　　　　　　　　　　　　　　　　　　(　　　　　　　　　)

>> 2018년 6월 고1 모의고사

냉수 속 얼음은 1시간을 ⓐ넘기지 못하고 모두 녹아 버린다. 반면 북극 해빙 또한 얼음이지만, 10℃가 넘는 한여름에도 다 녹지 않고 바다에 떠 있다. 왜 해빙의 수명은 냉수 속 얼음보다 긴 걸까?

01 밑줄 친 단어 중 ⓐ의 문맥적 의미와 가장 유사한 것은?

① 그는 목감기에 걸려 밥을 넘기지 못했다.
② 그는 나무를 제대로 베어 넘기지 못했다.
③ 그는 네트 너머로 배구공을 넘기지 못했다.
④ 그는 끝내 원고를 출판사에 넘기지 않았다.
⑤ 그는 그 일을 처리하는 데 일주일을 넘기지 않았다.

>> 2018년 3월 고1 모의고사

• 초고층 건물은 높이가 200미터 이상이거나 50층 이상인 건물을 말한다. 이런 초고층 건물을 지을 때는 건물에 ⓐ작용하는 힘을 고려해야 한다.
• 수직 하중을 견디기 위해서 ⓑ고안된 가장 단순한 구조는 보기둥 구조이다.
• 보기둥 구조에서는 설치된 보의 두께만큼 건물의 한 층당 높이가 높아지지만, 바닥판에 작용하는 하중이 기둥에 집중되지 않고 보에 의해 ⓒ분산되기 때문에 수직 하중을 잘 견딜 수 있다.
• 아웃리거-벨트 트러스 구조에서 벨트 트러스는 철골을 사용하여 건물의 외부 기둥들을 삼각형 구조의 트러스로 짜서 벨트처럼 둘러싼 것으로 수평 하중을 ⓓ지탱하는 역할을 한다.
• 그리고 아웃리거는 콘크리트를 사용하여 건물 외벽에 설치된 벨트 트러스를 내부의 코어와 ⓔ견고하게 연결한 것으로, 아웃리거와 벨트 트러스는 필요에 따라 건물 중간중간에 여러 개가 설치될 수 있다.

02 ⓐ~ⓔ의 사전적 의미로 적절하지 않은 것은?

① ⓐ: 어떠한 현상을 일으키거나 영향을 미침.
② ⓑ: 연구하여 새로운 것을 생각해 냄.
③ ⓒ: 갈라져 흩어짐.
④ ⓓ: 어떤 상태나 현상을 그대로 보존함.
⑤ ⓔ: 굳고 단단함.

>> 2017년 11월 고1 모의고사

다음으로 공급 측면에서, 정보재는 원본의 개발에 ⓐ드는 초기 고정 비용*은 크지만 디지털로 생산·유통되기 때문에 원본의 복제를 통한 재생산에 투입되는 추가적인 한계 비용*은 매우 작다는 특성이 있다.

*고정 비용: 생산량의 변동 여하에 관계없이 불변적으로 지출되는 비용.
*한계 비용: 생산물 한 단위를 추가로 생산할 때 필요한 총비용의 증가분.

03 ⓐ의 문맥적 의미와 가장 가까운 것은?

① 그는 교내 합창 동아리에 들었다.
② 꽃은 해가 잘 드는 데 심어야 한다.
③ 잔치 음식을 준비하는 데 돈이 많이 든다.
④ 올해 들어 해외 여행자 수가 부쩍 늘었다.
⑤ 좋은 생활 습관이 들면 자기 발전에 도움이 된다.

수능 국어 어휘 만점 대비하기

가볍다

다음 밑줄 친 부분에 해당하는 의미를 사전적 의미 에서 찾아 그 기호를 쓰시오.

01 면접에서는 가볍게 행동해서는 안 된다. ( )
02 그는 가벼운 실수도 그냥 넘어가지 않았다. ( )
03 신형 노트북은 가벼워서 들고 다니기 편하다. ( )
04 뒷산은 가벼운 등산에 적당한 높이의 산이다. ( )
05 이 정도는 우리가 처리해도 되는 가벼운 일이다. ( )
06 그는 상대 선수를 가볍게 이기고 4강에 진출하였다. ( )

사전적 의미 ㉠ 무게가 일반적이거나 기준이 되는 대상의 것보다 적다.　㉡ 비중이나 가치, 책임 등이 낮거나 적다.
㉢ 죄나 실수의 정도가 그다지 심하지 않다.　㉣ 생각이나 언어, 행동이 침착하거나 진득하지 못하다.
㉤ 노력이나 부담 등이 적다.　㉥ 다루기에 힘이 들지 않고 수월하다.

갈다

다음 밑줄 친 부분에 해당하는 의미를 사전적 의미 에서 찾아 그 기호를 쓰시오.

07 끝이 뭉툭해진 화살촉을 뾰족하게 갈았다. ( )
08 고장 난 전등을 빼고 새것으로 갈아 끼웠다. ( )
09 이사회에서는 대표를 새 인물로 갈아 치웠다. ( )
10 그는 코를 골 뿐만 아니라 이도 심하게 갈았다. ( )
11 감자를 심으려면 우선 단단한 밭을 갈아야 한다. ( )
12 맷돌에 녹두를 갈아서 만든 녹두전이 더 맛있다. ( )

사전적 의미 ㉠ 날을 세우거나 표면을 매끄럽게 하려고 단단한 물건에　㉡ 잘게 부수거나 가루를 내기 위하여 단단한 물건에 대고
대고 문지르다.　문지르거나 으깨다.
㉢ 윗니와 아랫니를 맞대고 문질러 소리를 내다.　㉣ 이미 있는 사물을 다른 것으로 바꾸다.
㉤ 어떤 직책에 있는 사람을 다른 사람으로 바꾸다.　㉥ 농기구나 농기계로 땅을 파서 뒤집다.

넘기다

다음 밑줄 친 부분에 해당하는 의미를 사전적 의미 에서 찾아 그 기호를 쓰시오.

13 지원서의 제출 기한을 넘기면 탈락이다. ( )
14 경찰 수사가 끝난 사건을 검찰로 넘겼다. ( )
15 평소 그의 불평을 대수롭지 않게 넘겼다. ( )
16 9회 말에 관중석을 넘기는 홈런이 터졌다. ( )
17 아이는 위험한 고비는 넘기고 잠이 들었다. ( )
18 목이 심하게 부어 물조차 넘기기 힘들었다. ( )

사전적 의미 ㉠ 일정한 시간, 시기, 범위 등을 벗어나 지나게 하다.　㉡ 어려움이나 고비 등을 겪어 지나게 하다.
㉢ 높은 부분의 위를 지나가게 하다.　㉣ 음식물, 침 등을 목구멍으로 넘어가게 하다.
㉤ 물건, 권리, 책임, 일 등을 맡기다.　㉥ 가볍게 생각하고 지나쳐 보내다.

법률·경제 관련 빈출 어휘 익히기

시효 때 時 본받을 效	어떤 효력이 지속되는 일정한 기간. 예 병원비 관련 보험의 [ ][ ]가 지나기 전에 보험료를 청구해야 한다.
압류 누를 押 머무를 留	법에 따라 채무자가 자신의 재산을 사용하거나 처분하지 못하게 하는 일. 예 그가 대표로 있는 회사가 부도가 나서 살고 있던 집까지 법원에 [ ][ ]되었다.
양형 헤아릴 量 형벌 刑	형벌의 정도를 정하는 일. 예 아동과 장애인에 대한 성범죄의 [ ][ ]이 대폭 상향되어야 한다.
영장 하여금 令 문서 狀	법원이 사람 또는 물건에 대하여 체포, 수색, 압수 등을 허가하는 내용의 문서. 예 일반적으로 현행범은 구속 [ ][ ] 없이 체포할 수 있다.
정상 뜻 情 형상 狀	구체적 범죄에서 구체적 책임의 경중에 영향을 미치는 모든 사정. 예 생계형 경범죄의 경우에는 [ ][ ] 참작으로 형이 경감된다.
통찰 밝을 洞 살필 察	예리한 관찰력으로 사물을 환히 꿰뚫어 봄. 예 그의 작품에서는 현대 사회의 모순에 대한 [ ][ ]을 엿볼 수 있다.
위임 맡길 委 맡길 任	어떤 일을 다른 사람에게 맡김. 예 우리 회사 대표는 당분간 그에게 회사의 모든 권한을 [ ][ ]하였다.
유예 오히려 猶 미리 豫	일을 결행하는 데 날짜나 시간을 미룸. 또는 그런 기간. 예 그 학생은 교장 선생님의 결정으로 징계 대신 [ ][ ] 처분을 받았다.
유착 병 나을 癒 붙을 着	떨어져 있어야 마땅한 두 사물이 깊은 관계를 가지고 결합하여 있음. 예 언론과 권력 사이의 [ ][ ] 문제는 사회적으로 큰 논란을 일으켰다.
이권 이로울 利 권세 權	이익을 얻을 수 있거나 이익이 생기게 하는 권리. 예 금품을 상납하고 [ ][ ]을 따내려는 업자들이 구속되었다.

문화·예술 관련 빈출 어휘 익히기

미덕 아름다울 美 클 德	도덕적으로 바르고 아름다운 일. 예 선조들은 근검한 생활 태도를 ☐☐ 으로 삼았다.
병기 나란히 竝 기록할 記	함께 나란히 적음. 예 한글과 ☐☐ 된 한자를 보면 단어의 뜻을 분명히 알 수 있다.
분절 나눌 分 마디 節	어떤 대상을 몇 개의 마디로 가름. 또는 그 마디. 예 '비'를 자음과 모음으로 ☐☐ 하면 'ㅂ'과 'ㅣ'로 나뉜다.
불식 떨칠 拂 씻을 拭	의심이나 부조리한 점 등을 말끔히 떨어 없앰. 예 그는 뇌물 의혹을 ☐☐ 하기 위해 재산을 모두 공개하였다.
비견 견줄 比 어깨 肩	서로 비슷한 위치에서 비교함. 예 그녀의 작품은 ☐☐ 할 사람이 없을 만큼 최고로 인정받는다.
산재 흩을 散 있을 在	여기저기 흩어져 있음. 예 수도권 인구가 ☐☐ 된다면 교통난과 주택 문제가 해결될 것이다.
편재 치우칠 偏 있을 在	한곳에 치우쳐 있음. 예 문화 시설 대부분이 서울에 ☐☐ 해 있다.
편향 치우칠 偏 향할 向	한쪽으로 치우침. 예 그 아이는 독서 ☐☐ 이 심해서 추리 소설만 읽는다.
상수 윗 上 셈 數	가장 좋은 꾀. 예 위험한 곳에는 애초에 가지 않는 것이 ☐☐ 이다.
기호 즐길 嗜 좋을 好	무엇을 즐기고 좋아하는 일. 예 회사는 소비자의 ☐☐ 에 맞추어 상품을 개발하고 있다.

실전 문제로 어휘력 완성하기

● 다음 글을 읽고 물음에 답하시오.

> 인간이 걷다가 갑자기 빠르게 뛸 수 있는 것은 운동 생리학적인 원리에 의해 가능하다. 운동을 수행할 때 근육에서 발현되는 힘인 근 수축력은 운동 강도에 따라 증가한다. 걸음을 ㉠가볍게 걸을 때는 근육들이 상대적으로 덜 강력하게 작용하지만, 뛸 때는 더욱 강력한 힘을 발휘하여 몸을 앞으로 빠르게 밀어낸다. 이러한 능력은 우리 몸의 생존과 운동 능력을 향상시키는 데에 도움을 주며, 운동을 통해 더욱 발전시킬 수 있다.

01 ㉠의 문맥적 의미와 가장 가까운 것은?

① 그의 가벼운 언행에 지지율이 하락하였다.
② 후보 선수들은 가볍게 몸을 풀고 있었다.
③ 오늘 출근길에 가벼운 접촉 사고를 당하였다.
④ 이번 사태는 결코 가볍게 넘겨서는 안 된다.
⑤ 아이는 어른도 못 푼 문제를 가볍게 풀어 버렸다.

● 다음 글을 읽고 물음에 답하시오.

> 오래된 차를 운전한다면 적절한 때에 낡은 것을 새 부품으로 ㉡갈아야 한다. 오래된 부품들로 인해 성능 저하를 겪을 수 있고, 이에 따라 차량의 안전성과 운전 효율이 저하될 수 있다. 그러므로 차량의 기능을 최적화하고 안전성을 확보하기 위해 레이크 시스템, 서스펜션, 엔진 부품 등 중요한 부품들은 꾸준한 관리가 필요하다.

02 ㉡의 문맥적 의미와 가장 가까운 것은?

① 상처를 소독하고 붕대를 새것으로 갈았다.
② 이번 기회에 책임자를 전문가로 갈아야 한다.
③ 질긴 부분을 자르기 위해 칼을 숫돌에 갈았다.
④ 모내기하려면 먼저 트랙터로 논을 갈아야 한다.
⑤ 만두소에 곱게 간 돼지고기와 으깬 두부를 넣는다.

● 다음 글을 읽고 물음에 답하시오.

> 과거에는 많은 국가가 정부 또는 공공 기관이 운영하는 기업과 서비스를 소유하고 관리하는 방식으로 경제를 운영하는 경우가 일반적이었다. 그러나 최근 급격한 경제 변화와 시장 환경의 변화로 인해 민간 기업에 경영 권한과 함께 소유권까지 ㉢넘기는 민영화가 많이 이루어지고 있다. 그러나 민영화를 진행할 때는 균형과 조화를 고려해야 한다. 너무 급진적인 민영화는 시장 독점과 과도한 가격 인상을 초래할 수 있으므로, 정부와 민간 기업이 함께 협력하여 적절한 규제와 감독을 하는 것이 중요하다.

03 ㉢의 문맥적 의미와 가장 가까운 것은?

① 부모님의 충고를 무심히 넘길 때가 많다.
② 그는 보름을 훌쩍 넘기고 집에 돌아왔다.
③ 모두 힘을 모은 덕분에 위기를 잘 넘겼다.
④ 밥을 물에 말아 씹지 않고 통째로 넘겼다.
⑤ 공공 재산을 개인에게 넘기는 것은 안 된다.

● 04~06 다음 설명에 맞는 글자를 골라 ①한글과 ②한자로 쓰시오.

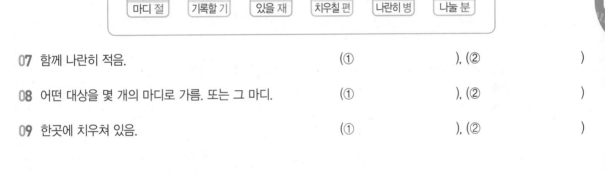

豫	刑	狀	量	猶	令
미리 예	형벌 형	문서 장	헤아릴 양	오히려 유	하여금 령

04 형벌의 정도를 정하는 일.　　　　　　　　　　　　　(①　　　　　　), (②　　　　　　)

05 법원이 사람 또는 물건에 대하여 체포, 수색, 압수 등을 허가하는 내용의 문서.
　　　　　　　　　　　　　　　　　　　　　　　　　(①　　　　　　), (②　　　　　　)

06 일을 결행하는 데 날짜나 시간을 미룸. 또는 그런 기간.　(①　　　　　　), (②　　　　　　)

● 07~09 다음 설명에 맞는 글자를 골라 ①한글과 ②한자로 쓰시오.

節	記	在	偏	竝	分
마디 절	기록할 기	있을 재	치우칠 편	나란히 병	나눌 분

09

07 함께 나란히 적음.　　　　　　　　　　　　　　　　(①　　　　　　), (②　　　　　　)

08 어떤 대상을 몇 개의 마디로 가름. 또는 그 마디.　　　(①　　　　　　), (②　　　　　　)

09 한곳에 치우쳐 있음.　　　　　　　　　　　　　　　　(①　　　　　　), (②　　　　　　)

● 10~12 제시된 초성을 참고하여 다음 예문을 완성하시오.

10 이곳은 석유가 풍부하여 강대국들의 ㅇ ㄱ 다툼이 잦은 곳이다.
　　　　　　　　　　　　이익을 얻을 수 있거나 이익이 생기게 하는 권리.
　　　　　　　　　　　　　　　　　　　　　　　　　　　(　　　　　　　)

11 경찰은 공소 ㅅ ㅎ 가 만료된 사건은 수사하지 않는다.
　　　　　　어떤 효력이 지속되는 일정한 기간.
　　　　　　　　　　　　　　　　　　　　　　　　　　　(　　　　　　　)

12 어느 한쪽으로 ㅍ ㅎ 된 태도는 반드시 고쳐야 한다.
　　　　　　　한쪽으로 치우침.
　　　　　　　　　　　　　　　　　　　　　　　　　　　(　　　　　　　)

> **2017년 9월 고1 모의고사 A**

정조의 명을 ⓐ받아 단원이 그린 〈구룡연〉은 금강산의 구룡폭포를 직접 찾아가 그 모습을 담은 것이다. 흘러 내리는 물줄기, 폭포 너머로 보이는 봉우리, 폭포 앞의 구름다리까지 사진을 찍은 듯이 생략 없이 그렸다.

01 ⓐ의 문맥적 의미와 가장 유사한 것은?

① 그녀는 어두운 옷보다 밝은 옷이 잘 받는다.
② 그는 갑작스레 딱딱한 억양으로 말을 받았다.
③ 정부는 국민으로부터 세금을 받아 국가를 운영한다.
④ 내일까지 서류를 제출하라는 학교의 통고를 받았다.
⑤ 회사의 미래를 생각하면 그 사람을 받지 않을 수 없다.

> **2017년 9월 고1 모의고사 B**

예를 들어 1년 만기 정기예금의 명목 금리가 6%인데 1년 사이 물가가 7% ⓐ올랐다면, 실질 금리는 -1%로 예금 가입자는 돈의 가치인 구매력에서 손해를 본 셈이다. 매월 일정액을 불입해 목돈을 만드는 정기 적금은 계산법이 ⓑ다르다. 1년 뒤에 원금을 한 번에 ⓒ갚는다면, 대출 금리가 연 6%일 경우 6만 원을 이자로 내야 한다. 원금에 대한 이자만 ⓓ붙는 단리인지도 살펴야 실효 수익률을 알 수 있다. 현재의 소비를 ⓔ늦추고 미래 를 계획하는 사람이라면, 자신의 자산을 안전하게 형성할 필요가 있다.

02 문맥상 ⓐ~ⓔ와 바꾸어 쓸 수 없는 것은?

① ⓐ: 인상(引上)되었다면
② ⓑ: 용이(容易)하다
③ ⓒ: 상환(償還)한다면
④ ⓓ: 부가(附加)되는
⑤ ⓔ: 보류(保留)하고

> **2017년 6월 고1 모의고사**

물이 담긴 컵에 잉크 한 방울을 떨어뜨렸을 때, 잉크가 ⓐ퍼져 나가는 것은 컵 속의 잉크 농도를 균일하게 하려는 성질 때문이다.

03 밑줄 친 단어 중 ⓐ와 문맥적 의미가 가장 유사한 것은?

① 꽃향기가 방 안에 퍼져 있다.
② 라면이 푹 퍼져서 탱탱 불었다.
③ 사람들은 목적지에 도착하자 푹 퍼졌다.
④ 강의 하류에는 삼각주가 넓게 퍼져 있다.
⑤ 그의 자손들은 전국에 널리 퍼지게 되었다.

수능 국어 어휘 만점 대비하기

가다

다음 밑줄 친 부분에 해당하는 의미를 사전적 의미 에서 찾아 그 기호를 쓰시오.

01 어머니는 기차를 타고 이모네로 <u>가셨다</u>. ( )
02 그녀의 모든 재산이 결국 남편에게로 <u>갔다</u>. ( )
03 이른 아침부터 공부하려고 도서관에 <u>갔다</u>. ( )
04 두 나라 사이의 전쟁은 심각한 사태로 <u>갔다</u>. ( )
05 이런 식으로 <u>가면</u> 우승할 가능성이 높아진다. ( )
06 요즘 감기는 한 번 걸리면 일주일 이상을 <u>간다</u>. ( )

사전적 의미
㉠ 한 곳에서 다른 곳으로 장소를 이동하다.　　㉢ 어떤 상태나 상황을 향하여 나아가다.
㉡ 물건이나 권리 등이 누구에게 옮겨지다.　　㉣ 어떤 현상이나 상태가 유지되다.
㉤ 한쪽으로 흘러가다.　　　　　　　　　　　㉥ 지금 있는 곳에서 어떤 목적으로 다른 곳으로 옮기다.

감다

다음 밑줄 친 부분에 해당하는 의미를 사전적 의미 에서 찾아 그 기호를 쓰시오.

07 너무 피곤해서 눈을 <u>감고</u> 잠시 쉬었다. ( )
08 12시에 멈춰 있는 시계의 태엽을 <u>감았다</u>. ( )
09 예전에는 냇물에서 멱도 <u>감고</u> 빨래도 했다. ( )
10 참나무를 칭칭 <u>감고</u> 올라간 넝쿨이 보였다. ( )
11 그녀는 여름에도 두꺼운 옷으로 몸을 <u>감고</u> 다닌다. ( )

사전적 의미
㉠ 어떤 물체를 다른 물체에 말거나 빙 두르다.　　㉢ (낮잡는 뜻으로 쓰여서) 옷을 입다.
㉡ 시계태엽이나 테이프 등을 작동하도록 돌리다.　　㉣ 눈꺼풀로 눈을 덮다.
㉤ 머리나 몸을 물로 씻다.

퍼지다

다음 밑줄 친 부분에 해당하는 의미를 사전적 의미 에서 찾아 그 기호를 쓰시오.

12 소문은 순식간에 학교 전체에 <u>퍼졌다</u>. ( )
13 강이 하류로 갈수록 점점 넓게 <u>퍼진다</u>. ( )
14 <u>퍼진</u> 국수를 얇게 만들어 기름에 튀겼다. ( )
15 외래 식물이 급속도로 전역에 <u>퍼지고</u> 있다. ( )
16 힘든 산행을 마치고 숙소에 도착하자 푹 <u>퍼졌다</u>. ( )

사전적 의미
㉠ 끝 쪽으로 가면서 점점 굵거나 넓적하게 벌어지다.　　㉢ 끓이거나 삶은 것이 불어서 커지거나 잘 익다.
㉡ 지치거나 힘이 없어 몸이 늘어지다.　　　　　　　　㉣ 어떤 물질이나 현상 등이 넓은 범위에 미치다.
㉤ 수가 많이 늘어나다.

인문·철학 관련 빈출 어휘 익히기

명제 목숨 命 제목 題	어떤 문제에 대한 논리적 판단 내용과 주장을 나타낸 짧은 문장. 예 그 철학자는 이 [ ] 를 증명하는 데 평생을 바쳤다.
목도 눈 目 볼 睹	무엇을 눈으로 직접 봄. 예 그는 사건의 시작과 끝을 전부 [ ] 한 증인이다.
발원 필 發 근원 源	사상이나 사회 현상 등이 처음 생기거나 일어남. 예 불교는 인도에서 [ ] 하여 아시아를 비롯한 전 세계에 큰 영향을 미쳤다.
배격 밀칠 排 칠 擊	어떤 사상이나 의견, 태도, 물건 등을 받아들이지 않음. 예 다른 종교에 대해 무조건 [ ] 하는 것은 옳지 않다.
배제 밀칠 排 덜 除	받아들이거나 포함하지 않고 제외시켜 빼놓음. 예 공적인 일에서는 사적인 감정을 [ ] 해야 한다.
변통 변할 變 통할 通	형편과 경우에 따라서 일을 융통성 있게 잘 처리함. 예 경비가 얼마라도 [ ] 이 되어야 일을 진행할 수 있다.
병렬 나란히 竝 벌일 列	나란히 늘어섬. 또는 나란히 늘어놓음. 예 한눈에 잘 보이게 작품들을 [ ] 로 배치하였다.
병존 나란히 竝 있을 存	두 가지 이상이 함께 존재함. 예 이 나라는 여러 문화가 [ ] 하고 있어 언제나 생동감이 넘친다.
본분 근본 本 나눌 分	의무적으로 마땅히 해야 할 역할이나 행동. 예 정의 실현이라는 판사의 [ ] 을 잊어서는 안 된다.
본연 근본 本 그럴 然	사물이나 현상이 본디부터 가지고 있음. 예 인간 [ ] 의 모습은 지혜를 향한 탐구와 자아 성찰에 있다.

과학·기술 관련 빈출 어휘 익히기

송신 보낼 送 믿을 信	주로 전기적 수단을 이용하여 전신, 전화, 방송 등의 신호를 보냄. 예 중요한 뉴스는 바로바로 세계 각지로 [ ][ ] 된다.
수신 받을 受 믿을 信	전신이나 전화, 라디오, 텔레비전 방송 등의 신호를 받음. 예 산속에 있는 오두막이라서 방송 [ ][ ] 상태가 좋지 않았다.
마찰력 문지를 摩 문지를 擦 힘 力	두 물체가 서로 닿아 있을 때 물체의 움직임을 막는 힘. 예 타이어와 도로 사이의 [ ][ ][ ] 이 부족하면 자동차가 미끄러지게 된다.
정비례 바를 正 견줄 比 법식 例	두 대상이 서로 같은 비율로 커지거나 작아지는 일. 예 주유 가격이 상승하면 자동차 연료 비용도 [ ][ ][ ] 로 증가하게 된다.
반비례 돌이킬 反 견줄 比 법식 例	한쪽이 커지는 만큼 다른 한쪽이 작아지는 관계. 예 자동차의 속도가 빠를수록 공기 저항은 작아지므로 이 둘은 [ ][ ][ ] 관계이다.
원색 근원 原 빛 色	모든 색의 바탕이 되는 기본적인 빛깔. 주로 빨강, 녹색, 파랑이 원색으로 사용됨. 예 그 화가는 [ ][ ] 물감을 주로 사용하여 강렬한 느낌이 나는 추상화를 그린다.
보색 기울 補 빛 色	서로 섞여 하양이나 검정이 되는 두 빛깔을 이르는 말. 예 이 그림은 빨강과 녹색의 [ ][ ] 대비를 활용하여 화려한 분위기를 연출하였다.
입자 낟알 粒 아들 子	특정 물질을 구성하고 있는 매우 작은 물체. 예 연기는 기체 또는 액체에 미세한 [ ][ ] 가 섞여 있는 혼합체이다.
원자 근원 原 아들 子	물질을 이루고 있는 가장 기본적인 입자. 예 수소와 산소 [ ][ ] 가 모이면 물이 만들어진다.
전자 번개 電 아들 子	전기 현상을 일으키는 아주 작은 입자. 예 [ ][ ] 들이 특정 방향으로 움직이면 전류가 발생한다.

10

실전 문제로 어휘력 완성하기

● 다음 글을 읽고 물음에 답하시오.

복지 국가는 국가가 시민들의 복지와 사회적 안녕을 위해 다양한 사회복지 프로그램과 제도를 강화하고 발전시키는 것을 목표로 하는 사회 체제를 말한다. 이는 사회적 불평등을 해소하고 모든 시민이 기본적인 생활 수준을 보장받을 수 있도록 하는 것을 지향한다. 복지 국가로 ㉠가는 과정에서는 소득 분배의 공정성과 사회적 통합을 강화하는 것이 중요하다. 부의 불균형이 크게 벌어지지 않고, 사회의 다양한 계층들이 서로 협력하고 연대하는 문화를 강화하는 것이 필요하다.

01 ㉠의 문맥적 의미와 가장 가까운 것은?
① 어릴 때 형성된 습관이 평생을 간다.
② 친구를 만나러 영화관에 가는 길이다.
③ 회의 결과가 점점 엉뚱한 쪽으로 간다.
④ 배려는 좋은 사회로 가기 위한 첫걸음이다.
⑤ 빚을 갚지 못해 건물의 소유권이 은행으로 갔다.

● 다음 글을 읽고 물음에 답하시오.

극한의 속도로 질주하는 자동차 경주에서 드라이버들은 안전을 위해 보호대를 ㉡감고 참가해야 한다. 보호대는 드라이버의 안전을 최우선으로 생각한 설계로, 높은 내구성과 충격 흡수 능력을 갖추고 있다. 갑작스러운 충돌이나 교차점에서 발생할 수 있는 위험으로부터 드라이버들의 안전을 지켜주는 주며, 레이스 경기에서 높은 속도와 위험에 노출된 드라이버들에게 안정성과 자신감을 부여한다.

02 ㉡의 문맥적 의미와 가장 가까운 것은?
① 무서운 장면이 나오면 눈을 질끈 감았다.
② 선수는 다친 머리에 붕대를 감고 뛰었다.
③ 사용한 줄자는 잘 감아서 보관해야 한다.
④ 샤워할 때는 머리를 먼저 감은 다음 몸을 씻는다.
⑤ 목욕하다 벨소리에 몸을 수건으로 대충 감고 나갔다.

● 다음 글을 읽고 물음에 답하시오.

국제적인 경제 불안정성과 파산 위험이 큰 기업들의 부실 채무로 인해 금융 위기가 발생했다. 금융 위기가 전 세계로 ㉢퍼지면서 주가가 급락하고 금융 자산들의 가치가 급감했다. 금융 기관들은 자금 부족과 부실 채권 문제로 인해 위기에 직면하게 되었고, 수많은 기업이 파산하거나 구조조정을 강행하며 많은 일자리가 소실되었다. 정부들은 금융 위기의 확대를 막고 경제 안정화를 위한 다양한 정책과 조치를 시행했다.

03 ㉢의 문맥적 의미와 가장 가까운 것은?
① 전화 통화를 한 사이에 라면이 퍼졌다.
② 허리를 조이면 치마가 풍성하게 퍼진다.
③ 돼지 콜레라가 전국에 퍼지기 시작하였다.
④ 고인돌은 우리나라 전역에 걸쳐 퍼져 있다.
⑤ 아이는 씻지도 않고 소파에 퍼져 잠이 들었다.

● 04~06 다음 설명에 맞는 글자를 골라 ①한글과 ②한자로 쓰시오.

源	列	題	竝	發	命
근원 원	벌일 렬	제목 제	나란히 병	필 발	목숨 명

04 어떤 문제에 대한 논리적 판단 내용과 주장을 나타낸 짧은 문장.
　　　　　　　　　　　　　　　　　　　　　　　　　(①　　　　　　　　), (②　　　　　　　　)

05 사상이나 사회 현상 등이 처음 생기거나 일어남.
　　　　　　　　　　　　　　　　　　　　　　　　　(①　　　　　　　　), (②　　　　　　　　)

06 나란히 늘어섬. 또는 나란히 늘어놓음.
　　　　　　　　　　　　　　　　　　　　　　　　　(①　　　　　　　　), (②　　　　　　　　)

● 07~09 다음 설명에 맞는 글자를 골라 ①한글과 ②한자로 쓰시오.

色	子	原	原	粒	子
빛 색	아들 자	근원 원	근원 원	낟알 입	아들 자

07 모든 색의 바탕이 되는 기본적인 빛깔.
　　　　　　　　　　　　　　　　　　　　　　　　　(①　　　　　　　　), (②　　　　　　　　)

08 특정 물질을 구성하고 있는 매우 작은 물체.
　　　　　　　　　　　　　　　　　　　　　　　　　(①　　　　　　　　), (②　　　　　　　　)

09 물질을 이루고 있는 가장 기본적인 입자.
　　　　　　　　　　　　　　　　　　　　　　　　　(①　　　　　　　　), (②　　　　　　　　)

● 10~12 제시된 초성을 참고하여 다음 예문을 완성하시오.

10 그의 행동은 공직자로서의 ｜ ㅂ ｜ ㅂ ｜ 과는 거리가 먼 모습이었다.
　　　　　　　　　　　　의무적으로 마땅히 해야 할 역할이나 행동.

　　　　　　　　　　　　　　　　　　　　　　　　　　　(　　　　　　　　)

11 서로 반대되는 ｜ ㅂ ｜ ㅅ ｜ 을 합하면 무채색이 된다.
　　　　　　　　　서로 섞여 하양이나 검정이 되는 두 빛깔을 이르는 말.

　　　　　　　　　　　　　　　　　　　　　　　　　　　(　　　　　　　　)

12 올바른 경제 성장을 위해서는 정치권 개입의 ｜ ㅂ ｜ ㅈ ｜ 가 필수적이다.
　　　　　　　　　　　　　　　　받아들이거나 포함하지 않고 제외시켜 빼놓음.

　　　　　　　　　　　　　　　　　　　　　　　　　　　(　　　　　　　　)

> **2017년 3월 고1 모의고사**

계의 에너지는 온도, 압력, 부피 등의 열역학적 변수들에 의해 결정되므로, 열역학적 변수들이 ⓐ같은 계들은 같은 '상태'에 있다고 할 수 있다.

01 문맥을 고려할 때 ⓐ와 바꾸어 쓰기에 가장 적절한 것은?

① 동일한   ② 동반한   ③ 동화한
④ 균일한   ⑤ 유일한

> **2016년 11월 고1 모의고사**

총비용과 총수입을 모두 고려할 때, 총비용이 총수입보다 크면 손실이 발생하고 총수입이 총비용보다 크면 이윤이 발생하게 되는데, 스미스는 총수입이 총비용과 ⓐ같아서 더 이상 이윤을 획득할 수 없는 지점들을 이윤의 공간적 한계라고 하였다.

02 ⓐ의 문맥적 의미와 가장 가까운 것은?

① 그의 마음은 비단 같다.
② 그와 나는 나이가 같다.
③ 내 친구는 정말 학생 같은 학생이다.
④ 날이 더워 마음 같아서는 물에 뛰어들고 싶다.
⑤ 연락이 없는 것을 보니 무슨 일이 있는 것 같다.

> **2016년 9월 고1 모의고사**

• 물론 소도시에 처음 진출한 대규모 마트의 단기적 이익은 떨어질 수 있으나, 장기적으로는 경쟁사의 진입을 ⓐ차단하여 안정적인 수익을 올릴 수 있다.
• 그리고 동시에 그 선택이 실행될 것이라는 충분한 믿음을 주는 신뢰성이 필요하다. 이 중, 신뢰성을 ⓑ획득하는 것이 가장 중요하다.
• 어떤 기업이 '신규 고객을 유치하기 위해 추가 할인 혜택을 ⓒ부여하는 경우, 동일한 계약을 맺은 기존 고객들에게도 같은 혜택을 제공하겠다.'는 내용을 계약서에 넣는 것이 그 예에 해당한다.
• 소비자와 경쟁사는 해당 기업이 계약 내용을 ⓓ준수할 것임을 신뢰하게 되는 것이다.
• 특정 수준의 물가 유지를 공약한 정부는 오랫동안 경기 침체를 겪게 될 경우, 화폐의 유통량을 ⓔ확대하여 경기 부양을 하고 싶을 것이다.

03 ⓐ~ⓔ와 바꿔 쓰기에 적절하지 <u>않은</u> 것은?

① ⓐ: 막아   ② ⓑ: 얻는   ③ ⓒ: 받는
④ ⓓ: 지킬   ⑤ ⓔ: 늘려

수능 국어 어휘 만점 대비하기

걷다

다음 밑줄 친 부분에 해당하는 의미를 사전적 의미 에서 찾아 그 기호를 쓰시오.

01 그는 평생 학자의 길만을 걸었다. ( )
02 그녀는 항상 유행의 첨단을 걷는다. ( )
03 눈 덮인 산길을 힘들게 걷고 있었다. ( )
04 금방 비가 쏟아질 것 같아 빨래를 걷었다. ( )
05 자선 행사는 참가비를 걷어 진행하고 있다. ( )
06 아침에 일어나면 커튼을 걷고 창문을 모두 연다. ( )

사전적 의미
⊙ 다리를 움직여 바닥에서 발을 번갈아 떼어 옮기다.   ⓒ 어떠한 방향으로 나아가다.
ⓒ 어떤 직업에 종사하다.   ⓔ 늘어진 것을 말아 올리거나 열어젖히다.
ⓜ 널거나 깐 것을 다른 곳으로 치우거나 한곳에 두다.   ⓗ 여러 사람에게서 돈이나 물건을 받아서 모으다.

같다

다음 밑줄 친 부분에 해당하는 의미를 사전적 의미 에서 찾아 그 기호를 쓰시오.

07 이번 면접에서는 정말 합격할 것 같다. ( )
08 우리는 모두 같은 아파트에 살고 있다. ( )
09 공부보다 먼저 인간 같은 인간이 되어야 한다. ( )
10 꼴찌 팀에게 결승이라는 기적 같은 일이 벌어졌다. ( )
11 갑자기 쏟아지는 비를 피해 창고 같은 곳에 있었다. ( )
12 경제 상황이 언제나 요즘만 같으면 더 바랄 것이 없겠다. ( )

사전적 의미
⊙ 서로 다르지 않고 하나이다.   ⓒ 다른 것과 비교하여 그것과 다르지 않다.
ⓒ 그런 부류에 속한다는 뜻을 나타내는 말.   ⓔ '어떤 상황이나 조건이라면'의 뜻을 나타내는 말.
ⓜ '기준에 합당한'의 뜻을 나타내는 말.   ⓗ 추측, 불확실한 단정을 나타내는 말.

옮기다

다음 밑줄 친 부분에 해당하는 의미를 사전적 의미 에서 찾아 그 기호를 쓰시오.

13 그 당시에 느꼈던 감정을 글로 옮겼다. ( )
14 이삿짐을 옮기기 위해 일꾼들을 불렀다. ( )
15 우리의 계획을 실행에 옮길 때가 되었다. ( )
16 대중의 시선은 자극적인 기사로 옮겨 갔다. ( )
17 글을 쓰기 위해 조용한 숙소로 거처를 옮겼다. ( )
18 영어로 옮긴 그의 소설은 미국에서 인기를 끌고 있다. ( )

사전적 의미
⊙ 어떤 곳에서 다른 곳으로 이동하게 하다.   ⓒ 정해져 있던 자리, 소속 등을 다른 것으로 바꾸다.
ⓒ 관심이나 시선 등을 다른 대상으로 돌리다.   ⓔ 어떠한 사실을 표현법을 바꾸어 나타내다.
ⓜ 한 나라의 말이나 글을 다른 나라의 말이나 글로 바꾸다.   ⓗ 생각이나 결심을 행동으로 나타나게 하다.

법률·경제 관련 빈출 어휘 익히기

개정 고칠 改 정할 定	이미 정해진 법이나 규칙 등을 고쳐 다시 정함. 예 선거법의 ☐☐으로 젊은 정치인들의 정계 진출이 한결 쉬워졌다.
이행 밟을 履 다닐 行	실제로 행함. 채무자가 채무의 내용을 실행하는 일. 예 은행은 그 기업을 상대로 채무 ☐☐을 요구하고 있다.
위력 위엄 威 힘 力	상대를 압도할 만큼 강력함. 또는 그런 힘. 예 대자연의 ☐☐ 앞에서 인간은 한없이 약해진다.
점거 점령할 占 근거 據	어떤 장소를 차지하여 자리를 잡음. 예 시위대의 도로 ☐☐로 인근 교통이 마비되었다.
제재 절제할 制 마를 裁	일정한 규칙이나 관습의 위반에 대하여 제한하거나 금지함. 예 그 나라는 협상 조건으로 경제 ☐☐의 해제를 요구하고 있다.
제지 절제할 制 그칠 止	어떤 행동을 말려서 못하게 함. 예 그는 재판 도중에 고함을 질러 재판부의 ☐☐를 받았다.
제정 절제할 制 정할 定	제도나 법률 등을 만들어서 정함. 예 국회는 공해를 규제하기 위한 법의 ☐☐을 추진 중이다.
제청 끌 提 청할 請	어떤 안건을 제시하여 결정하여 달라고 청구함. 예 총리의 ☐☐으로 외무부 장관을 대통령이 임명하였다.
준거 좇을 遵 근거 據	이전부터 있었던 사례나 명령 등에 의거하여 따름. 예 심사 위원은 뚜렷한 심사의 ☐☐를 제시해야 한다.
진위 참 眞 거짓 僞	참과 거짓 또는 진짜와 가짜를 통틀어 이르는 말. 예 재판에서는 증언의 ☐☐를 반드시 밝혀야 한다.

문화·예술 관련 빈출 어휘 익히기

기술 기록할 記 펼 述	어떤 사실을 있는 그대로 기록함. 예 청소년들의 인터넷 사용 실태에 관해 ☐☐한 보고서이다.
서체 글 書 몸 體	글씨를 써 놓은 모양. 예 한 자 한 자 정성을 들인 그의 ☐☐에서 강직함이 느껴졌다.
선용 착할 善 쓸 用	알맞게 쓰거나 좋은 일에 씀. 예 청소년들의 건전한 여가 ☐☐을 위한 시설이 필요하다.
성정 성품 性 뜻 情	사람의 성질과 마음씨. 또는 타고난 본성. 예 그는 ☐☐이 착하고 온순해서 사람들에게 인기가 많다.
세태 인간 世 모습 態	사람들의 일상생활, 풍습 등에서 보이는 세상의 상태나 형편. 예 이 책은 물질만능주의 ☐☐를 신랄하게 풍자하고 있다.
행태 다닐 行 모습 態	행동하는 양상. 주로 부정적인 의미로 씀. 예 현장에서 붙잡힌 범인은 수사관 앞에서도 파렴치한 ☐☐를 보였다.
술회 펼 述 품을 懷	마음속에 품고 있는 여러 가지 생각을 말함. 예 그의 ☐☐를 통해서 당시의 어려운 상황을 짐작할 수 있었다.
심혈 마음 心 피 血	온 힘과 정신. 또는 온갖 정성. 예 몇 년 동안 ☐☐을 기울여 만든 그의 책이 곧 출간된다.
시초 비로소 始 처음 初	어떤 일의 맨 처음. 예 동학 농민 운동은 민중 항쟁의 ☐☐가 되었다.
양상 모양 樣 서로 相	사물이나 현상의 모양이나 상태. 예 후보자의 비리 폭로로 선거는 새로운 ☐☐으로 전개되었다.

실전 문제로 어휘력 완성하기

● 다음 글을 읽고 물음에 답하시오.

한때는 시장을 지배하며 뛰어난 제품과 서비스로 많은 사람의 사랑을 받았던 기업도 경쟁이 치열해지고 시장 환경이 변화함에 따라 쇠퇴의 길을 ⊙걷게 된다. 기술의 뒤처짐, 경영의 부실, 고객의 요구 변화에 능동적으로 대응하지 못하는 등 쇠퇴의 원인은 다양하다. 변화하는 시장에 적응하며 세계적인 명성을 되찾으려면 전문가들과 협력하여 경영 방침을 재조정하고 새로운 비즈니스 전략을 모색해야 한다. 또한 내부 구성원들과의 소통을 강화하여 어려운 시기를 극복해야 새로운 성장을 이룰 수 있다.

01 ⊙의 문맥적 의미와 가장 가까운 것은?
① 국가는 국민에게 세금을 걷어 운영된다.
② 부모는 자녀를 바른길로 걷게 해야 한다.
③ 나는 설거지를 돕기 위해서 소매를 걷었다.
④ 아버지는 내가 법관의 길을 걷기를 바라신다.
⑤ 그늘로 자리를 옮기기 위해 돗자리를 걷었다.

● 다음 글을 읽고 물음에 답하시오.

유전적 관계를 알아내는 것은 생물들이 어떻게 진화했는지 이해하는 데 큰 도움이 된다. 진화란 생물들이 시간이 지남에 따라 어떻게 변화하는지를 의미한다. ⓛ같은 종에 속한 생물들은 공통 조상으로부터 유전적으로 연결되어 있으며, 그들의 형질과 특성은 공통 유전자에 의해 영향을 받는다.

02 ⓛ의 문맥적 의미와 가장 가까운 것은?
① 우리 가족은 모두 혈액형이 같다.
② 오늘은 눈이 올 것만 같은 날씨다.
③ 무슨 말 같은 말을 해야 듣고 있지.
④ 우리는 설날 같은 특별한 날에만 만날 수 있다.
⑤ 너에게 주어진 황금 같은 이 기회를 놓치지 마라.

● 다음 글을 읽고 물음에 답하시오.

현대 사회에서 많은 기업과 조직들이 오프라인 업무를 디지털 플랫폼으로 ⓒ옮기는 노력을 기울이고 있다. 디지털화 과정은 업무 효율성을 높이고 비용을 절감하는 데 큰 도움이 된다. 예를 들어, 종이로 작성되던 문서들을 컴퓨터 파일로 바꾸고 이메일이나 메신저를 활용하면, 팀 간의 의사소통과 협업이 원활하게 이루어진다.

03 ⓒ의 문맥적 의미와 가장 가까운 것은?
① 어린 무궁화 묘목을 산에 옮겨 심었다.
② 그는 기획실에서 해외 영업부로 자리를 옮겼다.
③ 떠오른 생각을 말이나 글로 옮기기는 어렵다.
④ 준비한 사업 구상을 행동으로 옮겨야 할 때이다.
⑤ 그녀는 책을 보다가 창문 밖으로 눈길을 옮겼다.

● 04~06 다음 설명에 맞는 글자를 골라 ①한글과 ②한자로 쓰시오.

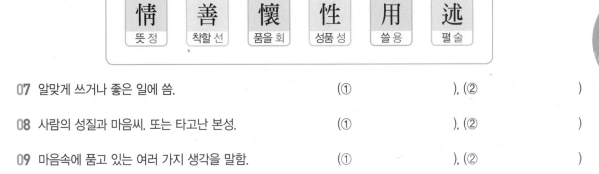

請	行	據	履	提	遵
청할 청	다닐 행	근거 거	밟을 이	끌 제	좇을 준

04 실제로 행함. 채무자가 채무의 내용을 실행하는 일.　　(① 　　　　), (② 　　　　)

05 어떤 안건을 제시하여 결정하여 달라고 청구함.　　(① 　　　　), (② 　　　　)

06 이전부터 있었던 사례나 명령 등에 의거하여 따름.　　(① 　　　　), (② 　　　　)

● 07~09 다음 설명에 맞는 글자를 골라 ①한글과 ②한자로 쓰시오.

情	善	懷	性	用	述
뜻 정	착할 선	품을 회	성품 성	쓸 용	펼 술

07 알맞게 쓰거나 좋은 일에 씀.　　(① 　　　　), (② 　　　　)

08 사람의 성질과 마음씨. 또는 타고난 본성.　　(① 　　　　), (② 　　　　)

09 마음속에 품고 있는 여러 가지 생각을 말함.　　(① 　　　　), (② 　　　　)

● 10~12 제시된 초성을 참고하여 다음 예문을 완성하시오.

10 평생 ㅅㅎ 을 기울인 연구가 실패로 돌아갔다.
온 힘과 정신. 또는 온갖 정성.
(　　　　)

11 보험사기방지 특별법의 근본적인 ㄱㅈ 이 필요하다.
이미 정해진 법이나 규칙 등을 고쳐 다시 정함.
(　　　　)

12 그 제안은 관련 부서의 ㅈㅈ 로 무산되었다.
어떤 행동을 말려서 못하게 함.
(　　　　)

11

≫ **2016년 6월 고1 모의고사**

> 그러나 의무론적 관점에는 한계가 있다. 두 개의 옳은 도덕법칙이 충돌할 때 의무론적 관점에 따르면 결정을 ⓐ내릴 수 없다.

01 ⓐ와 문맥적 의미가 가장 유사한 것은?

① 그는 회의에 참석하기 위해 서울역에서 내렸다.
② 심사 위원들이 노래에 대한 평가를 내렸다.
③ 어머니가 밀가루를 체에 내렸다.
④ 저녁이 되자 어둠이 내렸다.
⑤ 하루 종일 비가 내렸다.

≫ **2016년 3월 고1 모의고사**

> • 바이러스는 자신의 ⓐ존속을 위한 최소한의 물질만을 가지고 있기 때문에 거의 모든 생명 활동에서 숙주 세포를 이용한다.
> • 1915년 영국의 세균학자 트워트는 포도상 구균을 연구하던 중, 세균 덩어리가 녹는 것처럼 투명하게 변하는 현상을 ⓑ관찰했다.
> • 박테리오파지는 머리와 꼬리, 꼬리 섬유로 ⓒ구성되어 있다.
> • 박테리오파지는 증식을 위해 세균을 이용한다. 박테리오파지가 세균을 만나면 우선 꼬리 섬유가 세균의 세포막 표면에 존재하는 특정한 단백질, 다당류 등을 인식하여 복제를 위해 이용할 수 있는 세균인지의 ⓓ여부를 확인한다.
> • 이와 달리 '용원성 파지'는 세균을 ⓔ이용하는 것은 독성 파지와 같지만 세균을 파괴하지는 않는다.

02 ⓐ~ⓔ의 사전적 의미로 적절하지 <u>않은</u> 것은?

① ⓐ: 더 낮고 좋은 상태나 더 높은 단계로 나아감.
② ⓑ: 사물이나 현상을 주의하여 살펴봄.
③ ⓒ: 몇 가지 부분이나 요소들을 모아서 전체를 짜 이룸.
④ ⓓ: 그러함과 그러하지 아니함.
⑤ ⓔ: 대상을 필요에 따라 이롭게 씀.

≫ **2015년 11월 고1 모의고사**

> 조사 결과 설문 대상자들이 수용할 수 있는 하한 가격 한계 위로 가격을 ⓐ올리면, 지나치게 낮은 가격 때문에 그 제품의 품질을 의심해서 구매하지 않겠다는 확률이 줄어들었다.

03 ⓐ와 문맥적 의미가 가장 유사한 것은?

① 그는 손을 올려 거부 의사를 밝혔다.
② 명절 아침에 할아버지께 절을 올렸다.
③ 태어난 아기의 이름을 호적에 올려야 한다.
④ 학교 주변에서는 차의 속력을 올려서는 안 된다.
⑤ 내년에 결혼식을 올리려면 준비를 서둘러야 한다.

수능 국어 어휘 만점 대비하기

| 걸다 | 다음 밑줄 친 부분에 해당하는 의미를 [사전적 의미]에서 찾아 그 기호를 쓰시오. |

01 그는 다리를 거는 위험한 장난을 걸었다. ( )

02 집이 마음에 들어 바로 계약금을 걸었다. ( )

03 주민들은 이번 사업에 큰 기대를 걸고 있다. ( )

04 피해자들은 제조 회사에 재판을 걸기로 했다. ( )

05 마지막 전투에서 병사들은 목숨을 걸고 싸웠다. ( )

06 그는 비둘기에게 마술을 걸어 인형으로 만들었다. ( )

[사전적 의미] ㉠ 돈 따위를 계약이나 내기의 담보로 삼다. ㉢ 의논이나 토의의 대상으로 삼다.
ㄷ 어떤 상태에 빠지도록 하다. ㉣ 목숨, 명예 따위를 담보로 삼거나 희생할 각오를 하다.
ㅁ 앞으로의 일에 대한 희망 등을 품거나 기대하다. ㅂ 다른 사람을 향해 먼저 어떤 행동을 하다.

| 내리다 | 다음 밑줄 친 부분에 해당하는 의미를 [사전적 의미]에서 찾아 그 기호를 쓰시오. |

07 게시판에서 문제가 되는 글을 내렸다. ( )

08 아이는 스스로 문제에 대해 해답을 내렸다. ( )

09 오랜 경기 침체에도 물가는 내리지 않았다. ( )

10 나라에 큰 공을 세운 사람에게 훈장을 내렸다. ( )

11 이번 태풍으로 전국의 학교에 휴교령을 내렸다. ( )

12 차에 있던 친구가 창문을 내리고 손을 흔들었다. ( )

[사전적 의미] ㉠ 위에 있는 것을 낮은 곳 또는 아래로 끌어당기다. ㉢ 판단, 결정을 하거나 결말을 짓다.
ㄷ 인터넷에 올린 파일이나 글, 기사 등을 삭제하다. ㉣ 값이나 수치, 온도, 성적 등이 이전보다 떨어지다.
ㅁ 윗사람이 아랫사람에게 상이나 벌 등을 주다. ㅂ 명령이나 지시 등을 선포하거나 알려 주다.

| 올리다 | 다음 밑줄 친 부분에 해당하는 의미를 [사전적 의미]에서 찾아 그 기호를 쓰시오. |

13 정부는 불로 소득에 대한 세금을 올렸다. ( )

14 우리의 기술은 세계적인 수준에 올랐다. ( )

15 많은 사람의 축복 속에서 결혼식을 올렸다. ( )

16 신인 감독이 작품상을 타면서 화제에 올랐다. ( )

17 그 회사는 신제품 개발로 높은 수익을 올렸다. ( )

18 그는 징계에 반발해 상급 기관에 탄원서를 올렸다. ( )

[사전적 의미] ㉠ 값, 수치, 온도, 성적 등을 이전보다 높이다. ㉢ 실적이나 능률 등을 높이다.
ㄷ 의식이나 예식을 치르다. ㉣ 일정한 수준에 달하게 하다.
ㅁ 서류 등을 윗사람이나 상급 기관에 제출하다. ㅂ 남의 이야깃거리가 되게 하다.

인문·철학 관련 빈출 어휘 익히기

부각 뜰 浮 새길 刻	어떤 특징을 두드러지게 함. 예 빈부 격차의 심화는 현대 사회의 가장 큰 문제로 ☐☐ 되고 있다.
폄훼 낮출 貶 헐 毁	다른 사람을 깎아내려 헐뜯음. 예 역사의 진실을 밝히는 운동을 선동으로 ☐☐ 해서는 안 된다.
부동 아닐 不 움직일 動	한번 가진 마음이나 신념이 흔들리지 않음. 예 선수들은 우승이라는 ☐☐ 의 목표를 가지고 힘든 훈련을 이겨냈다.
사상 생각 思 생각 想	깊은 생각을 통해 얻은 특정한 의식이나 사고. 예 인생에 대한 그의 ☐☐ 은 많은 사람에게 깊은 감명을 주었다.
사욕 사사 私 욕심 慾	자기의 개인적인 이익이나 만족만을 탐하는 욕심. 예 지방 관리들은 ☐☐ 을 채우기에 급급하였다.
사유 생각 思 생각할 惟	개념, 구성, 판단, 추리 따위를 행하는 인간의 이성 작용. 예 예술가들은 작품을 통해 자신의 감정과 ☐☐ 를 표현한다.
상정 떳떳할 常 뜻 情	사람에게 공통으로 있는 보통의 인정. 예 아름다움을 아끼고 귀하게 여기는 것은 사람의 ☐☐ 이다.
선험 먼저 先 시험 驗	경험에 앞서 선천적으로 가능한 인식 능력. 예 그녀는 ☐☐ 적인 지식을 바탕으로 새로운 이론을 개발하였다.
설복 말씀 說 엎드릴 伏	알아듣도록 말하여 수긍하게 함. 예 사람들은 그의 유창한 말솜씨에 ☐☐ 당하지 않을 수 없었다.
설파 말씀 說 깨뜨릴 破	어떤 내용을 듣는 사람이 납득하도록 분명하게 드러내어 말함. 예 그는 청중을 대상으로 문화 개혁의 중요성을 ☐☐ 하였다.

과학·기술 관련 빈출 어휘 익히기

유전자 남길 遺 전할 傳 아들 子	생물체의 세포를 구성과 유지에 필요한 정보가 담겨 있으며 생식을 통해 자손에게 전해지는 요소. 예 ☐☐☐ 검사를 통해 장차 발생할 확률이 높은 유전병을 예측할 수 있다.
형질 모양 形 바탕 質	동물과 식물이 본래 지닌 모양, 크기, 성질 등의 특징. 예 개량종은 우수한 ☐☐ 을 갖도록 길러낸 동식물의 새로운 품종이다.
유체 흐를 流 몸 體	기체와 액체를 아울러 이르는 말. 예 송유관은 원유, 정유, 천연가스 등의 ☐☐ 를 수송하는 데 쓰인다.
감식 거울 鑑 알 識	과학적이고 전문적인 기술로 어떤 사물의 가치나 진위 등을 알아냄. 예 유전자 ☐☐ 으로 잃어버린 가족을 찾을 수 있게 되었다.
응집 엉길 凝 모을 集	흩어져 있던 물질, 세력, 힘 등이 한데 엉겨 뭉침. 예 별은 수소와 헬륨 등의 가스가 중력의 영향으로 ☐☐ 되어 만들어진다.
역학 힘 力 배울 學	부분을 이루는 요소가 서로 의존적 관계를 맺고 서로 제약하는 현상. 예 일식은 태양, 달, 지구 간의 복잡한 ☐☐ 관계로 인해 발생한다.
자기장 자석 磁 기운 氣 마당 場	자석이나 전류가 흐르는 전선 주위에 생기는 힘이 작용하는 공간. 예 ☐☐☐ 은 우주에서 발생하는 위험으로부터 지구를 보호한다.
자성 자석 磁 성품 性	자석처럼 쇠붙이 등을 끌어당기는 물체가 가지고 있는 성질. 예 니켈은 ☐☐ 을 가진 금속 중 하나로, 자석 제작에 사용된다.
전도 전할 傳 인도할 導	열 또는 전기가 물체의 한 부분에서 다른 부분을 통하여 옮아가는 현상. 예 쇠로 된 그릇은 열이 잘 ☐☐ 된다.
전압 번개 電 누를 壓	전기 회로에서 전자가 흐르는 데 필요한 에너지의 양. 예 ☐☐ 이 너무 높으면 전자 제품이 고장 날 수 있다.

실전 문제로 어휘력 완성하기

● 다음 글을 읽고 물음에 답하시오.

> 지식 재산권 침해는 다른 개인 또는 기업이 무단으로 누군가의 지식 재산권을 침해하는 행위를 의미한다. 주요한 지식 재산권에는 저작권, 특허권, 상표권, 영업 비밀 등이 포함된다. 회사는 상대 기업이 그들의 특허를 불법으로 침해하였다고 판단하면 지식 재산권 침해로 소송을 ㉠걸게 된다. 소송 과정에서 증거들이 분석되고 엄격한 법적 절차를 통해 법정에서 공정한 판단을 받을 수 있다. 소송은 오랜 시간이 걸리지만, 최종적으로 지식 재산권 침해가 인정되면 피해를 본 회사는 적절한 보상을 받을 수 있게 된다.

01 ㉠의 문맥적 의미와 가장 가까운 것은?

① 경찰이 범인에게 현상금을 걸었다.
② 그녀는 누구에게나 다정하게 말을 건다.
③ 잘못된 악습을 끊기 위해 재판을 걸었다.
④ 마지막 선수에게 금메달의 희망을 걸고 있다.
⑤ 그는 법정에서 학자의 양심을 걸고 증언하였다.

● 다음 글을 읽고 물음에 답하시오.

> 지식 재산권 침해 소송 과정에서 증거들이 검토되고 양측이 증거를 제출하며 법정에서 공정한 판단을 받을 수 있다. 이러한 분쟁 해결의 최종 단계에서, 법원은 사안을 검토하고 증거들을 고려하여 결론을 ㉡내린다. 이 결론은 종종 지식 재산권 침해를 한 측에게 법적인 책임을 물을 수 있으며, 피해를 본 회사에 적절한 보상을 제공할 수 있다. 이러한 소송은 향후 비슷한 분쟁을 예방하고 지식 재산권의 보호와 존중을 장려하는 데에도 중요한 역할을 한다.

02 ㉡의 문맥적 의미와 가장 가까운 것은?

① 해당 지역의 예비군에게 동원령이 내렸다.
② 지난해와 비교하면 과일값이 많이 내렸다.
③ 상황을 고려해 비교적 가벼운 처벌을 내렸다.
④ 태풍을 피해 항구에 도착한 어선은 닻을 내렸다.
⑤ 전문가는 그 현상에 대해 참신한 정의를 내렸다.

● 다음 글을 읽고 물음에 답하시오.

> 매출 실적을 ㉢올리기 위한 노력은 기업의 성장과 발전에 있어서 핵심적인 과제이다. 가장 중요한 것은 적극적인 시장 조사를 통해 소비자의 요구를 파악하고, 경쟁 기업들과의 비교 분석을 수행하여 시장 흐름을 파악하는 것이다. 이를 통해 제품과 서비스를 개선하거나 새로운 시장 진출을 시도할 수 있다.

03 ㉢의 문맥적 의미와 가장 가까운 것은?

① 확인되지 않은 사실을 입에 올리지 말라.
② 두 회사는 서로 짜고 상품 가격을 올렸다.
③ 새로운 황제는 성대하게 대관식을 올렸다.
④ 그는 골프 대회에서 처음으로 정상에 올랐다.
⑤ 우리 팀은 이번에 기대 이상의 성과를 올렸다.

● 04~06 다음 설명에 맞는 글자를 골라 ①한글과 ②한자로 쓰시오.

毁	惟	驗	貶	先	思
헐 훼	생각할 유	시험 험	낮출 폄	먼저 선	생각 사

04 개념, 구성, 판단, 추리 등을 행하는 인간의 이성 작용.   (①   ), (②   )

05 다른 사람을 깎아내려 헐뜯음.   (①   ), (②   )

06 경험에 앞서 선천적으로 가능한 인식 능력.   (①   ), (②   )

● 07~09 다음 설명에 맞는 글자를 골라 ①한글과 ②한자로 쓰시오.

學	形	性	磁	力	質
배울 학	모양 형	성품 성	자석 자	힘 력(역)	바탕 질

07 동물과 식물이 본래 지닌 모양, 크기, 성질 등의 특징.   (①   ), (②   )

08 부분을 이루는 요소가 서로 의존적 관계를 맺고 서로 제약하는 현상.

                                                    (①   ), (②   )

09 자석처럼 쇠붙이 등을 끌어당기는 물체가 가지고 있는 성질.   (①   ), (②   )

● 10~12 제시된 초성을 참고하여 다음 예문을 완성하시오.

10 은, 구리, 금, 철과 같은 금속류는 ㅈㄷ 가 잘 되는 물질이다.
열 또는 전기가 물체의 한 부분에서 다른 부분을 통하여 옮아가는 현상.

                                                             (   )

11 충전할 때 ㅈㅇ 이 낮으면 충전이 안 되거나 시간이 오래 걸린다.
전기 회로에서 전자가 흐르는 데 필요한 에너지의 양.

                                                             (   )

12 공직에 있는 사람은 ㅅㅇ 을 버리고 공익을 생각해야 한다.
자기의 개인적인 이익이나 만족만을 탐하는 욕심.

                                                             (   )

12

>> 2015년 9월 고1 모의고사

- 동양의 유교 사회를 근대적인 법이 부재하고 백성들에게 도덕만을 강조하는, 합리성이 ⓐ결여된 사회로 판단한 것이다.
- 경국대전은 조선이 왕의 절대적인 권한을 ⓑ용인하지 않고 법에 따라 안정적으로 운영되는 데 그 역할을 다했다.
- 백성들을 옥죄어 오로지 상벌로만 다스리는 것은 유교의 이상에 ⓒ부합하지 않는다고 생각하였다.
- 경국대전에는 사형을 집행할 때에는 세 차례에 걸쳐 상황을 ⓓ참작할 자료가 있는지 조사하고 충분한 논의 후 형량을 조정하였다.
- 더불어 세금을 거두는 기준을 명확하게 제시하여 합리적으로 세금을 ⓔ징수하도록 하였다.

01 ⓐ~ⓔ의 사전적 의미로 적절하지 <u>않은</u> 것은?

① ⓐ: 마땅히 있어야 할 것이 빠져서 없거나 모자람.
② ⓑ: 너그럽게 받아들여 인정함.
③ ⓒ: 사물이나 현상이 서로 꼭 들어맞음.
④ ⓓ: 앞으로의 일을 미리 헤아림.
⑤ ⓔ: 조세, 벌금 따위를 국민에게서 거두어들임.

>> 2015년 6월 고1 모의고사

그렇지만 일정 시간이 지나면 물의 양은 더 이상 줄어들지 않는다. 그 이유는 물에서 증발하는 분자 수와 물로 ⓐ돌아오는 분자 수가 같아지기 때문이다.

02 밑줄 친 단어 중 ⓐ와 문맥적 의미가 가장 유사한 것은?

① 그는 원래 있던 자리로 다시 돌아왔다.
② 이제 곧 내가 발표할 차례기 돌아온다.
③ 나는 지름길을 두고 먼 길을 돌아왔다.
④ 우리 부서에 돌아온 것은 비난뿐이었다.
⑤ 모퉁이를 돌아오면 처음에 보이는 집이 우리 집이다.

>> 2023년 3월 고1 모의고사

- 손익 분기점 판매량은 아래와 같이 ⓐ산출한다.
- 일반적으로 제품 생산에는 일정 수준의 고정 비용이 ⓑ발생한다.
- 단위당 변동 비용은 100원, 제품의 가격은 500원이라고 ⓒ가정하자.
- 기업의 손익 분기점 분석이 ⓓ유효하기 위해서는 비용 구조를 정확하게 파악해야 한다.
- 기업은 손익 분기점 분석을 통해서 제품의 판매 성과에 대한 평가, ⓔ적정한 생산 방법의 결정 등 각종 의사 결정에 필요한 자료를 얻을 수 있다.

03 ⓐ~ⓔ의 사전적 의미로 적절하지 <u>않은</u> 것은?

① ⓐ: 끄집어내거나 솎아냄.
② ⓑ: 어떤 일이나 사물이 생겨남.
③ ⓒ: 어떤 조건이나 전제를 내세움.
④ ⓓ: 보람이나 효과가 있음.
⑤ ⓔ: 알맞고 바른 정도.

수능 국어 어휘 만점 대비하기

| 열다 | 다음 밑줄 친 부분에 해당하는 의미를 사전적 의미 에서 찾아 그 기호를 쓰시오. |

01 자물쇠로 잠겨 있던 문을 열었다. ( )

02 이모가 이번에 반찬 가게를 새로 열었다. ( )

03 학급 회의를 열어 결정해야 할 문제이다. ( )

04 일요일에도 문을 여는 약국을 찾고 있다. ( )

05 이 소설은 새로운 장르의 가능성을 열었다. ( )

06 그는 자신을 둘러싼 의혹에 대해 입을 열었다. ( )

사전적 의미
㉠ 닫히거나 잠긴 것을 트거나 벗기다.　　㉡ 모임이나 회의 등을 시작하다.
㉢ 하루의 영업을 시작하다.　　㉣ 사업이나 경영 등의 운영을 시작하다.
㉤ 새로운 기틀을 마련하다.　　㉥ 다른 사람에게 어떤 일을 터놓거나 이야기를 시작하다.

| 고르다 | 다음 밑줄 친 부분에 해당하는 의미를 사전적 의미 에서 찾아 그 기호를 쓰시오. |

07 바닥이 고르지 않아 걷기 불편하다. ( )

08 텐트를 치기 위해 땅을 평평하게 골랐다. ( )

09 붓끝을 고르고 나서 글자를 써 내려가다. ( )

10 문장에서 틀린 부분을 골라 알맞게 고치세요. ( )

11 날씨가 고르지 못한 환절기라 감기에 걸렸다. ( )

사전적 의미
㉠ 상태가 정상적으로 순조롭다.　　㉡ 여럿 중에서 어떤 것을 가려내거나 뽑다.
㉢ 무엇을 하기에 좋게 다듬거나 손질하다.　　㉣ 여럿이 다 높낮이, 크기, 양 등의 차이가 없이 한결같다.
㉤ 울퉁불퉁한 것을 평평하게 하거나 들쭉날쭉한 것을 가지런하게 하다.

| 돌아오다 | 다음 밑줄 친 부분에 해당하는 의미를 사전적 의미 에서 찾아 그 기호를 쓰시오. |

12 그는 십 년 만에 고향에 돌아왔다. ( )

13 그녀를 바래다주고 돌아오는 길이다. ( )

14 드디어 우리 팀이 발표할 차례가 돌아왔다. ( )

15 매달 마지막 주 일요일마다 당직이 돌아온다. ( )

16 빠른 병원의 대처로 환자의 정신이 돌아왔다. ( )

17 모든 문제에 대한 책임은 결국 나에게 돌아왔다. ( )

사전적 의미
㉠ 원래 있던 곳으로 다시 오거나 다시 그 상태가 되다.　　㉡ 무엇을 할 차례나 순서가 닥치다.
㉢ 몫, 비난, 칭찬 등을 받다.　　㉣ 원래의 상태를 잃었다가 다시 찾다.
㉤ 일정한 간격으로 되풀이되는 것이 다시 닥치다.　　㉥ 갔던 길을 되짚어서 오다.

법률·경제 관련 빈출 어휘 익히기

철회 거둘 撤 돌아올 回	이미 제출하였거나 주장하였던 것 따위를 도로 거두어들이거나 취소함. 예 협상이 타결되어 모두 파업을 [ ][ ] 하고 업무에 복귀하였다.
청원 청할 請 원할 願	국민이 정부나 시청, 구청 등의 행정 기관에 행정 처리를 요구하는 일. 예 이번 사태의 진상을 밝히기 위한 국민 [ ][ ] 이 국회에 제출되었다.
야기 이끌 惹 일어날 起	일이나 사건 따위를 끌어내어 일으킴. 예 당시 반란은 백성들의 경제적 파탄에서 [ ][ ] 된 것이었다.
패권 으뜸 霸 권세 權	어떤 분야에서 우두머리나 으뜸의 자리를 차지하여 누리는 공인된 권리와 힘. 예 장보고는 청해진을 중심으로 해상 무역의 [ ][ ] 을 잡았다.
합치 합할 合 이를 致	의견이나 주장 따위가 서로 맞아 일치함. 예 이번 정책은 대다수 국민의 의견에 [ ][ ] 하는 것이다.
배치 등 背 달릴 馳	서로 반대로 되어 어그러지거나 어긋남. 예 그는 자신의 소신에 [ ][ ] 되는 일은 절대로 하지 않는다.
협약 화합할 協 맺을 約	단체와 개인, 또는 단체와 단체 사이에 협정을 체결함. 예 두 나라는 이번 [ ][ ] 에서 군 관련 기술 정보를 제공하기로 하였다.
수렴 거둘 收 거둘 斂	여럿으로 흩어져 있는 의견이나 사상 등을 모아 하나로 정리하거나 받아들임. 예 각계 전문가의 의견을 [ ][ ] 하여 정책을 결정하기로 하였다.
효력 본받을 效 힘 力	한 일에 대하여 돌아오는 좋은 결과. 예 이 법안은 국회를 통과하자마자 [ ][ ] 이 발생하게 된다.
정세 뜻 情 형세 勢	일이 되어 가는 사정이나 형편. 예 국내 [ ][ ] 가 불안하면 사회가 어수선하고 주가가 폭락한다.

문화·예술 관련 빈출 어휘 익히기

선형 줄 線 모양 形	선처럼 가늘고 긴 모양. 예 비행기는 ☐☐으로 된 몸체와 날개가 십자 모양으로 교차한다.
세파 인간 世 물결 波	모질고 거센 세상의 어려움. 예 그녀는 온갖 ☐☐에 시달리면서 사람을 쉽게 믿지 않게 되었다.
계보 맬 系 족보 譜	학맥, 인맥, 사조 등이 과거로부터 전해 온 맥락. 예 이 그림은 인상주의의 ☐☐를 이은 작품이다.
사단 일 事 끝 端	사건의 단서. 사건의 시작. 예 수업 시간에 친구에게 장난한 것이 ☐☐이 되어 일이 커졌다.
사리 일 事 다스릴 理	사물의 이치나 일의 도리. 예 그는 ☐☐를 분별할 줄 아는 사람이니 그 문제도 잘 해결할 것이다.
음역 소리 音 지경 域	사람의 목소리나 악기가 낼 수 있는 최저 음에서 최고 음까지의 넓이. 예 바순은 목관 악기 중에서 ☐☐이 가장 낮다.
사념 생각 思 생각 念	근심하고 염려하는 등의 여러 가지 생각. 예 그녀는 ☐☐에서 벗어나기 위해 명상하는 시간을 갖는다.
상쇄 서로 相 빠를 殺	상반되는 것이 서로 영향을 주어 효과가 없어지는 일. 예 경제적 격차를 ☐☐하기 위해 정부는 복지를 강화하고 있다.
상응 서로 相 응할 應	서로 응하거나 어울림. 예 그동안의 노력에 ☐☐하는 결과가 나와서 기쁘다.
상충 서로 相 화할 沖	사물이 서로 어울리지 아니하고 마주침. 예 두 나라의 이해관계가 ☐☐하여 협상이 길어지고 있다.

실전 문제로 어휘력 완성하기

● 다음 글을 읽고 물음에 답하시오.

사람들이 토지에 정착하여 살 수 있게 된 일은 인류 역사에 큰 전환점인 농경 시대를 ㉠연 계기가 되었다. 이전에는 사냥과 채집을 주로 하며 이동하는 삶을 살던 사람들이 작물을 기르고 가축을 기르며 정착 생활을 시작하게 된 것이다. 이러한 농경 시대의 시작은 인류에게 많은 변화를 가져왔다. 먼저 작물을 재배하고 가축을 기르는 것으로 인해 식량의 안정적인 공급이 가능해졌다. 사냥과 채집만으로는 얻을 수 없었던 풍부한 식량으로 인해 인구가 증가하고, 더욱 발전된 문명이 형성되는 기반이 마련되었다.

01 ㉠의 문맥적 의미와 가장 가까운 것은?

① 생선을 조릴 때는 뚜껑을 열고 끓여라.
② 새로 개발된 신약은 암 정복의 길을 열었다.
③ 인사청문회를 열어 후보자 검증에 나선다.
④ 이른 아침이라 문을 연 식당은 한 곳뿐이다.
⑤ 누나는 퇴직금으로 중심 상가에 카페를 열었다.

● 다음 글을 읽고 물음에 답하시오.

톰슨의 건포도빵 모형은 원자의 구조를 설명하는 데 유용하다. 이 모형에서 원자는 빵 반죽처럼 양전기가 ㉡고르게 퍼져 있고, 전자들은 건포도처럼 빵 반죽 안에 조그마하게 박혀 있다고 설명된다. 이렇게 양전기와 전자들이 균형을 이루면서 서로 반발하는 성질로 인해 원자 안에서 전자들이 흩어지지 않고 모여 있을 수 있다. 이 모형은 원자 구조 이해를 돕고 원자 이론의 발전에 큰 역할을 하였다.

02 ㉡의 문맥적 의미와 가장 가까운 것은?

① 국가대표 선수들은 고른 기량을 보인다.
② 그녀는 가쁜 숨을 고르기 위해 멈춰 섰다.
③ 훌륭한 작품이 많아 대상을 고르기 어렵다.
④ 현재 환자의 생태는 맥박이 고르지 못하다.
⑤ 면이 고르지 않은 땅은 농사를 짓기에 어렵다.

● 다음 글을 읽고 물음에 답하시오.

우주 탐사는 많은 과학적 발견을 이끌어 냈다. 지구를 넘어 다른 행성, 위성 및 천체를 조사하는 우주 탐사는 지구에서 할 수 없었던 실험과 연구를 통해 태양계 밖의 행성들과 항성들에 대한 중요한 정보를 얻음으로써 우리가 살고 있는 우주의 크기와 복잡성을 더욱 명확하게 이해할 수 있게 되었다. 우주 탐사를 끝내고 지구로 ㉢돌아오면, 우주 탐사로 얻은 소중한 데이터와 표본을 분석하고 해석한다. 수집된 우주 정보는 행성 지질학, 우주 생물학, 천문학 등 다양한 분야의 과학적 연구에 큰 도움이 된다.

03 ㉢의 문맥적 의미와 가장 가까운 것은?

① 여행을 마치고 집으로 돌아왔다.
② 그에게 돌아온 비난은 너무나 가혹하였다.
③ 매년 돌아오는 생일이지만 올해는 특별하다.
④ 삼계탕을 먹으니, 기운이 돌아오는 느낌이다.
⑤ 지갑을 찾으려 조금 전에 지나온 길을 돌아왔다.

● 04~06 다음 설명에 맞는 글자를 골라 ①한글과 ②한자로 쓰시오.

勢	致	情	權	合	霸
형세 세	이를 치	뜻 정	권세 권	합할 합	으뜸 패

04 어떤 분야에서 우두머리나 으뜸의 자리를 차지하여 누리는 공인된 권리와 힘.
(①   ), (②   )

05 일이 되어 가는 사정이나 형편.
(①   ), (②   )

06 의견이나 주장 등이 서로 맞아 일치함.
(①   ), (②   )

● 07~09 다음 설명에 맞는 글자를 골라 ①한글과 ②한자로 쓰시오.

譜	殺	端	事	相	系
족보 보	빠를 쇄	끝 단	일 사	서로 상	맬 계

07 학맥, 인맥, 사조 등이 과거로부터 전해 온 맥락.
(①   ), (②   )

08 상반되는 것이 서로 영향을 주어 효과가 없어지는 일.
(①   ), (②   )

09 사건의 단서. 사건의 시작.
(①   ), (②   )

● 10~12 제시된 초성을 참고하여 다음 예문을 완성하시오.

10 그는 남자임에도 소프라노 ㅇㅇ 을 가지고 있다.
사람의 목소리나 악기가 낼 수 있는 최저 음에서 최고 음까지의 넓이.
(   )

11 노사 양측은 단계적 임금 인상 ㅎㅇ 에 합의하였다.
단체와 개인, 또는 단체와 단체 사이에 협정을 체결함.
(   )

12 사장은 사표를 ㅊㅎ 하고 당분간 휴직할 것을 제안하였다.
이미 제출하였거나 주장하였던 것 등을 도로 거두어들이거나 취소함.
(   )

> **2014년 9월 고1 모의고사**

위성에는 추력기처럼 세 방향으로 설치된 3개의 반작용 휠이 있어 회전수를 조절하면 위성의 자세를 원하는 방향으로 ⓐ맞출 수 있다.

01 밑줄 친 단어 중 ⓐ의 문맥적 의미와 가장 유사한 것은?

① 우리는 발을 맞추어 길을 걸었다.
② 나는 어머니께 한복을 맞추어 드렸다.
③ 나는 친한 친구와 답을 맞추어 보았다.
④ 나는 카메라의 초점을 맞추어 산세를 찍었다.
⑤ 우리는 일련번호를 맞추어 문서를 정리하였다.

> **2013년 11월 고1 모의고사**

지레는 막대를 어떤 점에 받쳐서 그 받침점을 중심으로 움직일 수 있게 한 도구이다. 지렛대로 쓰이는 막대를 고정한 곳이 받침점 지렛대에 힘을 주는 곳이 힘점 물체를 움직이게 하는 곳이 작용점이다. 지레는 가운데에 어떤 점이 놓이느냐에 따라 1종, 2종, 3종 지레로 ⓐ나뉜다.

02 문맥상 ⓐ와 바꿔 쓰기에 가장 적절한 것은?

① 분류(分類)된다   ② 분석(分析)된다   ③ 대체(代替)된다
④ 정의(定義)된다   ⑤ 판단(判斷)된다

> **2012년 11월 고1 모의고사**

• 버려진 물건으로 조형물을 ⓐ만들고 이를 전시해서 수익을 창출하는 A 기업의 경우, 그 수익의 70% 정도를 환경 단체에 기부한다.
• 구성원의 의견을 민주적으로 ⓑ모아서 기업이 운영된다.
• 이러한 사회적 기업은 이윤을 사회 또는 지역 공동체의 취약 계층에 ⓒ되돌려 사회 통합에 기여한다.
• 이는 취약 계층이 느끼는 사회적 소외감을 줄여 사회 통합에 ⓓ보탬이 된 것이라 할 수 있다.
• 사회적 기업은 이런 역할을 지속적으로 수행할 수 있는 대안으로 ⓔ떠오르고 있다.

03 ⓐ~ⓔ와 바꿔 쓸 수 있는 말로 적절하지 <u>않은</u> 것은?

① ⓐ: 제공(提供)하고
② ⓑ: 수렴(收斂)하여
③ ⓒ: 환원(還元)하여
④ ⓓ: 일조(一助)한
⑤ ⓔ: 부상(浮上)하고

수능 국어 어휘 만점 대비하기

그리다

다음 밑줄 친 부분에 해당하는 의미를 사전적 의미 에서 찾아 그 기호를 쓰시오.

01 정상에서 본 산의 풍경을 화폭에 그렸다. ( )
02 비행기가 하늘에 원을 그리며 날고 있다. ( )
03 멀리 계신 부모님을 그리며 편지를 썼다. ( )
04 나라를 구한 영웅의 일대기를 그린 영화이다. ( )
05 성공할 미래의 내 모습을 그리며 열심히 살았다. ( )

사전적 의미
㉠ 연필, 붓 등을 이용해 사물을 선이나 색으로 나타내다.
㉡ 생각, 현상 등을 말이나 글, 음악 등으로 나타내다.
㉢ 어떤 모양을 일정하게 나타내거나 어떤 표정을 짓다.
㉣ 상상하거나 회상하다.
㉤ 사랑하는 마음으로 간절히 생각하다.

맞추다

다음 밑줄 친 부분에 해당하는 의미를 사전적 의미 에서 찾아 그 기호를 쓰시오.

06 군인들은 구령에 발을 맞추어 행진하였다. ( )
07 꼬박 하루 만에 500조각의 퍼즐을 맞추었다. ( )
08 최근 눈이 많이 나빠져 안경을 맞추어야 한다. ( )
09 점수보다는 자기 적성에 맞추어 대학을 정하자. ( )
10 친구와 일정을 맞추어 보니 토요일만 가능하다. ( )
11 예민한 아이의 기분을 맞추기란 절대 쉽지 않다. ( )

사전적 의미
㉠ 떨어져 있는 여러 부분을 알맞은 자리에 대어 붙이다.
㉡ 둘 이상의 일정한 대상들을 나란히 놓고 비교하여 살피다.
㉢ 서로 어긋남이 없이 조화를 이루다.
㉣ 어떤 기준이나 정도에 어긋나지 아니하게 하다.
㉤ 다른 사람의 의도나 기분 등에 맞게 행동하다.
㉥ 일정한 규격의 물건을 만들도록 미리 주문을 하다.

나누다

다음 밑줄 친 부분에 해당하는 의미를 사전적 의미 에서 찾아 그 기호를 쓰시오.

12 피자를 여덟 조각으로 나누어 담았다. ( )
13 우리는 인사만 나누는 정도의 사이였다. ( )
14 기쁨을 함께 나누기 위해 마련된 행사다. ( )
15 사고 원인을 유형별로 나누어 정리하였다. ( )
16 수익을 공정하게 나누어야 어떤 불만도 없다. ( )
17 우리는 피를 나누지 않았어도 가족이나 다름없다. ( )

사전적 의미
㉠ 원래 하나였던 것을 둘 이상으로 가르다.
㉡ 여러 가지가 섞인 것을 구분하여 분류하다
㉢ 몫을 분배하다.
㉣ 말이나 이야기, 인사 등을 주고받다.
㉤ 즐거움이나 고통, 고생 등을 함께하다.
㉥ 같은 핏줄을 타고나다.

인문·철학 관련 빈출 어휘 익히기

성찰 살필 省 살필 察	자기의 마음을 반성하고 살핌. 예 인간은 ☐☐ 을 통해 성장하고 미래에 더 나은 결정을 내릴 수 있다.
선도 먼저 先 인도할 導	앞장서서 이끌거나 안내함. 예 그녀는 최신 유행을 ☐☐ 하는 한류 스타이다.
소거 쓸 掃 갈 去	좋지 않은 것을 모두 없앰. 예 환경 보호 구역에서 외래 식물들을 ☐☐ 해야 한다.
수양 닦을 修 기를 養	몸과 마음을 단련하여 품성이나 지식, 도덕심 등을 기르는 일. 예 좋은 책을 많이 읽는 것은 인격 ☐☐ 에 큰 도움이 된다.
수행 닦을 修 다닐 行	행실, 학문, 기예 등을 닦음. 예 불교에서 ☐☐ 은 내면의 평화와 깨달음을 찾는 과정이다.
숙고 익을 熟 생각할 考	어려운 문제나 일 등을 곰곰이 잘 생각함. 예 장시간의 ☐☐ 끝에 최선의 해결책을 얻었다.
재고 두 再 생각할 考	어떤 일이나 문제 등에 대하여 다시 생각함. 예 장기적인 관점에서 보면 이 문제는 ☐☐ 의 여지가 있다.
순응 순할 順 응할 應	환경이나 변화에 적응하여 익숙해지거나 체계, 명령 등에 적응하여 따름. 예 국가 안전을 위해 국민은 법과 규제에 ☐☐ 해야 한다.
감응 느낄 感 응할 應	어떤 느낌을 받아 마음이 따라서 움직임. 예 작가는 광활한 대자연에서 받은 ☐☐ 을 작품에 담았다.
순치 입술 脣 이 齒	입술과 이처럼 이해관계가 밀접한 둘 사이를 비유적으로 이르는 말. 예 그 두 나라는 ☐☐ 의 관계를 오백 년 전부터 이어오고 있다.

과학·기술 관련 빈출 어휘 익히기

점성 붙을 粘 성품 性	물질의 차지고 끈적거리는 성질. 예 기름은 물보다 [ ][ ]이 높아 느리게 흐른다.
진폭 떨칠 振 폭 幅	흔들려 움직이고 있는 물체가 멈춘 곳까지의 거리. 예 지진의 [ ][ ]이 커질수록 지표면에서 느껴지는 흔들림은 더 강력해진다.
증폭 더할 增 폭 幅	빛, 전류, 음향 등을 더 크고 강력하게 만드는 것. 예 마이크로 [ ][ ]된 소리는 스피커를 통해 울려 퍼진다.
증식 더할 增 불릴 殖	생물의 개체나 세포 등의 수가 생식이나 분열로 늘어남. 예 현미경을 통해 세균의 [ ][ ] 과정을 살펴보았다.
주기 돌 週 기약할 期	같은 현상이나 특징이 한 번 나타나고부터 다음번 되풀이되기까지의 기간. 예 지구의 자전 [ ][ ]는 평균적으로 약 23시간 56분이다.
지각 땅 地 껍질 殼	지구의 가장 바깥쪽을 둘러싼 부분. 예 [ ][ ] 변동으로 인해 지하에 있는 마그마가 지표면으로 상승하게 된다.
지질 땅 地 바탕 質	지구 표면을 이루고 있는 암석이나 땅의 성질이나 상태. 예 수중 로봇은 바닷속 [ ][ ]을 조사하고 자원을 탐사하는 데 쓰인다.
지층 땅 地 층 層	자갈, 모래, 진흙, 화산재 등이 오랜 시간 동안 쌓여 이루어진 층. 예 화산은 [ ][ ] 속에서 끓고 있던 용암이 분출해 나오는 것이다.
초음파 뛰어넘을 超 소리 音 물결 波	사람의 귀에 소리로 들리는 한계 주파수 이상이어서 들을 수 없는 음파. 예 박쥐는 [ ][ ][ ]를 방출하여 주변 환경을 탐지하고 먹이를 찾는다.
감광 느낄 感 빛 光	빛에 반응하여 화학적 변화를 일으킴. 예 [ ][ ] 렌즈는 자외선 농도나 온도 변화에 따라 색깔이 바뀐다.

● 다음 글을 읽고 물음에 답하시오.

> 공을 던졌을 때 포물선을 ㉠그리며 날아가는 이유는 물체가 일정한 속력으로 직선상에서 움직이는 운동인 등속 운동과 자유낙하 운동이 서로 결합하여 발생하는 현상이다. 이 두 가지 움직임이 함께 작용하면 물체는 아래로 떨어지면서도 앞으로 나아가는 움직임을 계속 유지하게 된다. 이런 움직임이 결합하면 물체가 곡선 형태로 날아가게 되고, 이러한 곡선을 우리는 포물선이라고 부른다.

01 ㉠의 문맥적 의미와 가장 가까운 것은?

① 단란한 가족의 모습을 물감으로 그렸다.
② 평생 꿈에 그리던 내 집을 드디어 장만하였다.
③ 기뻐할 아이의 모습을 그리면 힘들지가 않았다.
④ 운명 교향곡은 인간의 의지와 환희를 그리고 있다.
⑤ 어떤 결심을 한 듯한 표정을 그리며 말문을 열었다.

● 다음 글을 읽고 물음에 답하시오.

> 현대 사회에서는 개성과 다양성이 크게 중요시되고 있다. 이러한 흐름에 따라, 소비자들의 다양한 욕구를 충족시키기 위해 맞춤형 제품을 생산하는 것이 점점 더 중요해지고 있다. 기업들은 이제 대량 생산보다는 소량 생산, 즉 소비자의 특별한 요구에 ㉡맞춘 제품 제작에 집중하고 있다. 이런 방식의 생산은 제품의 차별화를 촉진하고, 고객의 충성도를 높이는 효과를 가져올 수 있다.

02 ㉡의 문맥적 의미와 가장 가까운 것은?

① 심사 기준에 맞추어 기획안을 작성했다. ② 발볼이 넓은 편이라 구두를 맞추어 신는다.
③ 분해한 컴퓨터 부품들을 다시 맞추기 어렵다. ④ 회의 시간을 맞추려면 지금 길을 나서야 한다.
⑤ 변덕스러운 사람의 비위를 맞추려고 노력할 필요는 없다.

● 다음 글을 읽고 물음에 답하시오.

> 법원은 복잡하고 다양한 사안을 다룰 때 여러 가지 요소로 ㉢나누어 검토한다. 사안의 사실을 확인하고, 관련 법률과 사례를 조사하여 적용 여부를 고려하며, 당사자들의 주장과 변론을 듣고 그들의 논리를 이해한다. 또한 사안이 사회나 경제에 어떤 영향을 미칠 수 있는지 고려하여 종합적인 판단을 내리는 것이 법원의 역할이다. 이러한 절차를 통해 법원은 공정하고 정확한 결정을 내리며, 사회 전체에 영향을 미치는 중요한 사안들을 처리한다.

03 ㉢의 문맥적 의미와 가장 가까운 것은?

① 종이를 네 면으로 나누어 그림을 그려라. ② 실적에 따라 세 등급으로 나누어 돈을 준다.
③ 서로 의견을 나누다 보면 해결점을 찾게 된다. ④ 우리는 십 년 넘게 우정을 나누어 온 사이이다.
⑤ 직원들의 능력을 고려해서 업무를 나누어야 한다.

● **04~06** 다음 설명에 맞는 글자를 골라 ①한글과 ②한자로 쓰시오.

察	去	考	省	再	消
살필 찰	갈 거	생각할 고	살필 성	두 재	사라질 소

04 좋지 않은 것을 모두 없앰. (①   ), (②   )

05 자기의 마음을 반성하고 살핌. (①   ), (②   )

06 어떤 일이나 문제 따위에 대하여 다시 생각함. (①   ), (②   )

● **07~09** 다음 설명에 맞는 글자를 골라 ①한글과 ②한자로 쓰시오.

殼	幅	光	地	振	感
껍질 각	폭 폭	빛 광	땅 지	떨칠 진	느낄 감

07 흔들려 움직이고 있는 물체가 멈춘 곳까지의 거리. (①   ), (②   )

08 지구의 가장 바깥쪽을 둘러싼 부분. (①   ), (②   )

09 빛에 반응하여 화학적 변화를 일으킴. (①   ), (②   )

14

● **10~12** 제시된 초성을 참고하여 다음 예문을 완성하시오.

10 순수한 꿀은 ㅈ ㅅ 이 가장 높은 액체 중 하나이다.
                물질의 차지고 끈적거리는 성질.

(   )

11 지구의 기온은 일정한 ㅈ ㄱ 마다 오르기도 하고 내려가기도 한다.
                    같은 현상이나 특징이 한 번 나타나고부터 다음번 되풀이되기까지의 기간.

(   )

12 그는 오랜 유배 생활에도 책을 읽으며 ㅅ ㅇ 을 쌓았다.
                    몸과 마음을 단련하여 품성이나 지식, 도덕심 등을 기르는 일.

(   )

> **2012년 3월 고1 모의고사**

- 조각상에는 ⓐ외경스러운 초자연적인 힘이 깃들어 있다고 해서 의식을 치르는 동안에는 여자와 아이들이 이 조각상을 보는 것이 금지되었다.
- 다습한 정글 기후 탓에 대부분의 목조각이 썩어 버렸지만 남아 있는 조각상에는 그들 사회를 반영하는 정서가 ⓑ집약되어 나타나 있다.
- 아프리카 조각가들은 사실적인 표현 방식을 거부하고 대신 나무의 원통형에서 따온 길쭉하게 늘어진 몸통과 관 모양의 외형, 수직적 형태를 ⓒ선호했다.
- 유럽의 회화 전통과는 다른 이러한 방식이 1905년경부터 피카소와 입체주의에 ⓓ영감을 주었다.
- 이 작품은 피카소가 순수 입체주의 시기에서 아프리카의 영향을 받은 이후의 시기로 넘어가는 ⓔ과도기적 작품이다.

01 ⓐ~ⓔ의 사전적 의미로 적절하지 <u>않은</u> 것은?

① ⓐ: 두려워하고 공경함.　　　　　　　② ⓑ: 이미 있는 것에 덧붙이거나 보탬.
③ ⓒ: 여럿 가운데서 특별히 가려서 좋아함.　④ ⓓ: 창조적인 일의 계기가 되는 기발한 착상이나 자극.
⑤ ⓔ: 한 상태에서 다른 새로운 상태로 옮아가거나 바뀌어 가는 도중의 시기.

> **2011년 11월 고1 모의고사**

1991년 리누스 토발즈는 자신이 개발한 리눅스 초판 프로그램과 함께 소스 코드까지 인터넷에 공개했다. 소프트웨어 마니아들이 무료로 다운받아 마음껏 수정하고 개선할 수 있도록 허용한 것이다. 이를 바탕으로 거대한 리눅스 커뮤니티가 자발적으로 ⓐ꾸려졌다.

02 문맥상 ⓐ와 바꾸어 쓸 수 있는 것은?

① 형성(形成)되었다.　　　② 양성(養成)되었다.　　　③ 달성(達成)되었다.
④ 작성(作成)되었다.　　　⑤ 완성(完成)되었다.

> **2011년 9월 고1 모의고사**

- 또한 이런 대칭성의 관계가 깨어지는 것을 ⓐ경계하기 위해 신화를 이용하기도 했다.
- 국가라는 체제 속에서 살게 된 인간은 자신들이 가진 '문화'를 ⓑ과시하면서 동시에 원래는 동물의 소유였던 '자연의 힘'의 비밀마저도 자신의 수중에 넣으려고 했다.
- '자연'과 대칭적인 관계에서 가치를 지니던 '문화'는 이제 균형을 상실한 '문명'으로 변하고 말았다. 그러면서 '문명'과 '야만'을 차별적으로 ⓒ인식하게 되었다.
- 현대 사회가 가져온 여러 문제들에 ⓓ직면한 오늘날, 신화적 사고는 이런 비대칭적 사고에서 벗어나 새로운 사고로의 인식전환을 위한 계기를 마련해 준다.
- 서로의 존재로 인하여 더욱 조화로운 삶과 사회를 만들 수 있는 대칭적인 관계가 되어야 함을 ⓔ역설하는 것이다.

03 ⓐ~ⓔ를 바꾸어 쓴 것으로 적절한 것은?

① ⓐ: 살피기　　　② ⓑ: 알리면서　　　③ ⓒ: 밝히게
④ ⓓ: 맞닥뜨린　　　⑤ ⓔ: 돌려 말하는

깨다

다음 밑줄 친 부분에 해당하는 의미를 [사전적 의미]에서 찾아 그 기호를 쓰시오.

01 설거지하다 가장 아끼는 그릇을 깼다. ( )

02 그는 잠을 깨기 위해 찬물로 세수하였다. ( )

03 선생님과의 약속을 깨고 숙제를 안 하였다. ( )

04 그는 장대높이뛰기에서 세계 신기록을 깼다. ( )

05 성공하려면 편견을 깨고 기존의 틀을 바꿔라. ( )

[사전적 의미]
㉠ 잠, 꿈 등에서 벗어나다.
㉡ 생각이나 지혜 등이 사리를 가릴 수 있게 되다.
㉢ 단단한 물체를 쳐서 조각이 나게 하다.
㉣ 일이나 상태 등을 중간에서 어그러뜨리다.
㉤ 어려운 장벽이나 기록 등을 넘다.

꼬이다

다음 밑줄 친 부분에 해당하는 의미를 [사전적 의미]에서 찾아 그 기호를 쓰시오.

06 요즘 하는 일마다 꼬여서 되는 게 없다. ( )

07 친구가 함께 학원을 옮기자고 나를 꼬였다. ( )

08 남이 잘되는 것을 싫어하는 꼬인 성격이다. ( )

09 털실이 너무 꼬여 있어 뜨개질할 수 없었다. ( )

10 몸이 꼬일 정도로 지루하고 힘든 수업이었다. ( )

11 먹다 남긴 음료수에 벌레가 꼬이기 시작하였다. ( )

[사전적 의미]
㉠ 하는 일 등이 순순히 되지 않고 얽히거나 뒤틀리다.
㉡ 비위에 거슬려 마음이 뒤틀리다.
㉢ 남을 속이거나 부추겨서 자기 생각대로 끌다.
㉣ 벌레나 사람 등이 한곳에 많이 몰려들다.
㉤ 여러 가닥의 실이나 가는 줄 등이 하나로 엉키다.
㉥ 몸의 일부분이 이리저리 뒤틀리다.

나가다

다음 밑줄 친 부분에 해당하는 의미를 [사전적 의미]에서 찾아 그 기호를 쓰시오.

12 그는 아시안게임에 국가대표로 나갔다. ( )

13 할인 제품은 내일부터 전국 마트로 나간다. ( )

14 서점 운영에 나가는 유지비가 만만치 않다. ( )

15 대사관에 취업하여 외국으로 나가게 되었다. ( )

16 우연히 방송에 나간 후에 유명 맛집이 되었다. ( )

17 내가 강하게 나가자 그제야 잘못을 인정하였다. ( )

[사전적 의미]
㉠ 생산되거나 만들어져 사회에 퍼지다.
㉡ 말이나 사실, 소문 등이 널리 알려지다.
㉢ 어떤 행동이나 태도를 취하다.
㉣ 월급이나 비용 등이 지급되거나 지출되다.
㉤ 새로운 곳이나 영역 등에서 활동을 시작하다.
㉥ 모임에 참여하거나, 운동 경기에 출전하거나, 선거에 입후보하다.

법률·경제 관련 빈출 어휘 익히기

가계 집家 셀計	한집안 살림의 수입과 지출의 상태. (예) ☐☐ 부채가 소득에 비해 빠르게 늘어나고 있다.
호황 좋을好 상황況	매매나 거래에 나타나는 경제 활동 상태가 좋음. (예) 겨울이 되자 난방 용품 판매 업체가 ☐☐을 맞고 있다.
불황 아닐不 상황況	경제 활동이 일반적으로 침체되는 상태. (예) 계속되는 ☐☐의 여파로 출판계도 사정이 좋지 않다.
경기 볕景 기운氣	거래에 나타나는 호황·불황 등의 경제 활동 상태. (예) 우리나라 ☐☐가 회복되어 수출이 활기를 띠고 있다.
공제 당길控 덜除	받을 몫에서 일정한 금액이나 수량을 뺌. (예) 가족 수가 많으면 세금이 일부 ☐☐되는 혜택이 있다.
과세 공부할課 세금稅	어떠한 항목에 대한 세금을 정해서 그것을 내도록 함. (예) 새로운 법령은 부자들의 ☐☐를 강화하는 방향으로 개편되었다.
국세 나라國 세금稅	국가가 부과하여 거두어들이는 세금. (예) 정해진 기간 내에 ☐☐를 내지 않으면 연체료가 붙는다.
관건 관계할關 열쇠鍵	어떤 사물이나 문제 해결의 가장 중요한 부분. (예) 이번 작전의 성공 여부가 승패의 ☐☐이다.
국면 판局 낯面	어떤 일이 벌어진 장면이나 형편. (예) 새 정부의 첫 임무는 경제 위기라는 어려운 ☐☐을 타개하는 것이다.
침체 잠길沈 막힐滯	어떤 현상이나 사물이 진전하지 못하고 제자리에 머무름. (예) 경기의 ☐☐가 장기화하면서 실업률이 해마다 증가하고 있다.

문화·예술 관련 빈출 어휘 익히기

수반 머리 首 나눌 班	어떤 신분 서열의 첫째. 행정부의 가장 높은 자리에 있는 사람. 예 진보적인 학자들은 당시 혁명 운동의 ☐☐ 이었다.
신장 펼 伸 베풀 張	세력이나 권리 등이 늘어남. 예 수출은 국력 ☐☐ 을 가져오는 중요한 계기가 되었다.
실정 열매 實 뜻 情	실제의 사정이나 형편. 예 우리나라 ☐☐ 에 맞는 대체 에너지 개발이 필요하다.
심도 깊을 深 법도 度	깊은 정도. 예 이 책에서는 인권 문제를 ☐☐ 있게 다루고 있다.
척도 자 尺 법도 度	측정하거나 평가하는 기준. 예 교육 수준은 삶의 질을 결정짓는 중요한 ☐☐ 중 하나이다.
설정 베풀 設 정할 定	문제, 관계, 단계, 목표, 규모 등을 새로 만들어 정함. 예 시 외곽은 비행 금지 구역으로 ☐☐ 되어 있다.
심중 마음 心 가운데 中	겉으로 잘 드러나지 않는 마음의 깊은 곳. 예 그는 ☐☐ 에 묻어 두었던 진심을 털어놓았다.
응수 응할 應 갚을 酬	상대편이 한 말이나 행동을 받아서 마주 응함. 예 그는 갑작스러운 면접관의 질문에 여유 있게 ☐☐ 하였다.
영합 맞을 迎 합할 合	사사로운 이익을 위해 자기의 생각을 상대편이나 세상 풍조에 맞춤. 예 그는 세태나 권력에 ☐☐ 할 줄 모르는 강직한 사람이다.
완결 완전할 完 결단할 決	완전히 결정함. 예 그 일은 기획부에서 담당하는 것으로 최종 ☐☐ 되었다.

실전 문제로 어휘력 완성하기

● 다음 글을 읽고 물음에 답하시오.

> 여러 분야에서 다양한 예술 작품과 표현 방식을 통해 사회적 경계를 넘어선 예술가들이 있다. 피카소는 20세기를 대표하는 화가로서 사회적 통념을 ㉠깬 대표적인 예술가 중 한 명이다. 그의 작품들은 기존의 예술 규범과 경계를 넘어서며, 새로운 시각과 형식을 제시하였다. 특히 초현실주의와 큐비즘 등의 혁신적인 스타일은 전통적인 미술을 뛰어넘어 시대의 문제와 새로운 현실을 담아냈다. 그의 표현은 사회적 통념에 도전하고 예술적 자유를 지향하는 예술가들에게 영감을 주었으며, 그의 작품은 오늘날까지도 미술계와 사회에서 높은 평가를 받고 있다.

01 ㉠의 문맥적 의미와 가장 가까운 것은?

① 두 나라 간의 무역 협상이 결국 깨졌다.
② 고정관념을 깬 참신한 내용의 광고였다.
③ 실수로 유리창을 깨어 값을 물어주었다.
④ 인종 차별의 벽을 깬 역사적인 사건이었다.
⑤ 악몽에서 깨고 나서도 한참 동안 무서웠다.

● 다음 글을 읽고 물음에 답하시오.

> 남북 관계의 핵심적인 문제인 비핵화, 군사적 긴장 완화, 경제 협력, 인도적 지원 등은 서로 다른 이해관계와 이익을 가진 두 나라 간의 복잡한 문제로 인해 해결이 어려운 점이 많다. 남북 관계를 개선하기 위해서는 두 나라 간의 소통 채널을 개방하고, 실질적인 문제들에 대한 협상과 조치가 필요하다. 이는 시간과 노력이 필요한 과정이며, 그동안의 ㉡꼬인 남북문제를 해결하려면 끊임없는 노력과 인내가 필요하다.

02 ㉡의 문맥적 의미와 가장 가까운 것은?

① 처음 계획과는 달리 일이 자꾸 꼬였다.
② 무슨 일에 그렇게 심사가 꼬여 뾰로통하니?
③ 창자가 꼬이는 듯한 통증에 응급실로 향하였다.
④ 여러 번 꼬인 줄을 풀 수 없어서 잘라 버렸다.
⑤ 그는 아무리 좋은 말로 꼬여도 넘어가지 않았다.

● 다음 글을 읽고 물음에 답하시오.

> 성공적인 기업이 되기 위해서는 새로운 기술과 시장 동향을 탐색하여 끊임없이 발전하려는 의지가 있어야 한다. 기업이 변화에 소극적인 태도로 ㉢나가면 성장과 발전의 기회를 놓치게 된다. 변화에 소극적인 기업은 현재의 성과에 안주하며, 새로운 시장 동향과 기술적인 변화에 무감각하게 대처한다. 이러한 태도는 경쟁 환경에서 뒤처지고, 고객들의 요구에 민감하게 대응하지 못하게 된다.

03 ㉢의 문맥적 의미와 가장 가까운 것은?

① 반장 선거에 나갔지만 아쉽게 떨어졌다.
② 너무 배짱으로 나가면 신뢰를 잃을 수 있다.
③ 학교를 졸업하고 사회로 나가는 것이 두렵다.
④ 새 제품이 시장에 나간 후 첫 반응이 중요하다.
⑤ 갑질 사실이 뉴스에 나간 뒤로 인기가 떨어졌다.

● 04~06 다음 설명에 맞는 글자를 골라 ①한글과 ②한자로 쓰시오.

面	計	鍵	局	家	關
낯 면	셀 계	열쇠 건	판 국	집 가	관계할 관

04 한집안 살림의 수입과 지출의 상태.　　　　　　　(①　　　　　　), (②　　　　　　)

05 어떤 사물이나 문제 해결의 가장 중요한 부분.　　　(①　　　　　　), (②　　　　　　)

06 어떤 일이 벌어진 장면이나 형편.　　　　　　　　(①　　　　　　), (②　　　　　　)

● 07~09 다음 설명에 맞는 글자를 골라 ①한글과 ②한자로 쓰시오.

首	應	合	班	酬	迎
머리 수	응할 응	합할 합	나눌 반	갚을 수	맞을 영

07 어떤 신분 서열의 첫째. 행정부의 가장 높은 자리에 있는 사람.
　　　　　　　　　　　　　　　　　　　　　　(①　　　　　　), (②　　　　　　)

08 상대편이 한 말이나 행동을 받아서 마주 응함.　　　(①　　　　　　), (②　　　　　　)

09 사사로운 이익을 위해 자기의 생각을 상대편이나 세상 풍조에 맞춤.
　　　　　　　　　　　　　　　　　　　　　　(①　　　　　　), (②　　　　　　)

● 10~12 제시된 초성을 참고하여 다음 예문을 완성하시오.

10 우리 학교에서는 어려운 학생들에게 의료비 ㄱㅈ 혜택을 제공하고 있다.
받을 몫에서 일정한 금액이나 수량을 뺌.
　　　　　　　　　　　　　　　　　　　　　　　　　　　　　（　　　　　　）

11 물건의 가격이 품질의 ㅊㄷ 가 되는 것은 아니므로 꼼꼼하게 살펴봐야 한다.
측정하거나 평가하는 기준.
　　　　　　　　　　　　　　　　　　　　　　　　　　　　　（　　　　　　）

12 수출이 늘어나면서 우리 경제는 몇 년 만에 ㅎㅎ 을 맞았다.
매매나 거래에 나타나는 경제 활동 상태가 좋음.
　　　　　　　　　　　　　　　　　　　　　　　　　　　　　（　　　　　　）

15

2011년 6월 고1 모의고사

- 일탈의 원인을 ⓐ규명(糾明)하려는 이러한 연구는 크게 개인적 관점과 사회적 관점으로 나뉜다.
- 일탈의 원인을 개인의 문제로 본 이론들은 주로 일탈자의 생물학적 특성이나 심리적 요인에 ⓑ주목(注目)하였다.
- 낙인이란 어떤 행동을 규범에서 벗어난 것으로 ⓒ규정(規定)하는 행위이다.
- 낙인 이론에서는 어떤 행동의 성격보다 그 행동이 일어나는 상황과 여건을 더욱 중요하게 보았고, 그에 따라 일탈이 매우 상대적인 것임을 ⓓ부각(浮刻)해 주었다.
- 낙인 이론은 이미 규범을 어긴 사람에 대한 사회적 반응에만 초점을 맞추어 애초의 행동을 ⓔ유발(誘發)시킨 다른 원인에 대해서는 간과하고 있다는 한계도 가지고 있다.

01 ⓐ~ⓔ의 사전적 뜻풀이로 바르지 않은 것은?

① ⓐ: 어떤 사실을 자세히 따져서 밝힘.
② ⓑ: 관심을 가지고 주의 깊게 살핌.
③ ⓒ: 내용이나 성격, 의미 따위를 밝혀 정함.
④ ⓓ: 어떤 사물을 특징지어 두드러지게 함.
⑤ ⓔ: 이전에 일어났던 일이 다시 발생함

2011년 3월 고1 모의고사

인간의 후각은 0.001ppm* 정도 되는 극히 낮은 농도의 ⓐ냄새까지 알아낼 수 있고, 3,000여 가지의 냄새를 구별할 수 있을 만큼 예민하다.

*ppm: 화학이나 생물학 등에서 100만분의 1의 양을 나타내는 단위.

02 문맥상 ⓐ의 '-까지'와 의미가 가장 가까운 것은?

① 내일은 8시까지 학교에 도착해야 한다.
② 서울에서 대전까지 한 시간도 안 걸린다.
③ 오늘은 1번부터 10번까지가 청소를 한다.
④ 우승을 하기까지 세 번을 더 이겨야 한다.
⑤ 경찰은 티끌만 한 것까지 샅샅이 조사했다.

2010년 11월 고1 모의고사

또 원하는 물질을 녹여내기에 어떤 용매가 가장 적합한지, 어떤 압력과 온도에서 가장 효율적인지 추론할 수 있는 이론을 ⓐ세우는 일도 중요하다.

03 ⓐ와 바꾸어 쓸 수 있는 말로 적절한 것은?

① 정립(定立)하는
② 성립(成立)하는
③ 설립(設立)하는
④ 수립(樹立)하는
⑤ 건립(建立)하는

수능 국어 어휘 만점 대비하기

나다	다음 밑줄 친 부분에 해당하는 의미를 사전적 의미 에서 찾아 그 기호를 쓰시오.

01 이사하고 몸살이 <u>나서</u> 병가를 냈다. ( )

02 서울역으로 가던 기차가 고장이 <u>났다</u>. ( )

03 사춘기라 이마에 여드름이 많이 <u>났다</u>. ( )

04 무슨 구경거리가 <u>났는지</u> 사람들이 몰려 있다. ( )

05 숯을 냉장고 안에 넣어 두면 탈취 효과가 <u>난다</u>. ( )

06 그 회사의 주식이 폭등할 것이라는 소문이 <u>났다</u>. ( )

> 사전적 의미 　⊙ 몸에 어떠한 현상이나 병이 생기다. 　　　　　ⓒ 신체 표면이나 땅 위에 솟아나다.
> 　　　　　　　ⓒ 어떤 현상이나 사건이 일어나다. 　　　　　② 이름이나 소문 등이 알려지다.
> 　　　　　　　⑩ 어떤 작용에 따른 효과, 결과 등이 나타나다. 　ⓑ 사물에 형체 변화가 생기거나 작용에 이상이 일어나다.

나오다	다음 밑줄 친 부분에 해당하는 의미를 사전적 의미 에서 찾아 그 기호를 쓰시오.

07 구매자는 약속 장소에 <u>나오지</u> 않았다. ( )

08 어제 잠을 못 자서 자꾸 하품이 <u>나온다</u>. ( )

09 기다리던 기능사 자격증이 마침내 <u>나왔다</u>. ( )

10 상대가 비열하게 <u>나오면</u> 나도 참을 수 없다. ( )

11 라디오에 자주 <u>나오는</u> 노래들을 모아 두었다. ( )

12 수영하다 물 밖으로 <u>나오니</u> 몸이 불어 있었다. ( )

> 사전적 의미 　⊙ 안에서 밖으로 오다. 　　　　　　　ⓒ 어떤 곳에 일정한 목적으로 오다.
> 　　　　　　　ⓒ 어떠한 태도를 취하여 겉으로 드러내다. 　② 감정 표현이나 생리 작용 등이 나타나다.
> 　　　　　　　⑩ 책, 신문, 방송 등에 글이나 그림 등이 실리다. 　ⓑ 어떤 일을 알리거나 요구, 명령하는 서류가 전해지다.

낮다	다음 밑줄 친 부분에 해당하는 의미를 사전적 의미 에서 찾아 그 기호를 쓰시오.

13 품질이 <u>낮은</u> 옥수수는 닭 모이로 쓴다. ( )

14 그녀는 굽이 <u>낮은</u> 신발을 즐겨 신는다. ( )

15 올리브유는 발화점이 <u>낮아</u> 열에 약하다. ( )

16 바순은 <u>낮은</u> 음역을 담당하는 목관 악기다. ( )

17 그는 <u>낮은</u> 신분을 극복하고 높은 관직에 올랐다. ( )

> 사전적 의미 　⊙ 아래에서 위까지의 높이가 기준에 미치지 못하고 짧다. 　ⓒ 수치나 정도가 기준치에 미치지 못하다.
> 　　　　　　　ⓒ 품위, 능력, 품질 등이 바라는 기준보다 못하다. 　② 지위나 계급 등이 기준이 되는 대상에 미치지 못하다.
> 　　　　　　　⑩ 소리가 음계 아래쪽이거나 진동수가 작은 상태에 있다.

인문·철학 관련 빈출 어휘 익히기

순화 전국술 醇 될 化	사람을 가르쳐 생각이나 감정을 바람직하게 변하게 함. 예 잘못을 저지른 청소년에는 처벌보다는 [ ][ ]가 앞서야 한다.
승복 이을 承 옷 服	어떤 사실이나 그 결과를 이해하고 받아들여 따름. 예 선수는 심판의 판정에 끝내 [ ][ ]하지 않아 퇴장당했다.
식견 알 識 볼 見	보고 듣거나 배워서 얻은 지식과 견문. 예 그녀는 전통문화에 탁월한 [ ][ ]을 가지고 있다.
식자 알 識 놈 者	학식, 견식, 상식이 있는 사람. 예 그 교수는 수십 년간 학자의 길을 걸어 온 [ ][ ]이다.
견지 볼 見 땅 地	사물, 현상 등을 관찰하거나 판단하는 입장. 예 그의 판단은 도덕적인 [ ][ ]에서 볼 때 훌륭한 행동이었다.
각광 다리 脚 빛 光	어떤 대상에 대한 많은 사람의 관심이나 흥미. 예 이 생태 공원은 최근 관광지로 [ ][ ]을 받는 곳이다.
실재 열매 實 있을 在	인간의 의식으로부터 독립하여 실제로 존재하는 물질세계. 예 그 소설의 주인공은 가상의 인물이 아니라 [ ][ ]의 인물이다
실증 열매 實 증거 證	실제 물건이나 사실을 바탕으로 한 확실한 증거. 예 역사 연구는 현장 답사와 문헌을 통한 [ ][ ]에 기초해야 한다.
압제 누를 壓 절제할 制	권력이나 폭력으로 남을 꼼짝 못 하게 강제로 누름. 예 독립군들은 일제의 [ ][ ]에 맞서 끝까지 싸웠다.
예속 종 隸 무리 屬	남의 지배를 받거나 행동에 있어 남의 간섭에 매임. 예 강대국의 [ ][ ]에서 벗어나려면 국력을 길러야 한다.

과학·기술 관련 빈출 어휘 익히기

중력 무거울 重 힘 力	지표 부근에 있는 물체를 지구의 중심 방향으로 끌어당기는 힘. 예 달은 지구가 당기는 ☐☐으로 인해 지구 주변을 공전하고 있다.
진공 참 眞 빌 空	공기 등의 물질이 전혀 존재하지 않는 공간. 예 이번 실험에서는 우주 공간과 같이 ☐☐ 상태인 실험실이 필요하다.
질량 바탕 質 헤아릴 量	물체를 이루고 있는 물질의 고유한 양. 예 저울은 물체의 ☐☐을 정확하게 측정할 수 있는 도구이다.
부피	넓이와 높이를 가진 물건이 공간에서 차지하는 크기. 예 빈 캔의 ☐☐를 줄이기 위해 발로 밟아 찌그러뜨렸다.
속도 빠를 速 법도 度	물체가 나아가거나 일이 진행되는 빠르기. 예 교통사고의 주된 원인으로 규정 ☐☐ 이상의 빠른 운행을 꼽을 수 있다.
속력 빠를 速 힘 力	물체가 나아가거나 일이 진행되는 빠르기인 속도의 크기. 예 어선은 선착장에 배를 대기 위해 ☐☐을 늦추기 시작하였다.
밀도 빽빽할 密 법도 度	일정한 면적이나 공간 속에 포함된 물질이나 대상의 빽빽한 정도. 예 물질의 ☐☐는 고체가 되면 높아지고 기체가 되면 낮아진다.
척수 등마루 脊 뼛골 髓	척추의 뼈 속에 있는, 신경 세포가 모인 부분. 예 발에 자극을 가하면 ☐☐를 통해 뇌로 전달된다.
체감 몸 體 느낄 感	외부로부터 오는 자극을 몸으로 직접 느낌. 예 바다에서 불어오는 강한 바람 때문에 ☐☐ 온도가 많이 떨어졌다.
반감 반 半 덜 減	절반으로 줄어듦. 또는 절반으로 줄임. 예 결말을 미리 알고 영화나 드라마를 보면 재미가 ☐☐된다.

● 다음 글을 읽고 물음에 답하시오.

> 세계적인 기후학자들로 구성된 연구팀은 인간의 활동이 지구 온난화의 주요 원인 중 하나임을 확인하였다. 인간의 다양한 활동으로 대기 중의 온실가스가 증가하여 지구 온난화 현상을 야기하고 있으며, 이에 따라 기후 변화, 자연재해 및 생태계의 변동과 같은 부정적 영향이 나타나고 있다. 이러한 연구 결과는 많은 논란과 논의를 거쳐 과학계와 대중들에게 받아들여졌으며, 이제 지구의 미래를 지키기 위해서는 긴급한 대응이 필요하다는 결론이 ㉠났다.

01 ㉠의 문맥적 의미와 가장 가까운 것은?

① 전망대에서 아래를 보니 현기증이 났다.
② 오늘 학교 게시판에 합격자 발표가 났다.
③ 씨를 뿌리고 일주일이 지나자, 새싹이 났다.
④ 도로가 개통된다고 하니 마을에 경사가 났다.
⑤ 대규모 상업지 조성에 대한 개발 승인이 났다.

● 다음 글을 읽고 물음에 답하시오.

> 유명인을 활용한 광고의 효과를 높이려면 유명인이 자신과 잘 어울리는 한 상품의 광고에만 지속해서 ㉡나오는 것이 좋다. 유명인의 이미지와 상품의 일치는 소비자들에게 더욱 긍정적인 인상을 심어 주며, 브랜드와 제품에 대한 신뢰도를 높이는 데 도움이 된다. 따라서 유명인과 상품 간의 조화로운 매칭과 광고의 지속성은 효과적인 마케팅 전략으로 활용될 수 있다.

02 ㉡의 문맥적 의미와 가장 가까운 것은?

① 수학 교과서에 나오는 문제들을 풀었다.
② 이번 학기 대학 등록금 고지서가 나왔다.
③ 농민들은 일자리를 구하러 도시로 나왔다.
④ 회사는 이번 조사에 비협조적으로 나왔다.
⑤ 즐거운 아이의 모습을 보자 웃음이 나왔다.

● 다음 글을 읽고 물음에 답하시오.

> 중세 시대 유럽 사회에서는 성직자, 귀족, 평민으로 신분을 나누었다. 성직자는 종교적인 지위를 가지고 교회에서 활동하며 높은 지위에 오를 수 있었다. 귀족은 땅과 권력을 소유하고 기사로서 성과 명예를 얻을 수 있었다. 평민은 대중적인 사람들로 농민과 노동자 등이 포함되었으며, 사회적으로 ㉢낮은 지위에 있었다. 이에 따라 사회적 이동이 제한되었고, 불평등과 갈등이 존재하였다.

03 ㉢의 문맥적 의미와 가장 가까운 것은?

① 이번 출품작들은 수준이 낮은 편이다.
② 선생님은 낮은 목소리로 꾸중을 하셨다.
③ 군대에서 소령은 대령보다 낮은 계급이다.
④ 학교 책상이 나한테 낮아 앉기에 불편하다.
⑤ 이곳은 수압이 낮아 물이 찔끔찔끔 나온다.

● 04~06 다음 설명에 맞는 글자를 골라 ①한글과 ②한자로 쓰시오.

服	見	承	屬	隷	識
옷 복	볼 견	이을 승	무리 속	종 예	알 식

04 어떤 사실이나 그 결과를 이해하고 받아들여 따름.　　　　　(①　　　　　　), (②　　　　　　　)

05 보고 듣거나 배워서 얻은 지식과 견문.　　　　　　　　　(①　　　　　　), (②　　　　　　　)

06 남의 지배를 받거나 행동에 있어 남의 간섭에 매임.　　　　(①　　　　　　), (②　　　　　　　)

● 07~09 다음 설명에 맞는 글자를 골라 ①한글과 ②한자로 쓰시오.

脊	度	感	密	髓	體
등마루 척	법도 도	느낄 감	빽빽할 밀	뼛골 수	몸 체

07 일정한 면적이나 공간 속에 포함된 물질이나 대상의 빽빽한 정도.

　　　　　　　　　　　　　　　　　　　　　　　(①　　　　　　), (②　　　　　　　)

08 척추의 뼈 속에 있는, 신경 세포가 모인 부분.　　　　　　(①　　　　　　), (②　　　　　　　)

09 외부로부터 오는 자극을 몸으로 직접 느낌.　　　　　　　(①　　　　　　), (②　　　　　　　)

● 10~12 제시된 초성을 참고하여 다음 예문을 완성하시오.

10 공무원은 안정적인 직업으로 ㄱ ㄱ 을 받고 있다.
　　　　　　　　　어떤 대상에 대한 많은 사람의 관심이나 흥미.

　　　　　　　　　　　　　　　　　　　　　　　　　　　(　　　　　　　)

11 지구가 끌어당기는 ㅈ ㄹ 때문에 우리는 땅 위에 서 있을 수 있다.
　　　　　　　지표 부근에 있는 물체를 지구의 중심 방향으로 끌어당기는 힘.

　　　　　　　　　　　　　　　　　　　　　　　　　　　(　　　　　　　)

12 고기를 오래 보관하려면 ㅈ ㄱ 상태로 포장해야 한다.
　　　　　　　공기 등의 물질이 전혀 존재하지 않는 공간.

　　　　　　　　　　　　　　　　　　　　　　　　　　　(　　　　　　　)

16

> **2010년 9월 고1 모의고사**

- 16세기 말에서 17세기 초 사이에 일어난 왜란과 호란의 와중에 ⓐ소실(消失)된 것으로 보인다.
- 왕조의 ⓑ쇠망(衰亡)과 함께 의궤의 기록도 사라져 버린 것이다.
- 작업자의 책임 ⓒ소재(所在)를 밝히기 위한 것만이 아니라, 남다른 책임감과 사명감을 가지고 작업에 참여하도록 독려하려는 뜻도 담겨 있었던 것이다.
- 의궤의 기록은 역사 연구자들에게 다양하고 상세한 ⓓ사료(史料)를 제공하고 있다.
- 국왕의 국정 수행에서 경비가 많이 ⓔ소요(所要)되는 국가 행사의 내역 일체를 빠짐없이 기록하여 공개한 의궤는 철저했던 조선시대 기록 정신의 단면을 유감없이 보여준다고 할 수 있다.

01 ⓐ~ⓔ의 사전적 뜻풀이로 바르지 <u>않은</u> 것은?

① ⓐ: 사라져 없어짐.　　② ⓑ: 쇠퇴하여 망함.　　③ ⓒ: 어떤 것을 만드는 데 바탕이 되는 재료.
④ ⓓ: 역사 연구에 필요한 문헌이나 유물 따위.　　⑤ ⓔ: 필요로 하거나 요구되는 바.

> **2010년 6월 고1 모의고사**

- 경제학자들은 편익을 ⓐ얻기 위해 치러야 하는 비용을 기회비용이라고 한다.
- ⓑ한번 지불하고 나면 돌려받을 수 없기 때문에 여러 가지 상황을 ⓒ놓고 어떤 결정을 할 때 이미 매몰된 비용들은 감안해서는 안 된다.
- 매몰 비용이 의사 결정과 무관해야 한다는 사실로부터 기업들의 의사 결정 ⓓ절차를 이해할 수 있다.
- 그럼에도 불구하고 항공사들은 계속 표를 팔고 승객들을 실어 날랐다. 이러한 결정은 다소 ⓔ의아하게 느껴질 것이다.

02 ⓐ~ⓔ와 바꾸어 쓸 수 <u>없는</u> 것은?

① ⓐ: 획득하기　　② ⓑ: 일단　　③ ⓒ: 배제하고
④ ⓓ: 과정을　　⑤ ⓔ: 이상하게

> **2010년 3월 고1 모의고사**

- 여러 사람들이 모여 사는 곳에서는 크고 작은 ⓐ분쟁이 끊임없이 발생할 수밖에 없으므로 이를 해결하기 위해서는 미리 강제적인 규칙을 정해 놓아야 한다.
- 법을 현실의 구체적인 사건에 ⓑ적용하는 과정은 이른바 '법률적 삼단 논법'에 의해 이루어진다.
- 이 사건이 어떤 법 규정에 ⓒ해당되는지 검토한 후, 법정에서 B의 행위가 절도죄를 규정한 형법 규정에 해당되므로 형벌을 받아야 한다.
- 기본적으로 ⓓ대등한 두 당사자를 대상으로 하는 민사 재판에서는 법 규정이 없다고 해서 그 판결을 포기하는 것이 아니라, 최대한 그 사건과 관련된 일반 원칙을 찾아내서 손해와 이익을 공평하게 ⓔ조정하려고 노력한다.

03 ⓐ~ⓔ의 사전적 의미로 바르지 <u>않은</u> 것은?

① ⓐ 분쟁(紛爭): 말썽을 일으키어 시끄럽고 복잡하게 다툼.
② ⓑ 적용(適用): 알맞게 이용하거나 맞추어 씀.
③ ⓒ 해당(該當): 어떤 범위나 조건 따위에 바로 들어맞음.
④ ⓓ 대등(對等): 서로 견주어 높고 낮음이나 낫고 못함이 없이 비슷함.
⑤ ⓔ 조정(調停): 다른 사람을 자기 마음대로 다루어 부림.

수능 국어 어휘 만점 대비하기

| 녹다 | 다음 밑줄 친 부분에 해당하는 의미를 [사전적 의미] 에서 찾아 그 기호를 쓰시오. |

01 아스팔트가 녹을 만큼 볕이 뜨거웠다. ( )
02 겨우내 꽁꽁 얼었던 땅이 녹고 있었다. ( )
03 날이 풀리자 눈사람이 조금씩 녹고 있다. ( )
04 이 책에는 작가의 여행 경험이 녹아 있다. ( )
05 천사와 같은 그녀의 미소에 마음이 녹아 내렸다. ( )
06 그동안 섭섭했던 마음의 앙금이 모두 녹아 버렸다. ( )

사전적 의미 ㉠ 얼음이나 눈이 열을 받아서 물이 되다.
　　　　　㉢ 어떤 물건이나 현상에 스며들거나 동화되다.
　　　　　㉤ 어떤 대상에 몹시 반하거나 홀리다.
　　　　　㉡ 좋지 않은 감정이나 마음이 풀어지다.
　　　　　㉣ 추워서 굳어진 물질이나 신체 부위 등이 풀어지다.
　　　　　㉥ 고체가 열이나 습기로 인해 물러지거나 물처럼 되다.

| 찾다 | 다음 밑줄 친 부분에 해당하는 의미를 [사전적 의미] 에서 찾아 그 기호를 쓰시오. |

07 길에서 떨어뜨린 동전을 찾고 있었다. ( )
08 은행에 만기가 된 적금을 찾으러 갔다. ( )
09 소비자 물가가 서서히 안정을 찾고 있다. ( )
10 그는 체면만 찾다 결국 좋은 기회를 놓쳤다. ( )
11 작은 단서라도 찾기 위해 사건 현장으로 갔다. ( )
12 환절기라 감기로 병원을 찾는 환자가 늘고 있다. ( )

사전적 의미 ㉠ 무엇을 얻거나 누구를 만나려고 여기저기를 살피다.
　　　　　㉢ 잃거나 빼앗기거나 맡기거나 빌려준 것을 돌려받다.
　　　　　㉤ 어떤 사람이나 기관 등에 도움을 요청하다.
　　　　　㉡ 모르는 것을 알아내어 밝혀내려고 애쓰다.
　　　　　㉣ 어떤 것을 구하다.
　　　　　㉥ 원상태를 회복하다.

| 높다 | 다음 밑줄 친 부분에 해당하는 의미를 [사전적 의미] 에서 찾아 그 기호를 쓰시오. |

13 장기 이식 수술의 성공률이 무척 높다. ( )
14 그 집은 높은 담으로 둘러싸여 있었다. ( )
15 그는 유전학에서 명성이 높은 학자이다. ( )
16 이번 전시회에는 수준 높은 작품이 많다. ( )
17 여름에는 습도가 높아 음식이 잘 상한다. ( )
18 그녀는 젊은 나이에 높은 자리까지 올랐다. ( )

사전적 의미 ㉠ 아래에서 위까지의 길이가 길다.
　　　　　㉢ 지위나 신분 등이 보통보다 위에 있다.
　　　　　㉤ 품질, 수준, 능력, 가치 등이 보통보다 위에 있다.
　　　　　㉡ 값이나 비율 등이 보통보다 위에 있다.
　　　　　㉣ 이름이나 명성 등이 널리 알려진 상태에 있다.
　　　　　㉥ 온도, 습도, 압력 등이 기준치보다 위에 있다.

법률·경제 관련 빈출 어휘 익히기

국부 나라 國 부유할 富	한 나라의 경제력. 예 정부는 [　　] 의 증대를 위해 기업들의 해외 진출을 장려하고 있다.
국채 나라 國 빚 債	나라가 지고 있는 빚. 예 정부의 [　　] 가 늘어나면 서민의 살림살이도 힘겨워진다.
권익 저울추 權 더할 益	권리와 그에 따르는 이익. 예 그는 소비자 [　　] 보호를 위한 상담 센터를 운영하고 있다.
금융 쇠 金 녹을 融	경제에서, 자금의 수요와 공급에 관계되는 활동. 예 인터넷 뱅킹을 이용할 때는 [　　] 정보가 유출되지 않도록 주의해야 한다.
명목 이름 名 눈 目	무엇을 하기 위해 겉으로 내세우는 이유나 핑계. 예 협회에서는 보안을 유지한다는 [　　] 으로 사람들을 내쫓았다.
납부 들일 納 줄 付	세금이나 공과금 등을 관계 기관에 냄. 예 은행에 가지 않고도 인터넷 송금으로 세금 [　　] 가 가능하다.
납세 들일 納 세금 稅	세금을 냄. 예 국내에 거주하는 사람은 모든 소득에 대하여 [　　] 의 의무가 있다.
내수 안 內 쓰일 需	국내에서의 수요. 민간과 정부에 의한 소비와 투자를 가리킴. 예 이번 신제품은 [　　] 판매량보다 수출량이 더 많다.
수출 보낼 輸 날 出	국내의 상품이나 기술을 외국으로 팔아 내보냄. 예 인구가 많은 중국은 잠재력이 큰 [　　] 시장이다.
수입 보낼 輸 들 入	다른 나라로부터 상품이나 기술 등을 국내로 사들임. 예 우리나라는 석유와 천연가스 대부분을 [　　] 에 의존하고 있다.

문화·예술 관련 빈출 어휘 익히기

위상 자리 位 서로 相	어떤 사람이나 일이 특정한 상황에서 처한 위치나 상태. 예 국제 사회에서 우리나라의 [ ][ ]을 강화해야 한다.
유보 머무를 留 지킬 保	어떤 일을 당장 처리하지 않고 나중으로 미루어 둠. 예 농민 단체의 반발로 수입 개방 조치는 [ ][ ]되었다.
유출 흐를 流 날 出	귀중한 물품이나 정보 등이 불법적으로 나라나 조직의 밖으로 나가 버림. 예 연구원이 회사의 기밀을 해외로 [ ][ ]하면 가중처벌을 받게 된다.
유포 흐를 流 베 布	세상에 널리 퍼짐. 또는 세상에 널리 퍼뜨림. 예 혼란한 상황에서 유언비어까지 [ ][ ]되면서 큰 혼란에 빠졌다.
유파 흐를 流 갈래 派	주로 학계나 예술계에서, 생각이나 방법 경향이 비슷한 사람이 모여서 이룬 무리. 예 모네는 빛의 표현을 중시하는 [ ][ ]인 인상주의의 대표적 화가이다.
유치 꾈 誘 이를 致	어떤 곳에서 대회나 행사 등을 열 수 있도록 개최권을 따냄. 예 국제 대회의 [ ][ ]로 관광객이 매년 증가할 것으로 예상된다.
오인 그르칠 誤 알 認	잘못 보거나 그릇되게 인식함. 예 사냥꾼이 사람을 동물로 [ ][ ]하여 총을 쏘는 사고가 빈번히 발생한다.
인화 끌 引 불 火	불이 붙음. 또는 불을 붙임. 예 [ ][ ] 물질은 소량이라도 난방 기구 가까이에 두어서는 안 된다.
일조 한 一 도울 助	얼마간의 도움이 됨. 또는 그 도움. 예 정보 통신 기술의 발전이 국가 경쟁력 제고에 [ ][ ]하고 있다.
압도 누를 壓 넘어질 倒	보다 뛰어난 힘이나 재주로 남을 눌러 꼼짝 못 하게 함. 예 원로 배우는 뛰어난 연기력으로 관객을 [ ][ ]하였다.

실전 문제로 어휘력 완성하기

● 다음 글을 읽고 물음에 답하시오.

풍부한 인문학적 지식과 철학적 사상이 담긴 책에는 삶의 지혜가 ㉠녹아 있어 독자들에게 깊은 감명과 통찰력을 부여한다. 이러한 책들은 우리에게 본질적인 문제에 대한 탐구와 인간의 근본적인 가치와 목표에 대한 깊은 고찰의 기회를 제공한다. 이는 자기 계발과 성취의 길을 찾는 데 큰 도움이 된다. 더불어 이런 지식은 개인의 인생과 사회적 관계의 질을 향상시키는 데에도 큰 힘이 된다.

01 ㉠의 문맥적 의미와 가장 가까운 것은?
① 꽁꽁 얼었던 강이 녹아 강물이 흐르고 있다.
② 친구가 사과하자 서운한 마음이 모두 녹았다.
③ 모닥불을 쬐니 추위에 언 몸이 녹기 시작하였다.
④ 이 요리법에는 대대로 내려오는 비법이 녹아 있다.
⑤ 가방을 햇볕에 두었더니 안에 있던 초콜릿이 녹아 버렸다.

● 다음 글을 읽고 물음에 답하시오.

법원은 헌법과 기타 관련 법령을 근거로 판결하여 합법성과 공정성을 확보하며, 국민의 기본적인 권리와 자유를 보호한다. 이러한 근거는 법의 통일성과 일관성을 확보하며, 사회의 안정과 공정성을 유지하는 데에 큰 역할을 한다. 따라서 헌법과 기타 관련 법령을 근거로 ㉡찾은 판결은 국민의 신뢰를 얻으며, 법치주의와 정의로운 사회를 구축하는 데 중요한 요소이다.

02 ㉡의 문맥적 의미와 가장 가까운 것은?
① 세탁소에 맡긴 옷을 찾아 집으로 갔다.
② 잃어버린 아이를 찾는 안내 방송이 나왔다.
③ 회사에서 화학을 전공한 전문가를 찾고 있다.
④ 그 가게는 품질보다 싼 재료만 찾아 사용한다.
⑤ 일반인이 자동차의 고장 원인을 찾기는 어렵다.

● 다음 글을 읽고 물음에 답하시오.

식품은 각각 다른 양의 필수 아미노산을 포함하고 있다. 이러한 아미노산들이 균형을 이룰수록 단백질 합성의 이용 효율이 ㉢높다. 이는 필수 아미노산의 총량과 이용 비율이 단백질 합성에 큰 영향을 미치는 것으로 알려져 있다. 따라서 영양 균형이 맞는 다양한 식품을 통해 필수 아미노산의 공급을 보장하는 것이 중요하므로 영양학적으로 균형 잡힌 식단을 짜서 충분한 영양을 공급해야 한다.

03 ㉢의 문맥적 의미와 가장 가까운 것은?
① 설악산에서 제일 높은 봉우리에 올랐다. ② 석유 제품은 원료의 수입 의존도가 높다.
③ 이 금속은 높은 온도에서도 변하지 않는다. ④ 살기 좋은 선진국일수록 국민 소득이 높다.
⑤ 사회에서는 지위가 높을수록 책임도 커진다.

● 04~06 다음 설명에 맞는 글자를 골라 ①한글과 ②한자로 쓰시오.

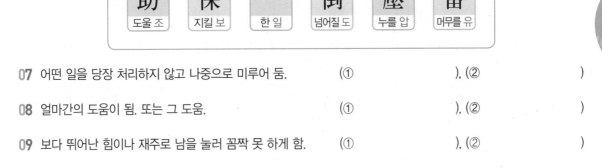

| 債
빚 채 | 需
쓰일 수 | 融
녹을 융 | 內
안 내 | 國
나라 국 | 金
쇠 금 |

04 나라가 지고 있는 빚.   (①   ), (②   )

05 경제에서, 자금의 수요와 공급에 관계되는 활동.   (①   ), (②   )

06 국내에서의 수요. 민간과 정부에 의한 소비와 투자를 가리킴. (①   ), (②   )

● 07~09 다음 설명에 맞는 글자를 골라 ①한글과 ②한자로 쓰시오.

| 助
도울 조 | 保
지킬 보 | 一
한 일 | 倒
넘어질 도 | 壓
누를 압 | 留
머무를 유 |

07 어떤 일을 당장 처리하지 않고 나중으로 미루어 둠.   (①   ), (②   )

08 얼마간의 도움이 됨. 또는 그 도움.   (①   ), (②   )

09 보다 뛰어난 힘이나 재주로 남을 눌러 꼼짝 못 하게 함.   (①   ), (②   )

● 10~12 제시된 초성을 참고하여 다음 예문을 완성하시오.

10 투자 ㅁ ㅁ 으로 금품을 받은 정황이 포착되었다.
    무엇을 하기 위해 겉으로 내세우는 이유나 핑계.
                                    (   )

11 이번 우승은 국제 사회에서 우리나라의 ㅇ ㅅ 을 높이는 계기가 되었다.
                     어떤 사람이나 일이 특정한 상황에서 처한 위치나 상태.
                                      (   )

12 세계 박람회 ㅇ ㅊ 에 따른 경제 효과를 검증할 필요가 있다.
      어떤 곳에서 대회나 행사 등을 열 수 있도록 개최권을 따냄.
                                    (   )

17

> **2023년 9월 고2 모의고사**

- 자신의 의견을 표명하려고 해도 매스미디어에 ⓐ견주면 그 전달 범위가 극히 제한적이라고 보았다.
- 언론 매체 접근·이용권은 민주주의 실현에 ⓑ이바지하는 중요한 권리이다.
- 언론 매체 접근·이용권은 언론 매체가 신문 등의 표현 내용을 결정하는 권리인 편집권과 ⓒ맞부딪칠 수도 있다.
- 언론사가 청구를 수용한다면 청구를 받은 날부터 7일 이내에 정정 또는 반론 보도문을 방송하거나 ⓓ싣게 된다.
- 개인의 피해 회복을 ⓔ돕고 우리 사회가 진실을 발견하고 올바른 여론을 형성하는 데 일조한다.

01 문맥상 ⓐ~ⓔ와 바꾸어 쓰기에 적절하지 않은 것은?

① ⓐ: 비하면   ② ⓑ: 기여하는   ③ ⓒ: 충돌할
④ ⓓ: 게재하게   ⑤ ⓔ: 증진하고

> **2023년 6월 고2 모의고사**

- 과학 수사에서 'DNA 분석'은 범인을 ⓐ추정하거나 피해자의 신분 등을 확인할 때 중요한 수단이다.
- DNA 분석이란 혈흔이나 모발 같은 샘플로부터 DNA를 ⓑ채취하여 동일인 여부를 확인하는 방법이다.
- 'STR 분석법'은 바로 이 점에 ⓒ착안하여 샘플 간 비교를 통해 동일인 여부를 확인한다.
- STR 분석을 하기 위해서는 먼저, 분석하려는 염색체 내의 위치가 ⓓ특정되어야 한다.
- 관련 기술이 발전할수록 좌위의 개수도 늘어나 더 ⓔ정밀한 분석이 가능할 것이다.

02 ⓐ~ⓔ의 사전적 의미로 적절하지 않은 것은?

① ⓐ: 어떤 일에 대한 의견이나 느낌.
② ⓑ: 연구나 조사에 필요한 것을 찾거나 받아서 얻음.
③ ⓒ: 어떤 문제를 해결하기 위한 실마리를 잡음.
④ ⓓ: 특별히 지정함.
⑤ ⓔ: 아주 정교하고 치밀하여 빈틈이 없고 자세함.

> **2023년 3월 고2 모의고사**

게오르크 짐멜은 대표적인 사적 공간인 실내의 공간적 의미를 도시의 삶과 관련지어 분석하였다. 짐멜은 도시에서 살아가는 개인이 외적 자극의 과잉으로 인해 신경과민에 ⓐ빠지게 되는데, 이에 대응하는 전형적인 방식이 내면으로의 침잠이라고 설명하였다.

03 ⓐ와 문맥상 의미가 가장 가까운 것은?

① 나는 물에 빠진 생쥐 꼴이 되고 말았다.
② 어디서 묻었는지 얼룩이 잘 빠지지 않았다.
③ 중요한 회의니까 오늘은 절대 빠지면 안 된다.
④ 그동안 잘 진행되던 협상이 교착 상태에 빠졌다.
⑤ 아무리 찾아보아도 그의 지원 서류가 빠지고 없었다.

수능 국어 어휘 만점 대비하기

빠지다　다음 밑줄 친 부분에 해당하는 의미를 사전적 의미 에서 찾아 그 기호를 쓰시오.

01 그의 실력이면 어디서든 빠지지 않는다. 　　　　　　　　　　　　　(　　)

02 아이는 자주 혼자만의 공상에 빠져 있다. 　　　　　　　　　　　　(　　)

03 장사가 잘되어 두 달이면 본전이 빠지겠다. 　　　　　　　　　　　(　　)

04 할머니는 이가 거의 다 빠져 틀니를 하셨다. 　　　　　　　　　　　(　　)

05 미흡한 초동 수사로 인해 사건이 미궁에 빠졌다. 　　　　　　　　(　　)

06 근무일을 계산하니 한 달에서 삼 일 정도 빠진다. 　　　　　　　(　　)

사전적 의미　㉠ 박힌 물건이 제자리에서 나오다. 　　　　㉢ 어느 정도 이익이 남다.
　　　　　　　㉡ 원래 있어야 할 것에서 모자라다. 　　　㉣ 남이나 다른 것에 비해 뒤떨어지다.
　　　　　　　㉤ 곤란한 처지에 놓이다. 　　　　　　　　㉥ 어떤 대상에 지나치게 골몰해 있다.

짙다　다음 밑줄 친 부분에 해당하는 의미를 사전적 의미 에서 찾아 그 기호를 쓰시오.

07 건물 뒤편에서 짙은 연기가 피어올랐다. 　　　　　　　　　　　　　(　　)

08 단풍으로 짙게 물든 산의 모습은 장관이다. 　　　　　　　　　　　(　　)

09 녹음이 짙은 숲은 시원한 그늘을 제공하였다. 　　　　　　　　　　(　　)

10 가게에 들어서자 방향제 냄새가 짙게 풍겼다. 　　　　　　　　　　(　　)

11 커피는 너무 짙어서 쓴맛이 강하게 느껴진다. 　　　　　　　　　　(　　)

12 검은돈이 정치권에 흘러 들어갔다는 의혹이 짙다. 　　　　　　　(　　)

사전적 의미　㉠ 빛깔이 보통의 정도보다 뚜렷하고 강하다. 　　㉢ 그림자나 어둠 같은 것이 아주 뚜렷하거나 검다.
　　　　　　　㉡ 안개나 연기 등이 자욱하다. 　　　　　　　　㉣ 액체 속에 어떤 물질이 많이 들어 있어 진하다.
　　　　　　　㉤ 일정한 공간에 냄새가 가득 차 보통 정도보다 강하다. 　㉥ 기미, 경향, 느낌 등이 보통 정도보다 뚜렷하다.

치다　다음 밑줄 친 부분에 해당하는 의미를 사전적 의미 에서 찾아 그 기호를 쓰시오.

13 그는 허풍을 잘 치고 장난이 심하였다. 　　　　　　　　　　　　　(　　)

14 창문에 암막 커튼을 쳐서 햇빛을 차단하였다. 　　　　　　　　　(　　)

15 빌린 원금에 밀린 이자까지 전부 쳐서 갚았다. 　　　　　　　　(　　)

16 적군은 치고 빠지는 전술을 쓰며 반격해 왔다. 　　　　　　　　(　　)

17 한 상자에 만 원을 쳐서 팔아야 손해를 안 본다. 　　　　　　　(　　)

18 그가 잘못했다고 치더라도 해고해서는 안 된다. 　　　　　　　　(　　)

사전적 의미　㉠ 셈을 맞추다. 　　　　　　　　　　　　㉢ 계산에 넣다.
　　　　　　　㉡ 상대편에게 피해를 주기 위하여 공격을 하다. 　㉣ 어떠한 상태라고 인정하거나 사실인 듯 받아들이다.
　　　　　　　㉤ 막이나 그물, 발 등을 펴서 벌이거나 늘어뜨리다. 　㉥ 속이는 짓이나 짓궂은 짓, 좋지 못한 행동을 하다.

인문·철학 관련 빈출 어휘 익히기

왕도 임금 王 길 道	어떤 일을 하는 데에 마땅히 거쳐야 하는 과정. 예 외국어 학습의 ☐☐ 는 꾸준히 반복하여 습관이 되도록 하는 것이다.
위계 자리 位 섬돌 階	위치나 지위의 단계. 예 공무원 사회에서는 지위에 따른 ☐☐ 가 엄격한 편이다.
자각 스스로 自 깨달을 覺	현실을 판단하여 자기의 입장이나 능력 따위를 스스로 깨달음. 예 그는 스님의 강연을 들으며 자신의 어리석음을 ☐☐ 하였다.
유입 흐를 流 들 入	문화, 지식, 사상 등이 들어옴. 예 외국 문화의 무분별한 ☐☐ 에 대한 대책이 필요하다.
은거 숨을 隱 살 居	세상의 일에 관여하지 않고 숨어서 삶. 예 그는 세상과의 인연을 끊고 산속에서 ☐☐ 하고 있다.
이성 다스릴 理 성품 性	올바른 가치와 지식을 가지고 논리에 맞게 생각하고 판단하는 능력. 예 어려운 상황일수록 감정보다는 ☐☐ 으로 판단해야 한다.
덕성 클 德 성품 性	남을 넓게 이해하는 너그러운 성격. 예 아무리 능력이 뛰어난 지도자라도 ☐☐ 이 있어야 존경받을 수 있다.
동화 한가지 同 될 化	본디 성질이나 성격이 다르던 것이 서로 같게 됨. 예 해외에서 오래 살더니 그쪽 사람으로 완전히 ☐☐ 가 되었다.
입지 설 立 땅 地	개인이나 단체 등이 차지하고 있는 기반이나 지위. 예 이 소설은 작가로서 그녀의 ☐☐ 를 확고하게 해 준 작품이다.
간과 볼 看 지날 過	어떤 문제나 현상 등을 대수롭지 않게 대강 보아 넘김. 예 환경 파괴의 심각성에 대한 ☐☐ 는 엄청난 재앙을 불러올 것이다.

과학·기술 관련 빈출 어휘 익히기

촉매 닿을 觸 중매 媒	자신은 변하지 않으면서 다른 물질의 화학 반응 속도를 빠르게 하거나 늦추는 일. 또는 그런 물질. 예 염소는 오존을 화학적으로 분해하는 ☐☐ 역할을 한다.
응고 엉길 凝 굳을 固	액체 따위가 엉겨서 뭉쳐 딱딱하게 굳어짐. 예 고기 육수를 냉장고에 두면 기름이 ☐☐ 하여 허옇게 고체화된다.
응결 엉길 凝 맺을 結	한데 엉겨서 맺힘. 예 대지 중에서 수증기가 ☐☐ 하면 눈이나 얼음이 된다.
침식 잠길 浸 좀먹을 蝕	비, 하천, 빙하, 바람 등의 자연 현상이 땅이나 돌 등을 깎는 일. 예 강의 경사가 급하면 물의 흐름이 빨라져서 ☐☐ 작용이 크게 일어난다.
염류 소금 鹽 무리 類	소금 종류에 속하는 여러 물질을 통틀어 이르는 말. 예 바다가 적절한 ☐☐ 농도를 유지해야 수생 생물이 살 수 있다.
자정 스스로 自 깨끗할 淨	땅이나 물 따위가 자연적 작용으로 인해 저절로 깨끗해짐. 예 미나리는 오염된 하천에서도 잘 자라며, ☐☐ 능력이 매우 뛰어나다.
침전 잠길 沈 앙금 澱	액체 속에 있는 물질이 밑바닥에 가라앉음. 예 하수 처리 시 ☐☐ 과정을 통해 불순물을 제거하여 물을 정화한다.
기단 기운 氣 둥글 團	지역에 걸쳐 있는, 수평 방향으로 거의 같은 성질을 가진 공기 덩어리. 예 북태평양 ☐☐ 은 장마철에 강한 바람과 소나기를 몰고 온다.
배양 북돋울 培 기를 養	인공적인 환경을 만들어 동식물 세포와 조직의 일부나 미생물 등을 가꾸어 기름. 예 과학자들은 최근 새로 발견된 박테리아 종의 ☐☐ 에 성공하였다.
변인 변할 變 인할 因	성질이나 모습이 변하는 원인. 예 수업에 영향을 미치는 주요 ☐☐ 으로는 학급의 분위기가 꼽혔다.

실전 문제로 어휘력 완성하기

● 다음 글을 읽고 물음에 답하시오.

연구자는 자신이 세운 가설에 강한 믿음을 가지고 실험을 진행한다. 그러나 실험 결과가 기대와 다르게 나오면 연구자는 '내 가설이 잘못된 것일까?'라는 혼란에 ㉠빠지게 된다. 하지만 연구자는 감정을 잠시 내려놓고 냉정한 논리로 실험의 한계와 잠재적인 오류 요인을 철저히 분석해야 한다. 그런 다음 추가적인 실험과 검증을 통해 더 확실한 결과를 얻기 위해 끊임없이 노력해야 한다. 이런 끈기와 논리적 접근이 뒷받침된다면, 연구자는 새로운 사실과 중요한 발견으로 탁월한 연구 실적을 이룰 수 있다.

01 ㉠의 문맥적 의미와 가장 가까운 것은?

① 그들은 첫 만남에서 서로 사랑에 빠졌다.
② 오늘은 손님이 없어 재료비만 겨우 빠졌다.
③ 벽에서 못이 빠져 걸려 있던 액자가 떨어졌다.
④ 정부는 어려움에 빠진 농가를 지원하기로 했다.
⑤ 그녀는 외모, 학벌, 성격 어디서도 빠지지 않는다.

● 다음 글을 읽고 물음에 답하시오.

모험심은 개인의 성격 특성 중 하나로, 새로운 경험을 탐구하거나 미지의 영역에 도전하는 용기와 관련이 있다. 이러한 모험심이 부족한 사람들은 일반적으로 현실에 안주하려는 경향이 ㉡짙다. 안정을 추구하는 것 자체는 나쁜 것이 아니며, 때로는 중요한 선택의 기준이 될 수 있다. 그러나 이런 안주하는 마음가짐이 과도하게 발현될 경우, 개인의 성장과 발전이 제한될 수 있다.

02 ㉡의 문맥적 의미와 가장 가까운 것은?

① 그녀는 짙은 색 옷들을 즐겨 입었다.
② 짙은 어둠 속에서 별빛만이 반짝였다.
③ 백합의 짙은 향기가 방 안을 가득 채웠다.
④ 농도가 짙은 물로 희석해서 써야 한다.
⑤ 고향에 돌아온 그의 얼굴은 병색이 짙어 보였다.

● 다음 글을 읽고 물음에 답하시오.

경제의 기본 원리인 수요와 공급의 법칙은 시장에서 상품이나 서비스의 가격과 수량을 결정하는 핵심 원리이다. 경제 시장에서 수요보다 공급이 많아졌다고 ㉢치면 어떤 상황이 발생할까? 물건이나 서비스의 공급량이 수요보다 많을 때 과잉 공급이 발생한다. 이에 따라 물가가 하락하고 기업들은 재고 물량이 많아져 수익이 줄게 되어 고용 문제가 발생하고 경기 침체가 이어지게 된다. 이러한 상황을 방지하기 위해 정부와 기업은 생산 계획과 시장 조절을 적절히 조정해야 한다.

03 ㉢의 문맥적 의미와 가장 가까운 것은?

① 그는 강에 그물을 쳐서 물고기를 잡았다.
② 화장실에 간 사람까지 쳐서 모두 열두 명이다.
③ 전주에서는 콩나물국밥을 최고의 음식으로 친다.
④ 이번 싸움에서 이기려면 적의 심장부를 쳐야 한다.
⑤ 그곳은 일당을 후하게 쳐서 주기 때문에 인기가 많다.

● **04~06** 다음 설명에 맞는 글자를 골라 ①한글과 ②한자로 쓰시오.

化	居	過	同	看	隱
될 화	살 거	지날 과	한가지 동	볼 간	숨을 은

04 세상의 일에 관여하지 않고 숨어 삶.　　　　　(①　　　　　　　), (②　　　　　　　)

05 본디 성질이나 성격이 다르던 것이 서로 같게 됨.　(①　　　　　　　), (②　　　　　　　)

06 어떤 문제나 현상 등을 대수롭지 않게 대강 보아 넘김.　(①　　　　　　　), (②　　　　　　　)

● **07~09** 다음 설명에 맞는 글자를 골라 ①한글과 ②한자로 쓰시오.

結	媒	團	凝	觸	氣
맺을 결	중매 매	둥글 단	엉길 응	닿을 촉	기운 기

07 자신은 변하지 않으면서 다른 물질의 화학 반응 속도를 빠르게 하거나 늦추는 일. 또는 그런 물질.
　　　　　　　　　　　　　　　　　　　(①　　　　　　　), (②　　　　　　　)

08 한데 엉겨서 맺힘.　　　　　　　　　　(①　　　　　　　), (②　　　　　　　)

09 지역에 걸쳐 있는, 수평 방향으로 거의 같은 성질을 가진 공기 덩어리.
　　　　　　　　　　　　　　　　　　　(①　　　　　　　), (②　　　　　　　)

● **10~12** 제시된 초성을 참고하여 다음 예문을 완성하시오.

10 삼면이 바다인 우리나라는 수산업에 매우 좋은 ㅇㅈ 조건을 갖추고 있다.
　　　　　　　　　　　　개인이나 단체 등이 차지하고 있는 기반이나 지위.
　　　　　　　　　　　　　　　　　　　　　　　　(　　　　　　　)

11 최근 연구소는 암을 퇴치하는 특이 세포 ㅂㅇ 에 성공하였다.
　　　　　　　　　　　　인공적인 환경을 만들어 동식물 세포와 조직의 일부나 미생물 등을 가꾸어 기름.
　　　　　　　　　　　　　　　　　　　　　　　　(　　　　　　　)

12 곱게 갈린 콩에 천일염을 넣으면 대두의 단백질이 ㅇㄱ 되면서 두부가 된다.
　　　　　　　　　　　　액체 등이 엉겨서 뭉쳐 딱딱하게 굳어짐.
　　　　　　　　　　　　　　　　　　　　　　　　(　　　　　　　)

19

수능 모의고사 기출 어휘 익히기

> **2022년 11월 고2 모의고사**

철학자 장 보드리야르는 현대 사회는 미디어와 광고가 생산하는 복제 이미지들로 만들어진 세계라고 ⓐ말한다.

01 문맥상 ⓐ의 의미와 가장 가까운 것은?

① 사람들은 흔히 내 글을 관념적이라고 말한다.
② 청중들에게 자신의 감정을 말하는 일은 매우 어렵다.
③ 힘센 걸로 말하면 우리 아버지를 따라갈 사람이 없다.
④ 경비 아저씨에게 아이가 오면 문을 열어 달라고 말해 두었다.
⑤ 동생에게 끼니를 거르지 말라고 아무리 말해도 듣지를 않는다

> **2022년 9월 고2 모의고사**

• 데이터별로 고유하게 부여된 순서 번호에 ⓐ따라 순차적으로 데이터를 송신한다.
• 송신 측으로부터 오류가 없는 데이터를 수신한 경우에는 무조건 ACK를 ⓑ보내지만 오류가 있는 데이터를 수신한 경우에는 NAK를 보내거나 무시할 수 있다.
• 선택적 재전송 ARQ는 데이터 전송의 기본 원리가 고-백-앤 ARQ와 ⓒ같지만, 오류가 발생할 경우 송신 측에서는 오류가 발생한 데이터만 재전송한다.
• 이 방식 역시 명시적 방법과 묵시적 방법으로 ⓓ나눌 수 있다.
• 일반적으로 데이터의 전송이 순서 번호를 기반으로 ⓔ이루어지는 '슬라이딩 윈도우 프로토콜'에 의해 진행된다.

02 문맥상 ⓐ~ⓔ의 단어와 가장 가까운 의미로 쓰인 것은?

① ⓐ: 그들은 법에 따라 문제를 해결했다.
② ⓑ: 관중들은 선수들에게 응원을 보내느라 정신이 없었다.
③ ⓒ: 여행을 할 때에는 신분증 같은 것을 가지고 다녀야 한다.
④ ⓓ: 수익은 공정하게 나누어야 불만이 생기지 않는다.
⑤ ⓔ: 열심히 노력했더니 소원이 이루어졌다.

> **2022년 6월 고2 모의고사**

• 품종의 개량은 장점을 더욱 ⓐ부각하는 방향으로 이루어지는데, 품종의 개량이 판매 증대로 이어지면 큰 부가가치를 창출할 수 있다.
• 우리나라 종자 산업의 발전을 ⓑ도모하기 위하여 '식물신품종 보호법'을 실시하고 있다.
• 해당 품종이 품종 보호 요건을 ⓒ충족하고 있는지를 검토하여야 한다.
• 법률에서 정한 자격을 가진 심사관이 출원 품종이 품종 보호 요건을 충족하는지 ⓓ심사하게 된다.
• 품종 보호권의 존속 기간이 ⓔ경과하면 품종 보호권이 소멸한다.

03 ⓐ~ⓔ의 사전적 의미로 적절하지 않은 것은?

① ⓐ: 어떤 사물을 특징지어 두드러지게 함.
② ⓑ: 어떤 일을 이루기 위하여 대책과 방법을 세움.
③ ⓒ: 일정한 분량을 채워 모자람이 없게 함.
④ ⓓ: 자세하게 조사하여 당락 따위를 결정함.
⑤ ⓔ: 어떤 곳을 거쳐 지남.

수능 국어 어휘 만점 대비하기

말하다   다음 밑줄 친 부분에 해당하는 의미를 [사전적 의미]에서 찾아 그 기호를 쓰시오.

01 그에게 동문회 모임장소를 말하지 않았다.   (   )

02 연극을 본 느낌을 친구에게 말해 주었다.   (   )

03 이전에 다닌 회사에 일자리를 말해 두었다.   (   )

04 사람들은 흔히 내 글을 관념적이라고 말한다.   (   )

05 그 일은 우리 토론 문화의 현주소를 말해 준다.   (   )

06 그는 잘못을 따끔하게 말해 주어도 반성의 기미가 없다.   (   )

[사전적 의미]   ㉠ 생각이나 느낌 등을 말로 나타내다.   ㉡ 어떠한 사실을 말로 알려 주다.
              ㉢ 무엇을 부탁하다.   ㉣ 말리는 뜻으로 타이르거나 꾸짖다.
              ㉤ 평하거나 논하다.   ㉥ 어떤 사정이나 사실, 현상 등을 나타내 보이다.

다루다   다음 밑줄 친 부분에 해당하는 의미를 [사전적 의미]에서 찾아 그 기호를 쓰시오.

07 이 가게는 주로 대형 가전만을 다룬다.   (   )

08 그는 사자를 고양이처럼 쉽게 다루었다.   (   )

09 우리 부서에서는 무역 업무를 다루고 있다.   (   )

10 아이가 물건을 소중히 다루게 교육해야 한다.   (   )

11 이 소설은 전쟁의 참상을 주제로 다루고 있다.   (   )

12 그는 수동 카메라를 다룰 수 있는 전문가이다.   (   )

[사전적 의미]   ㉠ 일거리를 처리하다.   ㉡ 어떤 물건을 사고파는 일을 하다.
              ㉢ 기계나 기구 등을 사용하다.   ㉣ 물건, 일거리 등을 어떤 성격의 대상, 방법으로 취급하다.
              ㉤ 사람이나 짐승 등을 부리거나 상대하다.   ㉥ 어떤 것을 소재나 대상으로 삼다.

놓다   다음 밑줄 친 부분에 해당하는 의미를 [사전적 의미]에서 찾아 그 기호를 쓰시오.

13 옷의 해진 부분을 수를 놓아 가렸다.   (   )

14 그는 건강이 좋지 않아 일을 놓고 있다.   (   )

15 인터넷 실명제를 놓고 찬반 여론이 뜨겁다.   (   )

16 자식 걱정에 한시도 마음을 놓을 수 없었다.   (   )

17 상대 팀은 우리가 하는 일마다 훼방을 놓았다.   (   )

18 마을 사람들은 힘을 모아 개천에 다리를 놓았다.   (   )

[사전적 의미]   ㉠ 무늬나 수를 새기다.   ㉡ 논의의 대상으로 삼다.
              ㉢ 상대에게 어떤 행동을 하다.   ㉣ 계속해 오던 일을 그만두고 하지 아니하다.
              ㉤ 걱정이나 근심, 긴장 등을 잊거나 풀어 없애다.   ㉥ 일정한 곳에 기계나 장치, 구조물 등을 설치하다.

법률·경제 관련 빈출 어휘 익히기

재화 재물 財 재물 貨	사람이 원하는 것을 충족시키는 물건. 돈이나 값나가는 물건. 예 소득 격차를 줄이려면 ☐☐의 재분배를 위한 정책이 필요하다.
재원 재물 財 근원 源	자금이나 재화가 나올 원천. 예 이 사업을 시작하려면 막대한 ☐☐이 필요하다.
노무 일할 勞 힘쓸 務	임금을 받으려고 육체적 노력을 들여서 하는 일. 예 ☐☐를 제공하였으면 그에 합당한 임금을 받아야 한다.
용역 쓸 用 부릴 役	물질적 재화의 형태를 취하지 아니하고 생산과 소비에 필요한 노무를 제공하는 일. 예 청결한 건물 관리를 위해 청소 전문 회사에 ☐☐을 의뢰하였다.
과점 적을 寡 점령할 占	몇몇 기업이 어떤 상품 시장의 대부분을 지배하는 상태. 예 자유로운 경쟁이라는 시장의 원리를 해치는 ☐☐은 막아야 한다.
유상 있을 有 값을 償	어떤 행위에 대하여 보상이 있음. 예 아버지는 땅 일부를 다른 사람에게 ☐☐으로 임대하셨다.
물가 물건 物 값 價	물건의 값. 예 정부는 ☐☐ 안정을 위한 정책을 시행할 예정이라고 발표하였다.
반환 돌이킬 返 돌아올 還	빌리거나 차지하였던 것을 되돌려 줌. 예 정부는 일본에 우리 문화재의 ☐☐을 계속해서 요구해야 한다.
태업 게으를 怠 업 業	겉으로는 일을 하지만 집단적으로 작업 능률을 저하시켜 사용자에게 손해를 주는 쟁의 행위. 예 직원들의 집단 ☐☐으로 회사의 영업시간이 단축되었다.
변제 분별할 辨 건널 濟	남에게 진 빚을 갚음. 예 그녀는 은행 빚을 ☐☐하기 위해 살던 집을 팔았다.

문화·예술 관련 빈출 어휘 익히기

외경 두려워할 畏 공경 敬	공경하면서 두려워함. 예 그는 존경의 대상을 넘어서 [ ][ ] 의 인물로 평가되어 왔다.
원용 도울 援 쓸 用	자기의 주장이나 학설을 세우기 위하여 문헌이나 관례 등을 끌어다 씀. 예 작가는 대장장이 신화를 [ ][ ] 하여 노동의 소중함을 일깨워 주었다.
원형 근원 原 모형 型	같거나 비슷한 여러 개가 만들어져 나온 본바탕. 예 외래문화의 영향을 받은 이 건축물은 후대 건축물의 [ ][ ] 이 되었다.
이탈 떠날 離 벗을 脫	어떤 범위나 대열 등에서 떨어져 나오거나 떨어져 나감. 예 기차가 궤도를 [ ][ ] 하는 사고가 났다.
일탈 편안할 逸 벗을 脫	정해진 영역이나 체계, 또는 원래의 목적이나 방향에서 벗어남. 예 토론 내용이 주제에서 [ ][ ] 하자 사회자가 토론을 잠시 중단시켰다.
인지 알 認 알 知	어떠한 사실을 분명하게 인식하여 앎. 예 부모와 함께 책을 읽는 것은 아동의 [ ][ ] 를 발달시키는 데 도움을 준다.
표상 겉 表 코끼리 象	추상적이거나 드러나지 않은 것을 구체적인 모양으로 나타냄. 예 한국의 전통 복식은 한국적인 미의 [ ][ ] 이다.
재현 두 再 나타날 現	사물이나 현상 등이 다시 나타남. 예 그는 예술의 기본 목적을 사물의 [ ][ ] 이라고 보았다.
저해 막을 沮 해할 害	막아서 못 하도록 해침. 예 지나친 자기만족은 발전을 [ ][ ] 하는 요인이 되기도 한다.
정황 뜻 情 상황 況	어떤 사물이 처해 있는 조건이나 상태. 예 그에게 당시 주변의 [ ][ ] 을 비교적 상세히 들을 수 있었다.

19

실전 문제로 어휘력 완성하기

● 다음 글을 읽고 물음에 답하시오.

> 사물의 속성을 관념론적 측면에서 ㉠말하면, 사물은 우리의 개념과 관념 때문에 형성되며, 각 개인의 감정과 경험, 문화적 배경에 따라 다양하게 변화한다. 관념론은 이러한 다양성을 이해하고 설명하는 데 도움이 되며, 사물과 인간 간의 관계를 탐구하는 데 중요한 도구가 된다. 사물들은 우리의 관념과 인식에 따라서만 존재하고 의미가 부여될 수 있으며, 이를 통해 우리는 자신과 세상을 더 깊이 있게 이해할 수 있다.

01 ㉠의 문맥적 의미와 가장 가까운 것은?

① 일하면서 생기는 불만을 말하기는 어렵다.
② 아이는 발표 내용을 요약해서 말해 주었다.
③ 그에게 전화가 오면 알려달라고 말해 두었다.
④ 평론가들은 이 영화에 관해 부정적으로 말한다.
⑤ 무너진 도시의 모습은 전쟁의 참상을 말해 준다.

● 다음 글을 읽고 물음에 답하시오.

> 데이터를 논리적으로 ㉡다루는 것은 프로젝트의 성공에 필수적이다. 데이터를 체계적으로 수집하고 정리하며, 팀원들과 협업하여 데이터 수집 방법을 논의해야 한다. 데이터 품질을 검증하고 수정하는 과정에서도 철저함을 유지하며, 데이터 분류와 통계적 분석을 통해 통찰력을 도출한다. 필요에 따라 데이터를 업데이트하고 팀원들과 원활한 의사소통을 하면서 프로젝트를 성공적으로 수행하게 된다.

02 ㉡의 문맥적 의미와 가장 가까운 것은?

① 협동조합에서는 지역 농산물만 다룬다.
② 무고한 시민을 범죄자로 다루면 안 된다.
③ 이 병원은 아토피를 전문으로 다루고 있다.
④ 그는 전자 정보의 분야를 다루는 일을 한다.
⑤ 살아 있는 모든 생명을 소중히 다루어야 한다.

● 다음 글을 읽고 물음에 답하시오.

> 청소년 문화를 ㉢놓고 두 가지 견해가 크게 맞서고 있다. 청소년들이 자유롭게 형성하는 고유한 문화가 있을 수 있으며, 이를 통해 사회적 가치와 정체성을 발견할 수 있다는 주장과 반대로 청소년 문화가 비판적으로 바라보아야 할 부정적 측면들이 존재하며 그로 인해 사회적 문제를 유발할 수 있다는 우려가 있다는 주장이다.

03 ㉢의 문맥적 의미와 가장 가까운 것은?

① 비행기가 무사히 착륙하니 한시름 놓았다.
② 기계가 멈춰 노동자들은 손을 놓고 있었다.
③ 불법 주차로 신고하겠다는 으름장을 놓았다.
④ 할머니 댁에 최신 가스보일러를 놓아 드렸다.
⑤ 모든 것을 떠나 경제성만 놓고 보면 유리하다.

● 04~06 다음 설명에 맞는 글자를 골라 ①한글과 ②한자로 쓰시오.

占	貨	有	寡	財	償
점령할 점	물건 화	있을 유	적을 과	재물 재	값을 상

04 몇몇 기업이 어떤 상품 시장의 대부분을 지배하는 상태.　(①　　　　), (②　　　　)

05 사람이 원하는 것을 충족시키는 물건. 돈이나 값나가는 물건. (①　　　　), (②　　　　)

06 어떤 행위에 대하여 보상이 있음.　(①　　　　), (②　　　　)

● 07~09 다음 설명에 맞는 글자를 골라 ①한글과 ②한자로 쓰시오.

型	脫	象	原	逸	表
모형 형	벗을 탈	코끼리 상	근원 원	편안할 일	겉 표

07 추상적이거나 드러나지 않은 것을 구체적인 모양으로 나타냄. (①　　　　), (②　　　　)

08 같거나 비슷한 여러 개가 만들어져 나온 본바탕.　(①　　　　), (②　　　　)

09 정해진 영역이나 체계, 또는 원래의 목적이나 방향에서 벗어남.
　(①　　　　), (②　　　　)

● 10~12 제시된 초성을 참고하여 다음 예문을 완성하시오.

10 [ㅁ | ㄱ] 가 오르면 그에 따른 임금 인상도 불가피하다.
　물건의 값
　(　　　　　)

11 지나친 민족주의는 나라의 발전을 [ㅈ | ㅎ] 하는 요인이 된다.
　막아서 못 하도록 해침.
　(　　　　　)

12 사건의 [ㅈ | ㅎ] 으로 볼 때 그의 주장에 설득력이 있었다.
　어떤 사물이 처해 있는 조건이나 상태.
　(　　　　　)

STEP 1 **수능 모의고사 기출 어휘 익히기**

> **2022년 3월 고2 모의고사**

- 아도르노는 "완전히 계몽된 지구에는 재앙의 ⓐ징후만이 빛나고 있다."라고 했다.
- 합리성이라는 ⓑ미명 아래 오로지 목적 달성을 위한 도구로 사용되는 이성이라 할 수 있다.
- 역설적이게도 자연에 대한 폭력적 지배가 인간 스스로에 대한 폭력적 지배로 ⓒ귀결된 것이다.
- 이성을 ⓓ맹신한 결과 전쟁의 비극과 물질문명의 병폐를 경험한 유럽인들은, 이성에 대한 깊은 회의감과 함께 인간의 실존 문제에 관심을 갖게 되었다.
- 표현주의는 ⓔ도외시되어 온 인간의 감정을 표현하려 했다는 점에서, 회화의 영역을 대상의 외면에 국한하지 않고 인간의 내면까지 확장시킨 운동으로 평가받았다.

01 ⓐ~ⓔ의 사전적 의미로 적절하지 <u>않은</u> 것은?

① ⓐ: 겉으로 나타나는 낌새.
② ⓑ: 어떤 사실을 자세히 따져서 바로 밝힘.
③ ⓒ: 어떤 결말이나 결과에 이름.
④ ⓓ: 옳고 그름을 가리지 않고 덮어놓고 믿는 일.
⑤ ⓔ: 상관하지 아니하거나 무시함.

> **2021년 11월 고2 모의고사**

- 기표는 귀로 들을 수 있는 소리로써 의미를 전달하는 외적 형식을 ⓐ이르며, 기의는 말에 있어서 소리로 표시되는 의미를 이른다.
- 랑그란 언어가 갖는 추상적인 체계이고, 파롤은 랑그에 바탕을 ⓑ두고 개인이 실현하는 구체적인 발화이다.
- 비트겐슈타인에게 언어는 삶의 다양한 맥락에 ⓒ따라 서로 다르게 혹은 유사한 모습으로 존재한다.
- 실제 미술 시간에 눈앞에 있는 빨간 사과를 그려 보라는 교사의 말에 물감 중 필요한 빨간색을 ⓓ골라 사용할 수 있게 되는 일이다.
- 이는 결국 언어가 그것을 사용하는 사람들의 삶과 ⓔ맞물려 있어 삶의 양식이 다양한 만큼 언어 역시 다양하기 때문이다.

02 문맥상 ⓐ~ⓔ의 단어와 가장 가까운 의미로 쓰인 것은?

① ⓐ: 그녀는 약속 장소에 이르며 친구에게 전화를 걸었다.
② ⓑ: 우리 회사는 세계 곳곳에 많은 지점을 두고 있다.
③ ⓒ: 예전에 어머니를 따라 시장 구경을 갔던 기억이 났다.
④ ⓓ: 탁자 위에 쌓인 여러 책들 중에 한 권을 골라 주었다.
⑤ ⓔ: 그의 입술은 굳게 맞물려 떨어질 줄을 몰랐다.

> **2021년 9월 고2 모의고사**

그러나 헌법 재판은 일반 소송과 달리 국가 기관이 그 재판 결과를 ⓐ따르지 않아도 이를 강제적으로 따르게 할 수 없는 한계가 있다.

03 문맥상 ⓐ의 단어와 가장 가까운 의미로 쓰인 것은?

① 우리는 명령을 따르며 급히 움직였다.
② 어머니를 따라 풍물 시장 구경을 갔다.
③ 나는 아버지의 음식 솜씨를 따를 수 없다.
④ 최근 개발에 따른 공해 문제가 불거지고 있다.
⑤ 의원들이 모두 의장을 따라 자리에서 일어섰다.

수능 국어 어휘 만점 대비하기

지다	다음 밑줄 친 부분에 해당하는 의미를 사전적 의미 에서 찾아 그 기호를 쓰시오.

01 상처를 자꾸 만지면 흉이 지기 쉽다. ( )

02 무거운 짐을 지고 산을 오르고 있었다. ( )

03 별빛이 지고 곧 해가 동쪽에서 뜰 것이다. ( )

04 우리 팀은 다 이기던 경기를 지고 말았다. ( )

05 회사원이 세금 부담을 가장 많이 지고 있다. ( )

06 우리 집은 산을 지고 있어 풍경이 아름답다. ( )

사전적 의미
ㄱ 무엇을 뒤쪽에 두다.
ㄴ 책임이나 의무를 맡다.
ㄷ 물건을 짊어서 등에 얹다.
ㄹ 어떤 현상이나 상태가 이루어지다.
ㅁ 불이 타 버려 없어지거나 빛이 희미해지다.
ㅂ 내기, 시합에서 재주나 힘을 겨루어 상대에게 꺾이다.

달다	다음 밑줄 친 부분에 해당하는 의미를 사전적 의미 에서 찾아 그 기호를 쓰시오.

07 돌잔치에 저마다 식구들까지 달고 왔다. ( )

08 난로에 있는 숯들이 벌겋게 달아 있었다. ( )

09 그곳은 옷들의 무게를 달아서 값을 매겼다. ( )

10 방 청소를 한다는 조건을 달고 용돈을 준다. ( )

11 지퍼가 고장 난 가방에 단추를 달아 주었다. ( )

12 날이 밝자마자 배에 돛을 달고 바다로 향하였다. ( )

사전적 의미
ㄱ 저울로 무게를 헤아리다.
ㄴ 물건을 일정한 곳에 걸거나 매어 놓다.
ㄷ 물건을 일정한 곳에 붙이다.
ㄹ 사람을 동행하거나 거느리다.
ㅁ 글이나 말에 설명이나 조건 등을 덧붙이다.
ㅂ 타지 않는 단단한 물체가 열로 몹시 뜨거워지다.

대다	다음 밑줄 친 부분에 해당하는 의미를 사전적 의미 에서 찾아 그 기호를 쓰시오.

13 누구와 그런 일을 꾸몄는지 이름을 대라. ( )

14 그는 아픈 아이들의 치료비를 대고 있다. ( )

15 농촌에 일손을 대는 일은 결코 쉽지 않았다. ( )

16 뜨거운 이마에다 차가운 수건을 대고 있었다. ( )

17 청바지의 찢어진 부분에 헝겊을 대고 꿰맸다. ( )

18 그 사람은 지각할 때마다 핑계를 대기 바쁘다. ( )

사전적 의미
ㄱ 무엇을 어디에 닿게 하다.
ㄴ 무엇을 덧대거나 뒤에 받치다.
ㄷ 이유나 핑계를 들어 보이다.
ㄹ 돈이나 물건 등을 마련하여 주다.
ㅁ 일할 사람을 구해서 소개해 주다.
ㅂ 어떤 사실을 밝혀 말하다.

인문·철학 관련 빈출 어휘 익히기

가변 옳을 可 변할 變	사물의 모양이나 성질이 바뀌거나 달라질 수 있음. 예 행사를 진행할 때는 날씨와 같은 [ ] 요소를 반드시 확인해야 한다.
직관 곧을 直 볼 觀	대상이나 현상을 보고 즉각적으로 느끼는 깨달음. 예 그는 뛰어난 [ ] 과 분석력으로 미래 사회를 예측하였다.
타자 다를 他 놈 者	자기 외의 다른 사람. 예 사회생활을 잘하는 사람은 [ ] 와의 관계에 노력을 기울인다.
선인 먼저 先 사람 人	예전 시대의 사람. 예 우리는 민속촌에서 [ ] 들의 생활을 다양하게 경험할 수 있었다.
전철 앞 前 바큇 자국 轍	이전 사람이 저지른 잘못된 일이나 실패한 일을 뜻함. 예 그는 전임 연구원의 [ ] 을 밟지 않기 위해 오로지 연구에만 몰두하였다.
능사 능할 能 일 事	자기에게 알맞아 잘해 낼 수 있는 일. 예 아이들이 잘못을 저질렀을 때 체벌하는 것만이 [ ] 는 아니다.
부재 아닐 不 있을 在	그곳에 있지 아니함. 예 전문가의 [ ] 로 모든 정책이 어려움을 겪고 있다.
강론 외울 講 논할 論	학문이나 종교를 주제로 토론하거나 가르침. 예 스님의 [ ] 을 듣고 불교 교리에 관심이 생겼다.
기개 기운 氣 대개 槪	굳은 의지와 씩씩한 정신. 예 우리 국가 대표팀이 경기에서 승리하면서 [ ] 를 떨쳤다.
인성 사람 人 성품 性	사람의 성품. 각 개인이 가지는 사고와 태도 및 행동 특성. 예 학교와 가정에서는 아이들의 학습뿐만 아니라 [ ] 교육에도 힘써야 한다.

과학·기술 관련 빈출 어휘 익히기

진자 떨칠 振 아들 子	줄 끝에 추를 매달아 좌우로 왔다 갔다 하게 만든 물체. (예) ☐☐ 운동은 무게와 관계없이 추의 길이가 같으면 운동하는 시간도 같다.
성에	기온이 낮을 때 유리나 벽 등에 수증기가 얼어붙은 것. (예) 유리창에 ☐☐ 가 끼어 밖이 뿌옇게 흐려 보였다.
퇴적 쌓을 堆 쌓을 積	자갈, 모래, 생물의 유해 등이 물, 빙하, 바람 등에 의하여 운반되어 어떤 곳에 쌓이는 현상. (예) 물이 흘러가는 방향을 따라 ☐☐ 물질이 쌓여 있었다.
장력 베풀 張 힘 力	물체 내의 임의의 면을 경계로 하여 한쪽 부분이 다른 쪽 부분을 면에 수직이 되게 끌어당기는 힘. (예) 계면 활성제는 물 분자들 간에 작용하는 표면 ☐☐ 을 감소시켜서 빨래에 거품이 잘 나고 세제 성분이 잘 스며들게 한다.
증류 찔 蒸 낙숫물 溜	액체에 열을 가하여 생긴 기체를 차갑게 식혀서 다시 액체로 만드는 일. (예) 성분 간의 끓는점 차이를 이용하여 분리하는 것이 ☐☐ 과정이다.
마모 갈 磨 소모할 耗	마찰이 일어난 부분이 닳아서 작아지거나 없어짐. (예) 벽화의 ☐☐ 가 심해서 무슨 그림인지 확인할 수 없다.
산출 셈 算 날 出	수치나 값을 계산해 냄. (예) 다음 표에 제시된 수치는 표본 조사를 통해 ☐☐ 한 값이다.
액화 진 液 될 化	기체가 냉각되거나 압축되어 액체로 변함. (예) 부탄가스는 많은 양을 압축하면 ☐☐ 되어 통 속에 저장할 수 있다.
전극 번개 電 극진할 極	전기가 들어가고 나오는 곳. (예) 물속에 두 개의 ☐☐ 을 설치하고 전기를 흐르게 하면 수소와 산소가 발생한다.
결정 맺을 結 맑을 晶	원자, 이온, 분자 등이 규칙적으로 배열되어 일정한 모양을 이룬 것. (예) 소금의 ☐☐ 은 염소와 나트륨으로 구성되어 있다.

실전 문제로 어휘력 완성하기

● 다음 글을 읽고 물음에 답하시오.

> 주택이나 사무실과 같은 임대 건물에서의 하자에 대한 책임은 건물주와 임대인 간의 계약으로 규정된다. 일반적으로 건물주는 건물의 구조적인 부분과 기본 시설 등의 책임을 ㉠진다. 임대인은 건물주로부터 임대받은 건물 내의 실제 사용과 관리를 담당하며, 일상적인 유지보수에 대한 책임을 지게 된다.

01 ㉠의 문맥적 의미와 가장 가까운 것은?
① 땅거미가 지고 어두워지자, 불이 켜졌다.
② 해를 지고 사진을 찍으면 하얗게 나온다.
③ 이번 재판에서 지면 큰 손해를 보게 된다.
④ 대한민국 국민은 납세의 의무를 지고 있다.
⑤ 다리를 다친 친구의 가방을 대신 지고 걸었다.

● 다음 글을 읽고 물음에 답하시오.

> 소프트웨어 개발 과정에서 소스 코드 내에 주석을 ㉡다는 것은 매우 중요하다. 주석은 프로그래머가 코드를 작성하면서 떠오른 생각이나 중요한 정보를 다른 개발자나 미래의 자신에게 전달하기 위해 작성된다. 만약 주석이 없다면 다른 사람이 코드를 이해하거나 나중에 다시 볼 때 큰 어려움을 겪을 수 있다. 하지만 주석이 과도하면 코드의 가독성을 해칠 수 있으므로, 적절하게 활용해야 개발 과정을 원활하게 진행할 수 있다.

02 ㉡의 문맥적 의미와 가장 가까운 것은?
① 참석자는 이름표를 달고 입장해야 한다.
② 그 애는 약속마다 항상 동생을 달고 온다.
③ 광복절에는 집마다 태극기를 달아야 한다.
④ 저울에 감자를 올려서 무게를 달고 사야 한다.
⑤ 그녀는 말끝마다 토를 다는 좋지 못한 습관이 있다.

● 다음 글을 읽고 물음에 답하시오.

> 독립군은 일제 강점기에 일본의 식민 지배에 항거하여 국가의 자유와 독립을 위해 헌신한 민족 운동가들로 구성되었다. 이들은 군사 작전, 장비 구매, 의료 지원 등을 위해 군자금을 모금하였다. 군자금은 독립군의 활동을 지원하고, 국가의 자유를 위한 희생과 헌신에 보답하는 데에 중요한 역할을 하였다. 따라서 독립군에게 군자금을 ㉢댄다는 것은 소중한 나라와 민족을 지키기 위한 의지를 나타낸 것이라 할 수 있다.

03 ㉢의 문맥적 의미와 가장 가까운 것은?
① 유능한 변호사를 대도 무죄를 받기 어렵다.
② 삐끗한 발목에 부목을 대고 병원으로 갔다.
③ 그는 안방 문에 귀를 바짝 대고 엿듣고 있었다.
④ 식당 주인은 어려운 이웃들에게 쌀을 대고 있다.
⑤ 우리는 온갖 구실을 대고 체육 수업에 빠졌다.

● 04~06 다음 설명에 맞는 글자를 골라 ①한글과 ②한자로 쓰시오.

觀	轍	槪	直	前	氣
볼 관	바큇자국 철	대개 개	곧을 직	앞 전	기운 기

04 굳은 의지와 씩씩한 정신. (①), (②)

05 이전 사람이 저지른 잘못된 일이나 실패한 일을 뜻함. (①), (②)

06 대상이나 현상을 보고 즉각적으로 느끼는 깨달음. (①), (②)

● 07~09 다음 설명에 맞는 글자를 골라 ①한글과 ②한자로 쓰시오.

化	力	溜	液	張	蒸
될 화	힘 력	낙숫물 류	진 액	베풀 장	찔 증

07 액체에 열을 가하여 생긴 기체를 차갑게 식혀서 다시 액체로 만드는 일.
(①), (②)

08 기체가 냉각되거나 압축되어 액체로 변함. (①), (②)

09 물체 내의 임의의 면을 경계로 하여 한쪽 부분이 다른 쪽 부분을 면에 수직이 되게 끌어당기는 힘.
(①), (②)

● 10~12 제시된 초성을 참고하여 다음 예문을 완성하시오.

10 부모의 사랑 표현은 아이의 올바른 ㅇ ㅅ 함양에 중요하다.
사람의 성품. 각 개인이 가지는 사고와 태도 및 행동 특성.
( )

11 공기 중의 수증기가 얼음 ㄱ ㅈ 을 이루면 눈이 되어 내리는 것이다.
원자, 이온, 분자 등이 규칙적으로 배열되어 일정한 모양을 이룬 것.
( )

12 추운 겨울이면 화장실 벽에 ㅅ ㅇ 가 하얗게 서리곤 하였다.
기온이 낮을 때 유리나 벽 등에 수증기가 얼어붙은 것.
( )

> **2021년 6월 고2 모의고사**

- 이러한 차원을 ⓐ분석하여 단순 비교가 어려운 물리량 변수들 사이의 관계를 미루어 알아내는 방법을 '차원 해석'이라 한다.
- 최대 높이(h)는 물체의 질량(m), 던지는 속도(v), 중력 가속도(g)에 의해 결정될 것이라 ⓑ가정한다.
- h의 값은 각 변수들의 거듭제곱의 ⓒ조합으로 이루어진다고 생각할 수 있다.
- 따라서 차원 해석을 한 결과는 다음과 같이 ⓓ정리할 수 있다.
- 이렇게 차원 해석으로 실험 없이 단순히 각 변수들의 차원만 분석해도 꽤 구체적인 결과를 ⓔ도출할 수 있다.

01 ⓐ~ⓔ의 사전적 의미로 적절하지 <u>않은</u> 것은?

① ⓐ: 얽혀 있거나 복잡한 것을 풀어서 개별 요소나 성질로 나눔.
② ⓑ: 사실인지 아닌지 분명하지 않은 것을 임시로 인정함.
③ ⓒ: 여럿을 모아 한 덩어리로 짬.
④ ⓓ: 흐트러지거나 혼란스러운 상태에 있는 것을 한데 모으거나 치워서 질서 있는 상태가 되게 함.
⑤ ⓔ: 시간이나 물건의 양 따위를 헤아리거나 잼.

> **2021년 3월 고2 모의고사**

- 개체가 다른 개체들과의 생존 경쟁에서 이기기 위해서는 이기적인 행동을 할 수밖에 없지만, 자연계에서는 동물들의 이타적 행동이 자주 ⓐ관찰된다.
- 이때 'r'은 유전적 근연도로 이타적 행위자와 이의 수혜자가 유전자를 공유할 확률을, 'b'는 이타적 행위의 수혜자가 얻는 이득을, 'c'는 이타적 행위자가 ⓑ감수하는 손실을 의미한다.
- 이기적 사람들과 이타적 사람들이 공존할 경우 이타적 사람들은 자연히 ⓒ도태될 수밖에 없다.
- 반복-상호성 가설은 혈연관계가 아닌 사람들 사이의 이타적 행동을 설명하는 데 ⓓ유용하다.
- 다른 집단과의 분쟁에 효과적으로 ⓔ대응할 수 있기 때문에 생존할 확률이 높다.

02 밑줄 친 단어가 ⓐ~ⓔ와 동음이의어인 것은?

① ⓐ: 그는 형의 모습을 유심히 관찰하였다.
② ⓑ: 이 사전은 여러 전문가가 감수하였다.
③ ⓒ: 그 기업은 경쟁사에 밀려 도태되었다.
④ ⓓ: 이것은 장소를 검색하는 데 유용하다.
⑤ ⓔ: 우리는 적극적으로 상황에 대응하였다.

> **2020년 11월 고2 모의고사**

방사광은 적외선, 가시광선, 자외선, X선에 이르는 다양한 파장을 가진 빛으로, 실험 목적에 따라 파장을 선택하여 사용할 수 있는 파장 가변성을 ⓐ지닌다.

03 문맥상 ⓐ와 가장 가까운 의미로 쓰인 것은?

① 그는 딸의 사진을 품속에 지니고 다닌다.
② 그는 일을 성사시킬 책임을 지니고 있다.
③ 그는 어릴 때의 모습을 그대로 지니고 있었다.
④ 그는 유년 시절의 추억을 가슴 속에 지니고 살았다.
⑤ 그는 자신의 이론이 보편성을 지니고 있다고 주장하였다.

수능 국어 어휘 만점 대비하기

| 재다 | 다음 밑줄 친 부분에 해당하는 의미를 사전적 의미 에서 찾아 그 기호를 쓰시오. |

01 그 가게는 옷을 무게로 재어 파는 곳이다. ( )

02 그녀는 손놀림이 재어서 작업을 빨리 끝냈다. ( )

03 철 지난 옷들을 옷장에 차곡차곡 재어 놓았다. ( )

04 거래 조건을 너무 재다가 결국 일을 놓쳤다. ( )

05 저녁에 먹을 소고기를 양념에 재어 냉장고에 두었다. ( )

사전적 의미 ㉠ 고기 등의 음식을 양념하여 그릇에 차곡차곡 담아 두다. ㉡ 여러모로 따져 보고 헤아리다.
㉢ 동작이 재빠르다. ㉣ 물건을 차곡차곡 포개어 쌓아 두다.
㉤ 도구나 방법을 써서 길이, 높이, 깊이, 속도 등의 정도를 알아보다.

| 돌다 | 다음 밑줄 친 부분에 해당하는 의미를 사전적 의미 에서 찾아 그 기호를 쓰시오. |

06 그의 과거에 대한 소문이 돌고 있다. ( )

07 불경기라 자금이 원활하게 돌지 않는다. ( )

08 봄이 되니 사람들의 얼굴에 생기가 돈다. ( )

09 선수들은 운동장을 돌며 체력 훈련을 한다. ( )

10 다행히 현장에는 감시 카메라가 돌고 있었다. ( )

11 옛날에는 탑 주위를 빙빙 돌며 소원을 빌었다. ( )

사전적 의미 ㉠ 기능이나 체제가 제대로 작용하다. ㉡ 돈이나 물자 등이 유통되다.
㉢ 어떤 기운이나 빛이 겉으로 나타나다. ㉣ 소문이나 돌림병 등이 퍼지다.
㉤ 어떤 장소의 가장자리를 따라 움직이다. ㉥ 무엇의 주위를 원을 그리면서 움직이다.

| 돕다 | 다음 밑줄 친 부분에 해당하는 의미를 사전적 의미 에서 찾아 그 기호를 쓰시오. |

12 학교에서 돌아오면 집안일을 돕는다. ( )

13 친구끼리는 서로 도우며 살아야 한다. ( )

14 감기 걸린 동생의 만들기 숙제를 도왔다. ( )

15 좋은 물과 영양제는 나무의 성장을 돕는다. ( )

16 수익금은 생계가 어려운 이웃을 돕는 일에 쓰인다. ( )

사전적 의미 ㉠ 남이 하는 일이 잘되도록 거들거나 힘을 보태다. ㉡ 위험한 처지나 어려운 상황에서 벗어나게 하다.
㉢ 어떤 상태를 증진하거나 촉진하다. ㉣ 서로 의지하다.
㉤ 어떤 일이 잘되게 서로 거들거나 힘을 보태다.

법률·경제 관련 빈출 어휘 익히기

부도 아닐 不 건널 渡	수표나 어음에 적힌 금액을 기한 안에 받지 못하는 일. (예) 건설 회사가 [ ]가 나서 대규모 아파트 공사는 중단되었다.
부상 뜰 浮 윗 上	크게 사람들의 주목을 받거나 더 높은 자리로 올라섬. (예) 제품 개발의 성공으로 그는 상당한 실력자로 [ ]하게 되었다.
부양 뜰 浮 날릴 揚	가라앉은 것을 떠오르게 함. (예) 경기 침체에서 벗어나기 위한 경기 [ ] 대책이 필요하다.
효용 본받을 效 쓸 用	좋은 결과를 내거나 만족감이 있게 쓰거나 쓰임. (예) 물건을 고를 때 가격, 성능을 꼼꼼히 살펴 [ ]을 따져 보아야 한다.
호조 좋을 好 고를 調	상황이나 조건이 좋은 상태. (예) 세계적으로 경제가 [ ]로 돌아서면서 환율에 변화가 있다.
보합 지킬 保 합할 合	시세가 거의 변동 없이 계속되는 일. (예) 서울의 아파트값은 상승세를 접고 [ ]을 유지하고 있다.
산물 낳을 産 물건 物	일정한 곳에서 생산되어 나오는 물건. (예) 제주도는 지역 [ ]인 귤을 활용한 상품을 많이 생산한다.
세율 세금 稅 비율 率	법으로 각 과세 물품에 정해 놓은 세금을 부과하는 비율. (예) 빈부 격차를 줄이기 위해서 고소득층에 [ ]을 더 높게 적용하였다.
누진 묶을 累 나아갈 進	가격이나 수량 따위가 늘어감에 따라 그에 대한 비율이 점점 높아짐. (예) 이 주차장은 주차 시간에 따른 [ ] 요금이 적용되는 곳이다.
실체 열매 實 몸 體	어떤 대상의 진정한 정체나 본질. (예) 한 기자의 용기로 비밀 조직의 [ ]가 세상에 드러났다.

문화·예술 관련 빈출 어휘 익히기

조장 도울 助 길 長	바람직하지 않은 일을 더 심해지도록 부추김. 예 광고는 소비 심리를 [　　] 하여 제품을 더욱 매력적으로 보이게 한다.
조성 지을 造 이룰 成	분위기나 정세 따위를 만듦. 예 두 나라의 정상은 양국 간 신뢰 [　　] 을 위한 조치를 취하였다.
양산 헤아릴 量 낳을 産	많이 만들어 냄. 예 과대 포장은 쓰레기를 [　　] 하고 자원을 낭비하는 부작용을 초래한다.
존립 있을 存 설 立	국가나 제도, 학설, 단체가 망하거나 없어지지 않고 그 위치를 지키며 존재함. 예 연구소의 [　　] 은 연구원들의 지난해 연구 실적에 의해서 결정된다.
정수 정할 精 뼛골 髓	사물이나 사건의 중심이 되는 중요한 요소. 예 이 한옥은 우리 전통 건축 기술의 [　　] 를 보여 주고 있다.
품격 물건 品 격식 格	사람 된 바탕과 타고난 성품. 예 비속어를 많이 사용하면 [　　] 이 낮은 사람으로 보인다.
종결 마칠 終 맺을 結	일이나 사건, 사태 따위를 매듭지어 끝냄. 예 냉전의 [　　] 로 세계는 새로운 전환기를 맞았다.
종식 마칠 終 불 꺼질 熄	한때 매우 성하던 현상이나 일이 끝나거나 없어짐. 예 국민의 화합을 망치는 지역주의는 [　　] 되어야 한다.
전형 법 典 모형 型	같은 부류 안에서 가장 일반적이고 본질적인 특성. 예 영화 속 주인공은 고뇌하는 인간의 [　　] 이다.
주체 주인 主 몸 體	사물의 작용이나 어떤 행동의 주가 되는 것. 예 조선 후기에 오면 민중이 역사의 [　　] 로 등장하게 된다.

21

실전 문제로 어휘력 완성하기

● 다음 글을 읽고 물음에 답하시오.

> 김치를 만들기 전에 배추를 소금에 ⊙재어 두는 이유는 무엇일까? 소금은 배추 세포의 물을 빼내어 배추를 부드럽게 만들고, 맛과 향을 풍부하게 한다. 또한 소금은 유해 세균의 성장을 억제하여 김치를 오랫동안 신선하게 보존한다. 이 단계는 김치의 맛과 품질을 결정하는 데 있어 매우 중요한 과정이다.

01 ⊙의 문맥적 의미와 가장 가까운 것은?

① 겨울에 쓸 장작 다발을 가득 재어 놓았다.
② 꿀에 잰 인삼이 맛도 영양도 좋다.
③ 줄자로 책상의 높이와 너비를 재었다.
④ 어떤 사람인지를 잘 재어 보고 만나야 한다.
⑤ 그는 몸이 재서 다른 사람보다 일을 잘했다.

● 다음 글을 읽고 물음에 답하시오.

> 달이 지구 주위를 일정한 궤도를 따라 움직이는 것을 공전이라고 한다. 공전은 지구와 달 사이의 중력 상호작용으로 발생하며 서로를 끌어당기는데, 지구가 달보다 약간 더 무거우므로 달은 지구 주위의 궤도를 따라 움직이게 된다. 지구를 한 바퀴 ⓒ도는 달의 공전 주기는 약 27.3일이고, 달이 지구 주위를 공전하면서 서로 다른 위치에서 관찰된다. 달이 태양과 지구 사이에서 움직이는 동안 달의 햇빛을 받는 부분과 그렇지 않은 부분이 달의 모양을 형성하게 된다. 이러한 공전으로 인해 우리는 보름달, 반달, 초승달 등 다양한 모양의 달을 보게 된다.

02 ⓒ의 문맥적 의미와 가장 가까운 것은?

① 경기를 앞둔 선수의 얼굴에 긴장감이 돈다.
② 강아지와 산책하며 동네를 한 바퀴 돌았다.
③ 인공위성은 궤도를 따라 지구 주위를 돌고 있다.
④ 명절이라 방앗간 기계들이 쉴 새 없이 돌고 있다.
⑤ 시장에 현금이 많이 돌면 내수 경제가 활성화된다.

● 다음 글을 읽고 물음에 답하시오.

> 광학 렌즈는 망원경에서 먼 거리의 물체를 가깝게 보이도록 ⓒ돕는다. 렌즈가 빛을 산란시키는 특성 때문에 빛이 렌즈를 통과할 때 굴절되어, 원래 크기보다 크고 선명한 이미지를 형성한다. 이러한 특성 때문에 멀리 있는 물체를 더 자세히 관찰하고 분석하는 데에 유용하게 사용된다.

03 ⓒ의 문맥적 의미와 가장 가까운 것은?

① 가족이라면 서로 돕고 살아야 한다.
② 동네에 쌓인 눈을 치우는 일을 도왔다.
③ 그는 위험에 처한 사람을 돕는 의인이다.
④ 파인애플은 고기나 생선의 소화를 돕는다.
⑤ 일이 많으면 온 가족이 아버지 일을 도왔다.

● 04~06 다음 설명에 맞는 글자를 골라 ①한글과 ②한자로 쓰시오.

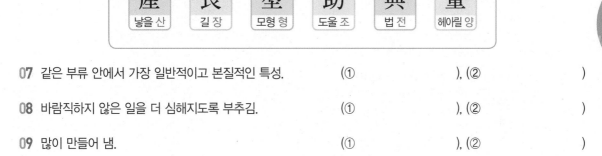

用	揚	調	好	效	浮
쓸 용	날릴 양	고를 조	좋을 호	본받을 효	뜰 부

04 상황이나 조건이 좋은 상태.   (①   ), (②   )

05 가라앉은 것을 떠오르게 함.   (①   ), (②   )

06 좋은 결과를 내거나 만족감이 있게 쓰거나 쓰임.   (①   ), (②   )

● 07~09 다음 설명에 맞는 글자를 골라 ①한글과 ②한자로 쓰시오.

産	長	型	助	典	量
낳을 산	길 장	모형 형	도울 조	법 전	헤아릴 양

07 같은 부류 안에서 가장 일반적이고 본질적인 특성.   (①   ), (②   )

08 바람직하지 않은 일을 더 심해지도록 부추김.   (①   ), (②   )

09 많이 만들어 냄.   (①   ), (②   )

● 10~12 제시된 초성을 참고하여 다음 예문을 완성하시오.

10 사기꾼인 그의 [ㅅ][ㅊ]가 만천하에 밝혀졌다.
어떤 대상의 진정한 정체나 본질.

(   )

11 두 나라가 전쟁을 [ㅈ][ㅅ]하고 평화로워지길 바란다.
한때 매우 성하던 현상이나 일이 끝나거나 없어짐.

(   )

12 이번 사업이 성공하려면 구성원 모두가 개혁의 [ㅈ][ㅊ]가 되어야 한다.
사물의 작용이나 어떤 행동의 주가 되는 것.

(   )

> **2023년 11월 고1 모의고사**

일반적으로 제조 원가와 비제조 원가의 합에 예상 수익을 더한 것이 판매 가격이 된다. 원가 회계에서는 제조 원가를 계산할 때 단위당 제조 원가를 기준으로 한다. 여기서 단위당 제조 원가는 특정 기간에 생산된 제품 한 개의 제조 원가를 의미하는 것으로, 발생한 제조 원가의 총액을 총생산량으로 ⓐ나누어 구한다.

01 밑줄 친 부분의 문맥적 의미가 ⓐ와 가장 유사한 것은?

① 20을 5로 나누면 4가 된다.
② 나와 내 동생은 피를 나눈 형제이다.
③ 나는 고향 친구와 이야기를 나누었다.
④ 나는 아내와 모든 즐거움을 나누며 살았다.
⑤ 그들은 물건을 불량품과 정품으로 나누는 작업을 한다.

> **2020년 9월 고2 모의고사**

기업은 상품을 얼마나 생산하면 이윤을 극대화할 수 있을지 한계 비용과 한계 수입을 고려해 합리적인 판단을 ⓐ내릴 수 있다.

02 문맥상 의미가 ⓐ와 가장 가까운 것은?

① 동생이 기차에서 내리면서 나를 보았다.
② 심사위원은 그에 대해 평가를 내리지 않았다.
③ 그때는 이미 전국에 폭풍 주의보를 내린 뒤였다.
④ 선반 위에서 상자를 내리려면 사다리가 필요하다.
⑤ 그는 게시판의 글을 내리는 것이 좋겠다고 생각했다.

> **2020년 6월 고2 모의고사**

국민 참여 재판이란, 일반 국민이 형사 재판에 배심원으로 참여하여 법정 공방을 지켜본 후 피고인의 유·무죄에 대한 판단을 ⓐ내리고 적정한 형을 제시하면 재판부가 이를 참고하여 판결을 선고하는 제도이다.

03 ⓐ의 문맥적 의미와 가장 가까운 것은?

① 그는 그 문제에 대한 해답을 내렸다.
② 선행을 한 경찰관에게 훈장을 내렸다.
③ 포장을 줄여서 물건의 가격을 내렸다.
④ 차내의 공기가 탁해서 유리문을 내렸다.
⑤ 기상청은 전국에 폭풍 주의보를 내렸다.

수능 국어 어휘 만점 대비하기

| 내리다 | 다음 밑줄 친 부분에 해당하는 의미를 사전적 의미 에서 찾아 그 기호를 쓰시오. |

01 망각은 신이 <u>내린</u> 축복이라고들 한다. ( )

02 오랜 토론 끝에 우리는 결론을 <u>내렸다</u>. ( )

03 버스에서 졸다가 다음 정류장에서 <u>내렸다</u>. ( )

04 지난밤 폭설이 <u>내려</u> 도로 곳곳이 통제되었다. ( )

05 제품의 유통 단계가 줄어들면서 가격이 <u>내렸다</u>. ( )

06 해가 지면서 들녘에 서서히 어둠이 <u>내리고</u> 있었다. ( )

사전적 의미
㉠ 눈, 비, 서리, 이슬 등이 오다.
㉡ 어둠, 안개 등이 짙어지거나 덮여 오다.
㉢ 판단, 결정을 하거나 결말을 짓다.
㉣ 타고 있던 물체에서 밖으로 나와 어떤 지점에 이르다.
㉤ 윗사람이 아랫사람에게 상이나 벌 등을 주다.
㉥ 값이나 수치, 온도, 성적 등이 이전보다 떨어지거나 낮아지다.

| 듣다 | 다음 밑줄 친 부분에 해당하는 의미를 사전적 의미 에서 찾아 그 기호를 쓰시오. |

07 그녀는 합격 소식을 <u>듣고</u> 기뻐하였다. ( )

08 아침마다 알람 소리를 <u>듣고</u> 일어난다. ( )

09 도라지에는 기침에 잘 <u>듣는</u> 성분이 있다. ( )

10 선생님은 그의 변명을 <u>듣지도</u> 않고 혼내셨다. ( )

11 인문학 강연을 <u>듣기</u> 위해 모두 강당에 모였다. ( )

12 어제까지 말을 잘 <u>듣던</u> 기계가 갑자기 멈추었다. ( )

사전적 의미
㉠ 사람이나 동물이 소리를 감각 기관을 통해 알아차리다.
㉡ 다른 사람의 말이나 소리에 스스로 귀 기울이다.
㉢ 수업이나 강의에 참여하여 어떤 내용을 배우다.
㉣ 다른 사람에게서 일정한 내용을 가진 말을 전달받다.
㉤ 기계, 장치 등이 정상적으로 움직이다.
㉥ 주로 약 등이 효험을 나타내다.

| 지나다 | 다음 밑줄 친 부분에 해당하는 의미를 사전적 의미 에서 찾아 그 기호를 쓰시오. |

13 그녀의 말을 무심결에 <u>지나</u> 버렸다. ( )

14 이번 위기를 <u>지나면</u> 일이 잘될 거다. ( )

15 유통 기한이 <u>지난</u> 제품은 버려야 한다. ( )

16 방학을 한 지도 어느덧 한 달이 <u>지났다</u>. ( )

17 기차가 터널을 <u>지나는</u> 동안에 불이 켜졌다. ( )

18 변성기가 <u>지나니</u> 동생의 목소리가 굵어졌다. ( )

사전적 의미
㉠ 시간이 흘러 그 시기에서 벗어나다.
㉡ 일정한 한도나 정도에서 벗어나다.
㉢ 어디를 거치어 가거나 오거나 하다.
㉣ 어떤 시기나 한도를 넘다.
㉤ 어떤 일을 그냥 넘겨 버리다.
㉥ 어떠한 상태나 정도를 넘어서다.

인문·철학 관련 빈출 어휘 익히기

입각 설 立 다리 脚	어떤 사실이나 주장 등에 근거를 두어 그 입장에 섬. 예 느낌보다는 객관적인 사실에 [　　] 하여 올바른 판단을 내려야 한다.
재연 두 再 펼 演	한 번 하였던 행동이나 일을 다시 되풀이함. 예 불행한 사태의 [　　] 을 막으려면 현실적인 대책이 필요하다.
재편 두 再 엮을 編	이미 짜여진 구성이나 조직을 다시 만듦. 예 새 지도부의 출범에 따라 조직의 [　　] 이 논의되고 있다.
저술 나타날 著 펼 述	학술적인 글이나 책 등을 씀. 예 교수님은 퇴직한 이후에도 왕성한 [　　] 활동을 하셨다.
전제 앞 前 끌 提	어떠한 사물이나 현상을 이루기 위하여 먼저 내세우는 것. 예 자원봉사는 무보수를 [　　] 로 일하는 것이다.
점유 점령할 占 있을 有	물건이나 영역, 지위 등을 차지함. 예 우리 회사는 앞선 기술로 경쟁에서 우위를 [　　] 하고 있다.
점철 점 點 엮을 綴	어떤 대상이나 일 등을 일관된 것으로 서로 이음. 예 그녀의 인생은 숱한 도전과 좌절로 [　　] 해 왔다.
정점 정수리 頂 점 點	사물의 진행이나 발전이 최고에 이른 상태. 예 제품 생산량이 [　　] 에 달한 이후 생산은 줄어들 것이다.
제고 끌 提 높을 高	수준이나 정도 등을 끌어올림. 예 기업들은 기업 이미지의 [　　] 를 위해 후원 행사를 벌이고 있다.
철인 밝을 哲 사람 人	어질고 사리에 밝은 사람. 철학을 연구하는 사람. 예 소크라테스는 오늘날까지 철학에 큰 영향을 미치고 있는 위대한 [　　] 이다.

과학·기술 관련 빈출 어휘 익히기

용매 녹을 溶 중매 媒	어떤 물질을 녹이는 데 쓰는 액체. 예 소금물에서는 소금을 녹이는 데 쓰이는 물이 ☐☐ 가 된다.
용질 녹을 溶 바탕 質	용액에서 녹아 들어가는 물질. 예 설탕물의 경우 물에 녹아 들어가는 설탕이 ☐☐ 이 된다.
용해 녹을 溶 풀 解	녹거나 녹이는 일. 예 알약보다 가루약이 물에 더 잘 ☐☐ 된다.
도체 인도할 導 몸 體	열이나 전기를 잘 전달하는 물체. 예 구리는 전기가 잘 통하는 ☐☐ 라서 전선의 재료로 널리 쓰인다.
반도체 반 半 인도할 導 몸 體	여러 상태에 따라 전기가 통하기도 하고 안 통하기도 하는 물질. 예 우리나라는 세계 ☐☐☐ 산업에서 독보적인 위치에 있다.
절연체 끊을 絶 인연 緣 몸 體	열이나 전기를 전달하지 못하는 물체. 예 전기에 대한 대표적인 ☐☐☐ 로는 유리와 고무가 있다.
승화 오를 昇 빛날 華	고체가 액체 상태를 거치지 않고 곧바로 기체로 변함. 예 드라이아이스는 이산화탄소를 압축한 고체로, ☐☐ 하여 기체가 된다.
연소 탈 燃 불사를 燒	물질이 산소와 결합하여 열과 빛을 내는 현상. 예 가스보일러는 가스 연료를 ☐☐ 시켜 열을 내는 난방 장치이다.
원시 멀 遠 볼 視	먼 데 있는 것은 잘 보이나 가까이 있는 것은 잘 보이지 않는 시력. 예 가까운 글자가 잘 안 보여 돋보기 렌즈인 ☐☐ 안경을 맞추었다
근시 가까울 近 볼 視	가까운 데 있는 것은 잘 보아도 먼 데 있는 것은 선명하게 보지 못하는 시력. 예 그녀는 ☐☐ 여서 안경 없이는 멀리 있는 물체가 잘 안 보인다.

실전 문제로 어휘력 완성하기

● 다음 글을 읽고 물음에 답하시오.

중앙은행이나 기타 금융 기관은 경제의 안정과 통화량 조절을 위해 금리를 조절한다. 금리 정책은 대출이나 투자, 소비 등 경제 활동에 큰 영향을 미친다. 금리를 ㉠내리면 저축 및 연금 수익이 줄어들고, 주택 가격이 상승할 수 있으며, 인플레이션과 부동산 시장 거품이 우려된다. 또한 투자 위험성이 증가하고 통화 가치가 하락할 수 있으므로 경제 안정을 위해 적절한 정책 조치가 필요하다.

01 ㉠의 문맥적 의미와 가장 가까운 것은?

① 옛날에도 사람을 해치면 엄한 벌을 내렸다.
② 어제 내린 비로 미세먼지 수치가 내려갔다.
③ 학계는 이 문제에 대한 새로운 정의를 내렸다.
④ 산 정상에 가까워지자, 안개가 내리기 시작했다.
⑤ 서리가 내리기 전에 서둘러 벼를 추수해야 한다.

● 다음 글을 읽고 물음에 답하시오.

법률을 제정하거나 개정할 때는 국가의 정책과 국민의 이익을 적절하게 반영하기 위해 정부나 국회가 공청회를 열어 다양한 의견을 ㉡듣는 것이 매우 중요하다. 공청회는 국민과 직접 소통하며, 법률이나 정책에 영향을 미칠 수 있는 모든 이해관계자의 의견을 수렴하는 기회를 제공한다. 전문가들과 시민들의 의견을 수렴하는 과정을 통해 법률이나 정책에 대한 투명성과 합법성이 보장될 수 있다.

02 ㉡의 문맥적 의미와 가장 가까운 것은?

① 잠결에 천둥소리와 빗소리를 들었다.
② 정치인은 국민의 소리를 들어야 한다.
③ 한때 유명 스타였던 그의 근황을 들었다.
④ 이번 학기에는 여섯 과목을 들어야 한다.
⑤ 이 열매는 두통에 잘 듣는 약재로 유명하다.

● 다음 글을 읽고 물음에 답하시오.

모든 국민은 법에 따라 국가나 지방 정부에 세금을 내야 할 의무가 있다. 납세 의무자가 세금을 내지 않고 해당 기한이 ㉢지나면 압류 절차를 거치게 된다. 압류는 미납된 세금을 강제로 징수하는 절차로, 이를 통해 정부는 세금 체납 문제를 해결하고 국가 운영에 필요한 자금을 확보하게 된다. 압류 절차는 주로 세무 당국이나 지방 정부에 의해 시행되며, 대체로 의무자에게 경고와 기회를 준 이후에 실행된다.

03 ㉢의 문맥적 의미와 가장 가까운 것은?

① 이번 그의 생일을 그냥 지나 버렸다.
② 추운 겨울이 지나고 따뜻한 봄이 왔다.
③ 상식에 지나는 행동을 해서는 안 된다.
④ 납부 기한이 지나면 가산세가 붙는다.
⑤ 다리를 지나서 걷다 보면 역이 보인다.

● 04~06 다음 설명에 맞는 글자를 골라 ①한글과 ②한자로 쓰시오.

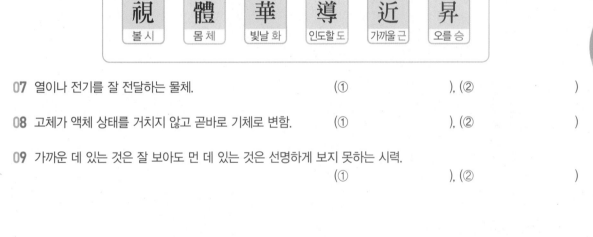

綴	提	有	高	占	點
엮을 철	끌 제	있을 유	높을 고	점령할 점	점 점

04 수준이나 정도 등을 끌어올림.   (①   ), (②   )

05 물건이나 영역, 지위 등을 차지함.   (①   ), (②   )

06 어떤 대상이나 일 등을 일관된 것으로 서로 이음.   (①   ), (②   )

● 07~09 다음 설명에 맞는 글자를 골라 ①한글과 ②한자로 쓰시오.

視	體	華	導	近	昇
볼 시	몸 체	빛날 화	인도할 도	가까울 근	오를 승

07 열이나 전기를 잘 전달하는 물체.   (①   ), (②   )

08 고체가 액체 상태를 거치지 않고 곧바로 기체로 변함.   (①   ), (②   )

09 가까운 데 있는 것은 잘 보아도 먼 데 있는 것은 선명하게 보지 못하는 시력.
     (①   ), (②   )

● 10~12 제시된 초성을 참고하여 다음 예문을 완성하시오.

10 이 책은 그 학자의 정치사상을 가장 잘 보여 주는 ㅈㅅ 이다.
             학술적인 글이나 책 등을 씀.
     (   )

11 설탕은 고온에서 더 잘 ㅇㅎ 된다.
     녹거나 녹이는 일.
     (   )

12 회사의 구조 조정으로 많은 부서가 ㅈㅍ 되었다.
     이미 짜여진 구성이나 조직을 다시 만듦.
     (   )

22

> **2019년 11월 고2 모의고사**

차량 한 대가 지나가는 경우 데이터에 할당된 타임 슬롯들에 의해 하나의 집합체가 구성되는데 이를 프레임이라고 한다. 이때 타임 슬롯이 데이터에 할당되는 방식과 프레임이 구성되는 방식은 시분할 방식의 종류에 따라 동기식과 비동기식으로 @나누어 볼 수 있다.

01 밑줄 친 부분의 문맥적 의미가 @와 가장 유사한 것은?

① 사과를 세 조각으로 나누었다.
② 나는 그와 피를 나눈 형제이다.
③ 학생들을 청군과 백군으로 나누었다.
④ 두 사람이 서로 반갑게 인사를 나누었다.
⑤ 그들은 기쁨과 슬픔을 함께 나누며 산다.

> **2019년 9월 고2 모의고사**

국채 발행으로 시중의 돈이 정부로 흘러 들어가면 이자율이 오르고 이에 대한 부담으로 가계나 기업들의 소비나 투자 수요가 감소되는 상황이 발생하게 된다. 결국 세금으로 충당하기 어려운 재정정책을 펼치기 위해 국채를 활용하는 과정에서 이자율이 @올라가고 이로 인해 민간의 소비나 투자를 줄어들게 하는 구축 효과가 발생하게 된다는 것이다.

02 문맥상 의미가 @와 가장 가까운 것은?

① 서울에 올라가는 대로 편지를 보내겠습니다.
② 압력이 지나치게 올라가면 폭발 위험이 있다.
③ 그는 높은 곳에 올라가 종이비행기를 날렸다.
④ 강의 상류로 올라가면 아름다운 풍경이 펼쳐진다.
⑤ 담임 선생님의 응원에 학생들의 사기가 올라갔다.

> **2019년 6월 고2 모의고사**

개체의 번식에 도움이 되는 유전적 변이만을 여러 세대에 걸쳐 우직하게 골라내는 자연 선택의 과정이 결국 환경에 딱 맞는 개체를 만들어 낸다는 것이다. 다윈은 자연 선택이 각 개체의 적합도(fitness), 즉 번식 성공도를 높이는 방향으로 @일어난다고 보았다.

03 밑줄 친 단어 중, @와 문맥적 의미가 가장 유사한 것은?

① 사람마다 일어나는 시간이 다르다.
② 자동차가 지나가자 흙먼지가 일어났다.
③ 한류 열풍이 새로운 형태로 일어나고 있다.
④ 심사 결과를 발표하자 큰 환호성이 일어났다.
⑤ 그들은 자리에서 일어나 문을 향해 걸어갔다.

수능 국어 어휘 만점 대비하기

올라가다	다음 밑줄 친 부분에 해당하는 의미를 사전적 의미 에서 찾아 그 기호를 쓰시오.

01 아침에 비가 왔는지 습도가 올라갔다. ( )

02 매일 복습하면 성적이 올라가기 마련이다. ( )

03 고학년으로 올라갈수록 학습량은 늘어난다. ( )

04 전투의 승리로 병사들의 사기가 올라갔다. ( )

05 우리 인연은 십 년 전으로 거슬러 올라간다. ( )

06 가지에 걸린 모자를 빼려고 나무에 올라갔다. ( )

사전적 의미 ㉠ 자질이나 수준 등이 높아지다.   ㉤ 등급이나 직급의 단계가 높아지다.
㉢ 기세나 기운, 열정 등이 점차 고조되다.   ㉣ 낮은 곳에서 높은 곳으로 또는 아래에서 위로 가다.
㉤ 값이나 통계 수치, 온도, 물가가 높아지거나 커지다.   ㉥ 부류나 계통의 흐름을 거슬러 근원지로 향하여 가다.

일어나다	다음 밑줄 친 부분에 해당하는 의미를 사전적 의미 에서 찾아 그 기호를 쓰시오.

07 산림을 파괴하면 산사태가 일어나기 쉽다. ( )

08 최근 도난 사고가 빈번하게 일어나고 있다. ( )

09 학생들은 재단의 비리 문제를 들고 일어났다. ( )

10 먹음직한 사과를 먹고 싶은 충동이 일어났다. ( )

11 면을 삶다가 거품이 일어나면 찬물을 넣는다. ( )

12 오빠의 성공으로 우리 집의 가세가 다시 일어났다. ( )

사전적 의미 ㉠ 어떤 감정이나 마음이 생기다.   ㉡ 어떤 일이나 사건 등이 생기다.
㉢ 위로 솟거나 부풀어 오르다.   ㉣ 약하거나 희미하던 것이 성하여지다.
㉤ 몸과 마음을 모아 나서다.   ㉥ 자연이나 인간 등에게 어떤 현상이 발생하다.

떼다	다음 밑줄 친 부분에 해당하는 의미를 사전적 의미 에서 찾아 그 기호를 쓰시오.

13 동생을 떼어 놓고 친구네 놀러 갔다. ( )

14 귀여운 아기에게서 눈길을 떼지 못했다. ( )

15 주민등록등본 한 통을 떼어 제출하세요. ( )

16 아이는 학교에 입학하기 전에 한글을 뗐다. ( )

17 동아리 예산에서 일부를 떼어 비용으로 썼다. ( )

18 그녀는 물건을 떼기 위해 남대문 시장에 갔다. ( )

사전적 의미 ㉠ 전체에서 한 부분을 덜어 내다.   ㉡ 눈여겨 지켜보던 것을 그만두다.
㉢ 장사를 하려고 한꺼번에 많은 물건을 사다.   ㉣ 함께 있던 것을 홀로 남기다.
㉤ 배우던 것을 끝내다.   ㉥ 수표나 어음, 증명서 등의 문서를 만들어 주거나 받다.

법률·경제 관련 빈출 어휘 익히기

감면 덜 減 면할 免	매겨야 할 부담 등을 덜어 주거나 면제함. 예 재정이 어려운 기업에 대해서는 세금 ☐☐ 혜택을 주기로 했다.
산출 낳을 産 날 出	물건을 생산하여 내거나 인물·사상 따위를 냄. 예 이 지역에는 사과의 ☐☐ 이 성한 편이다.
잉여 남을 剩 남을 餘	쓰고 난 후 남은 것. 예 정착 생활로 ☐☐ 생산물이 발생하면서 계급 사회가 등장하였다.
수요 쓰일 需 요긴할 要	어떤 소비의 대상이 되는 상품에 대한 요구. 예 전국 마라톤 대회를 앞두고 주차 ☐☐ 가 크게 늘 것으로 보고 있다.
공급 이바지할 供 줄 給	요구나 필요에 따라 물품 따위를 제공함. 예 우리는 그 회사에 자재 ☐☐ 을 담당하고 있다.
수급 받을 受 줄 給	급여나 연금, 배급 등의 금전이나 물량, 인력 따위를 받음. 예 실업 급여의 ☐☐ 기간은 회사를 그만둔 다음 날부터 12개월 이내이다.
수익 거둘 收 더할 益	기업이 경제 활동의 대가로서 얻은 경제 가치. 예 이 가게는 입지가 좋아서 앞으로 상당한 ☐☐ 이 기대된다.
채무 빚 債 힘쓸 務	빚을 갚아야 하는 의무. 예 부모님이 돌아가시면 재산뿐만 아니라 ☐☐ 까지 상속받게 된다.
상환 갚을 償 돌아올 還	갚거나 돌려줌. 예 은행에서 빌린 돈의 ☐☐ 날짜가 다가와 대출 기한을 연장하였다.
신용 믿을 信 쓸 用	물건이나 돈을 먼저 받고 대가를 나중에 지불할 수 있는 능력. 예 은행 대출을 받고자 한다면 ☐☐ 등급이 낮아서는 안 된다.

문화·예술 관련 빈출 어휘 익히기

주조 주인 主 밀물 潮	주된 흐름이나 경향. 예 절제된 표현이 이 작품의 ☐☐ 를 이루고 있다.
미학 아름다울 美 배울 學	예술 작품이 가지고 있는 아름다움의 본질과 구조에 대해 연구하는 학문. 예 동양의 ☐☐ 은 아름다움의 세계를 도덕적 경지와 연결하여 생각한다.
지표 가리킬 指 표할 標	방향이나 목적, 기준 등을 나타내는 표지. 예 그분은 평생 스승의 말씀을 ☐☐ 로 삼고 사셨다.
집대성 모을 集 클 大 이룰 成	여러 가지를 모아 하나의 체계를 이루어 완성함. 예 이 그림은 중세 문화를 ☐☐☐ 한 걸작이다.
차용 빌릴 借 쓸 用	어떤 생각이나 형식 등을 다른 곳으로부터 흉내 내거나 받아들여 씀. 예 향찰은 한자의 ☐☐ 과 변형을 통해 우리말을 표기하던 독특한 방식이다.
표방 표할 標 방 붙일 榜	어떤 명목을 붙여 자신의 주의나 주장 또는 처지를 앞에 내세움. 예 오늘날에는 개인주의가 만연해 있지만, 전통 사회에서는 가족주의를 ☐☐ 하였다.
표명 겉 表 밝을 明	자신의 의사나 태도를 분명하게 드러냄. 예 그것은 명백히 내 의견에 대한 거부 의사의 ☐☐ 이었다.
피력 헤칠 披 스밀 瀝	생각하는 것을 털어놓고 말함. 예 지방 의회 의원이 차기 선거에 불출마할 것을 ☐☐ 한 바 있다.
피사체 입을 被 베낄 寫 몸 體	사진이나 영화 등을 찍을 때, 그 대상이 되는 물체. 예 이 카메라는 ☐☐☐ 와의 거리를 자유자재로 조절해 주는 기능이 있다.
함의 머금을 含 뜻 意	말이나 글 속에 어떠한 뜻이 들어 있음. 예 이 시의 ☐☐ 를 파악하는 일은 결코 쉽지 않다.

23

실전 문제로 어휘력 완성하기

● 다음 글을 읽고 물음에 답하시오.

> 연등회의 유래는 신라 때로 거슬러 ㉠올라간다. 그 시절 사람들은 밝은 달빛 아래에서 서로 만나 소통하며 함께 기쁨을 나누곤 하였다. 이러한 역사와 전통은 오늘날의 연등회에서도 살아 숨 쉬며 아름다운 민속 문화를 이어가고 있다. 빛으로 펼쳐지는 연등회는 옛 추억을 되새기고 새로운 추억을 만들며 우리의 문화를 빛나게 한다.

01 ㉠의 문맥적 의미와 가장 가까운 것은?

① 고객 등급이 올라갈수록 수수료가 낮다.
② 산이 너무 험해서 밧줄을 잡으며 올라갔다.
③ 소득 수준이 올라가면 소비 수준도 높아진다.
④ 신제품 성공으로 주가가 점점 올라가고 있다.
⑤ 먼 조상으로 올라가면 모두 친척일지도 모른다.

● 다음 글을 읽고 물음에 답하시오.

> 회사가 부도났다는 것은 채무 불이행으로 인해 자산이 부족하여 경영상 어려움을 겪어 결산할 수 없는 상태가 되는 것을 의미한다. 이러한 상황에서 회사는 재정적으로 어려움을 겪으며 경영이 어려워지게 된다. 부도가 난 회사가 다시 ㉡일어나는 것은 어려운 일이지만 불가능한 것은 아니다. 부채와 자산, 비즈니스 모델 등을 재편성하고 외부 자본 유입, 제품 및 서비스 개선 등을 통해 성장과 발전의 기회를 모색하면 경영 위기를 극복할 수 있다.

02 ㉡의 문맥적 의미와 가장 가까운 것은?

① 산업 혁명은 18세기 영국에서 일어났다.
② 독립을 위해 목숨까지 내놓고 일어나 싸웠다.
③ 팀 내에서 문화 차이로 인한 갈등이 일어났다.
④ 월드컵이 개막하자 축구 열기가 다시 일어났다.
⑤ 우리 팀에게 우승이라는 기적이 일어나길 바란다.

● 다음 글을 읽고 물음에 답하시오.

> 재직 증명서는 개인이 현재 어떤 조직 또는 기업에 재직 중임을 증명하는 공식적인 문서로, 재직 여부와 근무 상태를 확인하는 문서다. 재직 증명서를 ㉢떼려면 인사 부서나 관리자 등이 해당 직원에게 요청하여 발급받아야 한다. 재직 증명서는 정확한 정보를 반영하여 근무 상태에 대한 명확한 증명을 제공함으로써 직원들의 신뢰를 유지하고, 외부 기관과의 원활한 협력을 도모합니다. 또한 법적인 측면에서도 직원과 기업 모두를 보호하는 역할을 하므로, 조직 내부 규정과 법규를 준수하여 발급해야 한다.

03 ㉢의 문맥적 의미와 가장 가까운 것은?

① 책을 한 권 떼고 나면 선물을 골랐다.
② 그에게서 피아노는 떼어 놓을 수 없다.
③ 영화가 너무 재미있어 눈을 뗄 수 없었다.
④ 환불하려면 영수증을 떼어서 가져와야 한다.
⑤ 월급에서 세금을 떼고 나면 실수령액은 많지 않다.

● 04~06 다음 설명에 맞는 글자를 골라 ①한글과 ②한자로 쓰시오.

餘	産	還	剩	出	償
남을 여	낳을 산	돌아올 환	남을 잉	날 출	갚을 상

04 물건을 생산하여 내거나 인물·사상 등을 냄.   (①   ), (②   )

05 쓰고 난 후 남은 것.   (①   ), (②   )

06 갚거나 돌려줌.   (①   ), (②   )

● 07~09 다음 설명에 맞는 글자를 골라 ①한글과 ②한자로 쓰시오.

用	潮	明	借	表	主
쓸 용	밀물 조	밝을 명	빌릴 차	겉 표	주인 주

07 주된 흐름이나 경향.   (①   ), (②   )

08 어떤 생각이나 형식 따위를 다른 곳으로부터 흉내 내거나 받아들여 씀.

    (①   ), (②   )

09 자신의 의사나 태도를 분명하게 드러냄.   (①   ), (②   )

23

● 10~12 제시된 초성을 참고하여 다음 예문을 완성하시오.

10 모든 임직원이 다 함께 노력한 결과 높은 ㅅ ㅇ 을 남겼다.

기업이 경제 활동의 대가로서 얻은 경제 가치.

(   )

11 그는 ㅅ ㅇ 이 좋아서 담보 없이 대출을 받을 수 있다.

물건이나 돈을 먼저 받고 대가를 나중에 지불할 수 있는 능력.

(   )

12 회사는 자유로운 분위기를 ㅍ ㅂ 하면서 실제로는 위계를 따졌다.

어떤 명목을 붙여 자신의 주의나 주장, 처지를 앞에 내세움.

(   )

> **2019년 3월 고2 모의고사**

- 적금에 가입해 미래에 있을 지출에 대비하거나 대출을 받아 자동차를 구매하면서 여러 해에 걸쳐 대출금과 이자를 ⓐ상환하기도 한다.
- K는 한 시기의 소비 지출액만 지나치게 많은 것보다 각 시기의 소비 지출액이 균등한 것을 ⓑ선호한다.
- 소비할 수 있는 소비 계획들을 ⓒ연결한 선으로, 초기 부존점*(M1, M2)를 지나는 우하향 직선으로 나타난다.
- 이는 (C1, C2)의 매 시기 소비 지출액이 (M1, M2)에 비해 더 ⓓ균등하기 때문이다.
- 즉 (C1, C2)를 ⓔ제외한 예산선상의 다른 소비 계획들과 예산선 아래쪽의 소비 계획들은 (C1, C2)보다 효용이 작기 때문에 선택되지 않는다.

*초기 부존점: 저축이나 대출 등 금융 행위가 불가능할 때의 소비 계획.

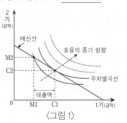

〈그림 1〉

01 문맥상 ⓐ~ⓔ와 바꿔 쓴 것으로 적절하지 <u>않은</u> 것은?

① ⓐ: 갚기도 ② ⓑ: 좋아한다 ③ ⓒ: 이은
④ ⓓ: 고르기 ⑤ ⓔ: 없앤

> **2018년 11월 고2 모의고사**

이처럼 가속도 센서와 자이로스코프로 측정된 값들을 통해 비행기의 정확한 위치를 파악함으로써 비행기가 원래의 궤도로 ⓐ돌아오는 데에 도움을 주는 것이다.

02 밑줄 친 단어의 문맥적 의미가 ⓐ와 가장 유사한 것은?

① 추석이 돌아왔다. ② 그는 고향으로 돌아왔다.
③ 이제 나의 발표할 차례가 돌아왔다. ④ 노력한 만큼 대가가 돌아오는 법이다.
⑤ 우리는 돌아오는 휴일에 등산을 갈 것이다.

> **2018년 9월 고2 모의고사**

- 근대 철학은 근대 과학의 양적인 크기를 중시하는 사고를 ⓐ수용하며 발달했다.
- 단순 본성들을 복합한 개념을 통해 세계에 대한 이해를 ⓑ확장하려 했던 것이다.
- 인상주의자들은 색을 ⓒ혼합하는 방법을 즐겨 사용하였다.
- 인물화 속에 지성을 통해 ⓓ포착된 인물의 위대함이나 교훈을 담으려 했던 고전주의와 달리 대상의 인상을 표현하려 한 것도 특징이다.
- 이는 베르그송이 이야기한 근대 철학이 가져온 지성에 의한 분절로부터의 회복과, 이질적인 것의 연속 안에서 공감을 통한 통합으로 전체성을 느끼는 것과 ⓔ유사한 의미를 가지는 것이다.

03 문맥상 ⓐ~ⓔ와 바꿔 쓰기에 적절하지 <u>않은</u> 것은?

① ⓐ: 받아들이며 ② ⓑ: 넓히려 ③ ⓒ: 섞는
④ ⓓ: 모아진 ⑤ ⓔ: 비슷한

수능 국어 어휘 만점 대비하기

뜨다

다음 밑줄 친 부분에 해당하는 의미를 사전적 의미 에서 찾아 그 기호를 쓰시오.

01 풀칠이 잘못되어 도배지가 <u>떴다</u>. ( )

02 큰 그릇에 국을 <u>뜨고</u> 밥을 말았다. ( )

03 새 옷을 만들려면 우선 본을 <u>떠야</u> 한다. ( )

04 자식들은 고향을 <u>뜨고</u> 노부부만 남았다. ( )

05 친구의 생일 선물로 목도리를 <u>뜨는</u> 중이다. ( )

06 소풍 때문에 마음이 <u>떠서</u> 공부가 잘 안 된다. ( )

사전적 의미
㉠ 착 달라붙지 않아 틈이 생기다.   ㉡ 있던 곳에서 다른 곳으로 떠나다.
㉢ 실이나 끈으로 옷이나 그물 등을 짜서 만들다.   ㉣ 어떤 곳에 담겨 있는 물건을 퍼내거나 덜어 내다.
㉤ 차분하지 못하고 어수선하게 들떠 있는 상태가 되다.   ㉥ 어떤 물체와 똑같은 모양으로 베껴서 만들거나 찍어 내다.

만들다

다음 밑줄 친 부분에 해당하는 의미를 사전적 의미 에서 찾아 그 기호를 쓰시오.

07 점심으로 볶음밥을 <u>만들어</u> 먹었다. ( )

08 새로운 경기 규칙을 <u>만들어야</u> 한다. ( )

09 남의 단점을 웃음거리로 <u>만들면</u> 안 된다. ( )

10 밝은색 원목은 안정감 있는 분위기를 <u>만든다</u>. ( )

11 그는 상대를 꼼짝 못 하게 <u>만드는</u> 능력이 있다. ( )

12 여행 경비를 <u>만들기</u> 위해 아르바이트를 구하였다. ( )

사전적 의미
㉠ 노력이나 기술 등을 들여 목적하는 바를 이루다.   ㉡ 새로운 상태를 이루어 내다.
㉢ 규칙이나 법, 제도 등을 정하다.   ㉣ 무엇이 되게 하다.
㉤ 그렇게 되게 하다.   ㉥ 돈이나 일 등을 마련하다.

마르다

다음 밑줄 친 부분에 해당하는 의미를 사전적 의미 에서 찾아 그 기호를 쓰시오.

13 오래된 우물은 바닥까지 <u>말라</u> 있었다. ( )

14 날이 건조하니 젖은 수건이 금방 <u>마른다</u>. ( )

15 음식을 짜게 먹었는지 목이 계속 <u>말랐다</u>. ( )

16 그녀는 일이 힘든지 몸이 점점 <u>말라</u> 갔다. ( )

17 그의 냉담한 태도에 감정이 <u>마르게</u> 되었다. ( )

18 돈줄이 모두 <u>말라서</u> 사업을 진행하기 어렵다. ( )

사전적 의미
㉠ 물기가 다 날아가서 없어지다.   ㉡ 입이나 목구멍에 물기가 적어져 갈증이 나다.
㉢ 살이 빠져 야위다.   ㉣ 강이나 우물 등의 물이 줄어 없어지다.
㉤ 가진 것이 다 쓰여 없어지다.   ㉥ 감정이나 열정 등이 없어지다.

인문·철학 관련 빈출 어휘 익히기

주류 주인 主 흐를 流	사상이나 학술 등의 주된 경향이나 갈래. 예 구석기 유적은 동굴 벽화와 조각이 [ ]를 이룬다.
중용 가운데 中 떳떳할 庸	넘치거나 모자라지 않고 어느 한쪽으로 치우치지 않은 상태나 정도. 예 공자는 한결같이 [ ]을 지키는 것이 어려운 일이라고 하였다.
증진 더할 增 나아갈 進	기운이나 세력 등이 점점 더 늘어 가고 나아감. 예 국가는 사회 복지의 [ ]을 위하여 노력해야 한다.
지양 그칠 止 날릴 揚	더 높은 단계로 오르기 위하여 어떠한 것을 하지 아니함. 예 획일적인 사고를 [ ]하고 개성을 존중하는 사회가 되어야 한다.
지평 땅 地 평평할 平	사물의 전망이나 가능성 등을 비유적으로 이르는 말. 예 그는 이번 연구로 유전 공학의 새 [ ]을 열었다.
집약 모을 集 맺을 約	여럿을 한데 모아서 요약함. 하나에 집중하여 모음. 예 지금까지의 모든 연구 성과는 이 책에 [ ]되어 있다.
추론 밀 推 논할 論	미리 알려진 생각이나 주제를 근거로 새로운 판단 또는 결론을 이끌어 냄. 예 고대 유물을 통해 고대인들의 생활 방식을 [ ]할 수 있다.
성행 성할 盛 다닐 行	매우 왕성하게 유행함. 예 인상주의는 19세기에 [ ]하던 예술 양식이다.
추월 쫓을 追 넘을 越	뒤에서 따라잡아서 앞의 사람이나 사물보다 앞서 나아감. 예 우리 팀은 이기다가 경기 후반에 상대에게 [ ]당하였다.
추종 쫓을 追 따를 從	권력을 가진 사람이나 어떤 학설 등을 생각 없이 믿고 따름. 예 유행을 무조건 [ ]하기보다는 자신만의 개성을 표현하는 것이 좋다.

과학·기술 관련 빈출 어휘 익히기

원소 으뜸 元 본디 素	화학에서 모든 물질을 구성하는 기본적 요소. 예 둘 이상의 ☐☐ 가 결합하면 새로운 물질이 만들어진다.
수소 물 水 본디 素	빛깔, 냄새, 맛이 없고 불에 잘 타는 가장 가벼운 기체 원소. 예 풍선에 공기보다 가벼운 ☐☐ 를 넣으면 하늘로 떠오른다.
탄소 숯 炭 본디 素	숯이나 석탄의 주된 구성 원소. 예 그 과학자는 수소와 ☐☐ 를 결합하여 메탄을 만들었다.
부력 뜰 浮 힘 力	액체나 기체 속에 있는 물체를 위로 떠오르게 하는 힘. 예 뗏목의 ☐☐ 을 높이기 위해 스티로폼을 추가로 부착하였다.
체액 몸 體 진 液	피, 림프, 뇌척수액 등 동물의 몸속에 있는 혈관이나 조직의 사이를 채우고 있는 액체. 예 나트륨은 몸의 ☐☐ 균형을 조절하는 역할을 한다.
탄성 탄알 彈 성품 性	물체가 외부로부터 힘을 받아 그 부피와 모양이 일정한 정도로 바뀌었다가, 그 힘이 없어지면 본디의 모양으로 되돌아가려는 성질. 예 바닥에 ☐☐ 이 좋은 바닥재를 깔아서 넘어져도 다치지 않는다.
투과 사무칠 透 지날 過	빛, 액체, 소리 등이 물질을 뚫고 통과함. 예 창문에 빛의 ☐☐ 를 완전히 막는 암막 커튼을 달았다.
투시 사무칠 透 볼 視	막힌 물체를 꿰뚫어 봄. 예 공항 검색대에서는 엑스레이 기계로 여행객의 가방 속을 ☐☐ 한다.
광물 쇳돌 鑛 물건 物	금, 은, 철 등과 같은 금속을 포함하는 자연에서 생기는 무기 물질. 예 이 지역은 석탄, 구리, 철 등의 ☐☐ 이 풍부한 곳이다.
광학 빛 光 배울 學	빛의 성질과 현상을 연구하는 물리학의 한 분야. 예 과학 시간에 ☐☐ 현미경으로 양파의 세포를 관찰하였다.

24

실전 문제로 어휘력 완성하기

● 다음 글을 읽고 물음에 답하시오.

> 조각가는 작품을 창작하기에 앞서 머릿속에 있는 아이디어를 시각화하기 위해 모형을 제작한다. 조각의 모형을 ㉠뜨는 가장 큰 이유는 작품의 비율과 균형을 조정하여 미적 감각을 완성하고, 조각 기술을 연마하고 새로운 기법을 시험해 보며 작품을 발전시키기 위해서이다. 이러한 과정을 통해 작품의 디자인과 안정성을 확인하고 미적 감각을 발전시킬 수 있다.

01 ㉠의 문맥적 의미와 가장 가까운 것은?

① 방바닥에 습기가 차서 장판이 떴다.
② 하나둘 자리를 뜨는 바람에 일찍 끝났다.
③ 숟가락으로 꿀을 조금 떠서 입에 넣었다.
④ 학자들이 그 비문의 탁본을 뜨려고 하였다.
⑤ 휴일을 앞두고 교실 분위기가 다소 붕 떠 있다.

● 다음 글을 읽고 물음에 답하시오.

> 디지털 기술과 인터넷이 발전함에 따라 개인 정보의 무단 유출이나 부당한 이용으로 인한 개인 정보 침해 사례가 증가하고 있다. 이러한 문제를 해결하고 개인의 권리와 자유를 보호하기 위해 개인 정보 보호를 강화하는 법규를 ㉡만드는 것은 현대 사회에서 매우 중요한 과제이다. 강화된 법규는 사회적 신뢰를 확립하고 개인의 기본적인 권리를 보호하는 데 큰 역할을 할 것이다.

02 ㉡의 문맥적 의미와 가장 가까운 것은?

① 빨간 종이로 장미꽃 30개를 만들었다.
② 학교 발전 기금을 만들기 위한 모임이다.
③ 떡볶이를 세계적인 식품으로 만들고 싶다.
④ 엄격한 회칙을 만들어 회원 자격을 제한하자.
⑤ 살기 좋은 사회를 만들기 위해 모두 노력하자.

● 다음 글을 읽고 물음에 답하시오.

> 금융 시장에 돈이 ㉢마르는 주된 이유는 저축과 투자의 불균형과 경기 침체, 불확실성 때문이다. 사람들이 수입이나 이익이 많으면 저축이 증가하고, 투자가 충분하지 않게 되면서 자금이 금융 시장으로 유입되지 않게 된다. 또한, 경기 침체나 불확실한 시기에 기업들과 개인들이 투자를 줄이고 저축을 늘리기도 한다. 이러한 현상은 경제 전반에 영향을 미치며, 적절한 정책 수립으로 경제의 안정성과 성장을 유지하려는 노력이 필요하다.

03 ㉢의 문맥적 의미와 가장 가까운 것은?

① 그녀는 키가 크고 마른 체형이었다.
② 오랜 가뭄에 강이 바짝 말라 가고 있다.
③ 더운 날씨에 걸었더니 입이 바짝 말랐다.
④ 계속된 가뭄에도 지하수는 마르지 않았다.
⑤ 한동안 수입이 없어서 은행 잔고가 말랐다.

● **04~06** 다음 설명에 맞는 글자를 골라 ①한글과 ②한자로 쓰시오.

庸	約	進	集	增	中
떳떳할 용	맺을 약	나아갈 진	모을 집	더할 증	가운데 중

04 기운이나 세력 등이 점점 더 늘어 가고 나아감.　(①　　　　), (②　　　　　)

05 넘치거나 모자라지 않고 어느 한쪽으로 치우치지 않은 상태나 정도.

　　　　　　　　　　　　　　　　　　　　　　(①　　　　), (②　　　　　)

06 여럿을 한데 모아서 요약함. 하나에 집중하여 모음.　(①　　　　), (②　　　　　)

● **07~09** 다음 설명에 맞는 글자를 골라 ①한글과 ②한자로 쓰시오.

素	學	元	性	光	彈
본디 소	배울 학	으뜸 원	성품 성	빛 광	탄알 탄

07 물체가 외부로부터 힘을 받아 그 부피와 모양이 일정한 정도로 바뀌었다가, 그 힘이 없어지면 본디의 모양으로
되돌아가려는 성질.

　　　　　　　　　　　　　　　　　　　　　　(①　　　　), (②　　　　　)

08 화학에서 모든 물질을 구성하는 기본적 요소.　(①　　　　), (②　　　　　)

09 빛의 성질과 현상을 연구하는 물리학의 한 분야.　(①　　　　), (②　　　　　)

● **10~12** 제시된 초성을 참고하여 다음 예문을 완성하시오.

10 확실한 증거가 없이 ㅊ ㄹ 에 의해서만 결론을 내려서는 안 된다.
　　　　　　미리 알려진 생각이나 주제를 근거로 삼아 새로운 판단, 또는 결론을 이끌어 냄.

　　　　　　　　　　　　　　　　　　　　　　　　　(　　　　　　)

11 이 지역은 ㄱ ㅁ 이 풍부하여 광공업이 발달하였다.
　　　　金, 은, 철 등과 같은 금속을 포함하는 자연에서 생기는 무기 물질.

　　　　　　　　　　　　　　　　　　　　　　　　　(　　　　　　)

12 바다의 색깔은 바닷물을 ㅌ ㄱ 하는 빛의 파장으로 결정된다.
　　　　빛, 액체, 소리 등이 물질을 뚫고 통과함.

　　　　　　　　　　　　　　　　　　　　　　　　　(　　　　　　)

24

2018년 6월 고2모의고사

- 사업주가 근로자를 채용할 경우에는 근로 조건을 ⓐ명시(明示)한 근로 계약서를 작성해야 한다.
- 4인 이하의 사업장을 제외하고는 휴일에 근무할 경우 임금의 50%를 ⓑ가산(加算)하여 받을 수 있다.
- 사업주가 근로 계약서를 작성하고 근로자에게 이를 ⓒ교부(交附)하지 않았을 경우에도 처벌 대상이 된다.
- 계절적 업무에 6개월 이내의 기간을 정하여 근무하는 경우, 3개월 이내의 수습 기간을 정하여 근무 중인 경우에는 해고 수당을 ⓓ청구(請求)할 수 없다.
- 일하다가 다쳤을 경우 사업주가 보험에 가입하지 않았거나 근로자 본인의 ⓔ과실(過失)을 이유로 치료비 지급을 거부하더라도 치료비를 본인이 부담할 필요는 없다.

01 ⓐ~ⓔ의 사전적 의미로 적절하지 <u>않은</u> 것은?

① ⓐ: 물체를 환히 꿰뚫어 봄.
② ⓑ: 본래의 수에 더하여 셈함.
③ ⓒ: 서류나 물건을 내어 줌.
④ ⓓ: 상대편에게 일정한 행위를 요구하는 일.
⑤ ⓔ: 부주의나 태만 따위에서 비롯된 잘못이나 허물.

2018년 3월 고2 모의고사

- 종교의 영향력 및 왕권이 약화되면서 관련 장소가 지녔던 권위도 ⓐ퇴색하여, 그 장소에 놓인 조각에 부여되었던 종교적, 정치적 의미도 약해진 것이다.
- 또 특정 장소의 상징으로서의 조각이 원래의 장소에서 물리적으로 분리되어 기존의 맥락을 ⓑ상실하는 경우도 생겨났다.
- 박물관, 미술관 등 근대적 장소가 ⓒ출현하는 상황과 맞물리면서 조각에 대한 새로운 관점이 부각되기 시작했다.
- 작품 외적 맥락에 ⓓ구속되기보다는 작품 자체에서 의미의 완결을 추구하는 경우가 많아졌다.
- 미술관이라는 공간 내부에 제한된다는 점을 ⓔ간파한 일부 예술가들은, 미술관 바깥의 도시나 자연을 작업의 장소이자 대상으로 삼아 장소와의 관련성을 다양한 방식으로 실현하려 하였다.

02 문맥상 ⓐ~ⓔ와 바꾸어 쓰기에 적절하지 <u>않은</u> 것은?

① ⓐ: 희미해져   ② ⓑ: 잃어버리는   ③ ⓒ: 드러나는   ④ ⓓ: 얽매이기보다는   ⑤ ⓔ: 알아차린

2017년 11월 고2 모의고사

이와 같이 변화라는 현상의 실재성에 대한 상반된 견해가 제시된 이후, 후대에 이르러 플라톤과 아리스토텔레스는 변화의 문제에 대해 깊이 있는 논의를 ⓐ펼쳤다.

03 밑줄 친 단어의 의미가 ⓐ의 문맥적 의미와 가장 유사한 것은?

① 큰 독수리가 날개를 펼쳤다.   ② 그 아이는 동화책을 펼쳤다.
③ 무용단은 환상적인 무대를 펼쳤다.   ④ 그는 자신의 생각을 마음껏 펼쳤다.
⑤ 그는 오랫동안 독립운동을 펼쳤다.

수능 국어 어휘 만점 대비하기

펼치다 — 다음 밑줄 친 부분에 해당하는 의미를 사전적 의미 에서 찾아 그 기호를 쓰시오.

01 독수리가 날개를 <u>펼쳐</u> 날고 있었다. ( )

02 틀린 문제의 답을 찾기 위해 책을 <u>펼쳤다</u>. ( )

03 최고의 마술사가 <u>펼치는</u> 멋진 공연이었다. ( )

04 이제야 그는 화가의 꿈을 <u>펼칠</u> 수 있게 되었다. ( )

05 누구나 자기 생각을 <u>펼칠</u> 수 있는 직장을 원한다. ( )

사전적 의미
㉠ 펴서 드러내다.
㉡ 접히거나 포개진 것을 넓게 펴다.
㉢ 꿈, 계획 등을 이루기 위해 행동하다.
㉣ 생각 등을 전개하거나 발전시키다.
㉤ 사람들 앞에 주의를 끌 만한 상태로 나타내다.

미치다 — 다음 밑줄 친 부분에 해당하는 의미를 사전적 의미 에서 찾아 그 기호를 쓰시오.

06 그는 옛 연인이 <u>미치도록</u> 보고 싶었다. ( )

07 그녀는 요즘 신인 배우한테 <u>미쳐</u> 지낸다. ( )

08 언론은 대중에게 상당한 영향력을 <u>미친다</u>. ( )

09 선수는 기대에 <u>미치지</u> 못한 성적에 실망하였다. ( )

10 그녀는 <u>미친</u> 사람처럼 잃어버린 강아지를 찾아 헤맸다. ( )

사전적 의미
㉠ 정신 이상으로 말과 행동이 보통 사람과 다르게 되다.
㉡ 정신이 나갈 정도로 매우 괴로워하다.
㉢ 어떤 일에 지나칠 정도로 열중하다.
㉣ 어떤 기준이나 수준 등에 닿거나 이르다.
㉤ 영향, 작용이 대상에 가해지거나 그것을 가하다.

물리다 — 다음 밑줄 친 부분에 해당하는 의미를 사전적 의미 에서 찾아 그 기호를 쓰시오.

11 그는 식사를 마치자 밥상을 <u>물렸다</u>. ( )

12 요즘 거의 매일 라면을 먹었더니 <u>물렸다</u>. ( )

13 이미 저지른 잘못을 도로 <u>물릴</u> 수는 없다. ( )

14 가해자에게 피해자의 치료비를 <u>물려야</u> 한다. ( )

15 왕은 건강이 나빠지자 왕위를 세자에게 <u>물렸다</u>. ( )

16 우리 모임에서는 지각한 사람에게 벌금을 <u>물린다</u>. ( )

사전적 의미
㉠ 이미 행한 일을 그전의 상태로 돌리게 하다.
㉡ 다시 대하기 싫을 만큼 몹시 싫증이 나다.
㉢ 갚아야 할 것을 치르게 하다.
㉣ 재물이나 관리, 지위 등을 다른 사람에게 내려 주다.
㉤ 사람이나 물건을 다른 자리로 가게 하거나 옮겨 놓다.
㉥ 손해를 돈으로 갚게 하거나 본래 상태로 돌려놓게 하다.

법률·경제 관련 빈출 어휘 익히기

액면 이마 額 낯 面	말이나 글로 표현된 그대로의 사실. 예 언론마다 관점이 다르므로 기사를 [　][　] 그대로 믿어서는 안 된다.
예치 맡길 預 둘 置	돈이나 물건 등을 금융 기관 등에 맡겨 둠. 예 할아버지께서는 은행에 [　][　] 한 돈을 일부만 찾으셨다.
투자 던질 投 재물 資	이익을 얻기 위하여 어떤 일이나 사업에 자본을 대거나 시간이나 정성을 쏟음. 예 유망 업종일수록 [　][　] 하려는 사람들이 많다.
외화 바깥 外 재물 貨	외국의 화폐. 예 우리나라는 지난해 자동차 수출로 많은 [　][　] 를 벌어들였다.
환율 바꿀 換 비율 率	자기 나라 돈을 다른 나라 돈으로 바꿀 때의 비율. 예 달러 [　][　] 의 하락은 수출 감소로 이어져 경기를 둔화시킨다.
원화 재물 貨	원을 단위로 하는 우리나라 화폐를 이르는 말. 예 여행에서 쓰고 남은 달러를 공항에서 [　][　] 로 바꿀 계획이다.
환전 바꿀 換 돈 錢	종류가 다른 화폐와 화폐를 서로 교환. 예 체코로 떠나기 전날 은행에서 경비를 [　][　] 하였다.
운용 옮길 運 쓸 用	돈이나 물건, 제도 등을 쓰임새에 따라 부리어 씀. 예 실제 사업 기금 [　][　] 에는 여러 단계의 승인을 받아야 한다.
금리 쇠 金 이로울 利	빌려준 돈이나 예금 등에 붙는 이자. 또는 그 비율. 예 한동안 치솟던 [　][　] 가 올해 들어 안정세를 되찾고 있다.
기한 기약할 期 한할 限	미리 한정하여 놓은 시기. 예 명절 연휴와 기계 고장으로 납품 [　][　] 을 넘기고 말았다.

문화·예술 관련 빈출 어휘 익히기

항변 겨룰 抗 말씀 辯	어떤 일을 부당하다고 여겨 따지거나 반대하는 뜻을 주장함. 예 그는 한마디 ☐☐ 도 못 해 본 채 모든 권리를 다 뺏기고 말았다.
일리 한 一 다스릴 理	어떤 면에서 그런대로 타당하다고 생각되는 이치. 예 두서없이 늘어놓기는 하였지만, 그의 말도 ☐☐ 는 있었다.
강변 강할 强 말씀 辯	논리에 맞지 않는 것을 굽히지 않고 주장하거나 굳이 변명함. 예 모두를 위한 일이었다고 ☐☐ 을 해 봐야 믿어 줄 사람은 아무도 없다.
혁파 가죽 革 마칠 罷	낡고 묵은 제도나 풍습 등을 없애거나 그만둠. 예 동학 농민 운동은 봉건적 모순의 ☐☐ 를 기치로 내세웠다.
호도 풀칠할 糊 칠할 塗	풀을 바른다는 뜻으로, 어떤 사실을 얼버무려 넘겨서 속이거나 감춤을 이르는 말. 예 과거에는 뉴스가 시국 ☐☐ 의 수단으로 이용되는 경우가 많았다.
매도 꾸짖을 罵 넘어질 倒	심하게 나쁜 쪽으로 몰아세움. 예 사람들은 그를 기회주의자라고 ☐☐ 한다.
화풍 그림 畵 바람 風	그림을 그리는 방식이나 양식. 예 인상주의와 표현주의를 넘나드는 고흐의 ☐☐ 은 많은 이들의 사랑을 받고 있다.
환언 바꿀 換 말씀 言	앞서 한 말에 대하여 표현을 달리 바꾸어 말함. 예 시어의 의미는 보통의 언어로 완전히 ☐☐ 될 수 없다.
개체화 낱 個 몸 體 될 化	어떤 대상이 다른 것들과 관계를 맺지 않고 따로따로 떨어지게 됨. 예 재택근무로 인해 사람들이 ☐☐☐ 하는 현상이 더욱 두드러지게 나타났다.
가시화 옳을 可 볼 視 될 化	어떤 현상이 실제로 눈앞에 드러남. 예 두 나라 간의 정상 회담 일정이 점차 ☐☐☐ 되었다.

실전 문제로 어휘력 완성하기

● 다음 글을 읽고 물음에 답하시오.

> 토론은 의견을 교환하고 주장을 펼치는 가장 효과적인 방법이다. 토론을 통해 논리적인 주장을 구성하고 설득력 있는 논증을 제시할 수 있다. 자신의 주장을 ㉠펼치는 토론 과정을 통해 논리적인 사고와 의사소통 능력이 향상된다. 의견을 말할 때는 명확하고 구체적인 주장을 제시하고 객관적인 근거를 활용하여 주장을 논리적으로 뒷받침해야 하며, 반대 의견을 고려하여 주장의 타당성을 제시해야 한다.

01 ㉠의 문맥적 의미와 가장 가까운 것은?

① 푸른 바다가 끝없이 펼쳐져 있었다.　　② 갑자기 쏟아진 소나기에 우산을 펼쳤다.
③ 관광 지도를 펼쳐 놓고 갈 만한 곳을 찾자.　　④ 경찰은 진압 작전을 펼쳐 범인들을 체포하였다.
⑤ 미술 활동으로 상상력을 마음껏 펼쳐 볼 수 있다.

● 다음 글을 읽고 물음에 답하시오.

> 태종에게 ㉡미치지도 못하는 후세의 왕들은 국가의 경제적 번영과 문화적 발전을 이루지 못해 역사의 뒤떨어진 위치에 머물렀다. 태종은 지혜로운 통치와 지도력으로 조선 시대에 긍정적인 영향을 미친 군주로 기억되었으며, 다음 세대에도 그 업적이 큰 영감과 함께 전해져 오늘날까지 존경받고 있다.

02 ㉡의 문맥적 의미와 가장 가까운 것은?

① 밖에 나갈 수 없으니 답답해 미치겠다.　　② 후보를 사퇴하라는 압력이 그에게 미쳤다.
③ 그 사람은 도박에 미쳐서 전 재산을 잃었다.　　④ 신상품의 판매량이 목표치에 크게 못 미쳤다.
⑤ 완전히 미치지 않고서야 어떻게 그런 말을 하니?

● 다음 글을 읽고 물음에 답하시오.

> 정부는 다양한 환경 법규를 시행하고 있으며, 법규를 어긴 업체에는 엄격한 제재가 부과된다. 가장 대표적인 제재가 과태료를 ㉢물리는 것으로, 이는 환경 법규를 위반한 기업에 가해지는 경제적인 벌칙이다. 이러한 경제적 제재는 법규를 어기는 행위에 대한 경고와 더불어, 더 심각한 후속 조치를 방지하기 위해 도입되었다. 과태료는 법규를 어기는 행위의 성격과 심각성, 업체의 과실 정도 등을 고려하여 적정한 규모로 부과된다.

03 ㉢의 문맥적 의미와 가장 가까운 것은?

① 의자를 한쪽으로 물리고 청소를 시작했다.　　② 계약을 물리고 싶다면 위약금을 내야 한다.
③ 아버지는 형에게 가업을 물리고 은퇴하셨다.　　④ 그의 옛날이야기는 너무 많이 들어서 물렸다.
⑤ 다주택 소유자에게는 많은 세금을 물려야 한다.

● 04~06 다음 설명에 맞는 글자를 골라 ①한글과 ②한자로 쓰시오.

利	置	面	預	額	金
이로울 리	둘 치	낯 면	맡길 예	이마 액	쇠 금

04 말이나 글로 표현된 그대로의 사실.　　　　　　(① 　　　　　　　), (② 　　　　　　　)

05 돈이나 물건 등을 금융 기관 등에 맡겨 둠.　　　(① 　　　　　　　), (② 　　　　　　　)

06 빌려준 돈이나 예금 등에 붙는 이자. 또는 그 비율.　(① 　　　　　　　), (② 　　　　　　　)

● 07~09 다음 설명에 맞는 글자를 골라 ①한글과 ②한자로 쓰시오.

塗	辯	理	糊	抗	一
칠할 도	말씀 변	다스릴 리	풀칠할 호	겨룰 항	한 일

07 어떤 면에서 그런대로 타당하다고 생각되는 이치.　(① 　　　　　　　), (② 　　　　　　　)

08 어떤 사실을 얼버무려 넘겨서 속이거나 감춤을 이르는 말.　(① 　　　　　　　), (② 　　　　　　　)

09 어떤 일을 부당하다고 여겨 따지거나 반대하는 뜻을 주장함.　(① 　　　　　　　), (② 　　　　　　　)

● 10~12 제시된 초성을 참고하여 다음 예문을 완성하시오.

10 과거 파독 광부와 간호사들이 보낸 ㅇㅎ 는 우리 경제 발전의 밑거름이 되었다.
　　　　외국의 화폐.

（　　　　　　　　）

11 수입하는 무역 회사들은 계속되는 ㅎㅇ 인상으로 큰 손해를 보게 되었다.
　　　　자기 나라 돈을 다른 나라 돈으로 바꿀 때의 비율.

（　　　　　　　　）

12 정확한 사실도 모르면서 그를 원인 제공자로 ㅁㄷ 해서는 안 된다.
　　　　심하게 나쁜 쪽으로 몰아세움.

（　　　　　　　　）

> **2017년 9월 고2 모의고사**

복원 작업을 할 때에는 미관적인 면보다는 작가가 표현하고자 하는 의도에 초점을 맞추어 인위적인 처리를 가급적 최소화하여야 한다. 미술품 복원 작업은 목적에 따라 예방 보존 작업과 긴급 보존 처리 작업, 보존 복원 처리 작업으로 ⓐ나눌 수 있다.

01 ⓐ와 문맥적 의미가 가장 유사한 것은?

① 이 사과를 세 조각으로 나누자.
② 나는 물건들을 색깔별로 나누는 작업을 한다.
③ 형제란 한 부모의 피를 나눈 사람들을 말한다.
④ 우리 차라도 한잔 나누면서 이야기를 해 봅시다.
⑤ 상금을 모두에게 공정하게 나누어야 불만이 생기지 않는다.

> **2017년 6월 고2 모의고사**

다시 제과점을 예로 들면 오븐, 반죽기 등이 자본재에 해당되는데, 이러한 기계는 밀가루와 달리 생산물에 직접 들어가지는 않지만 계속 사용함에 따라 마모되어 경제적 가치가 ⓐ떨어진다.

02 ⓐ의 문맥적 의미와 가장 가까운 것은?

① 그는 타락의 길로 떨어졌다.
② 연일 주가가 떨어져서 큰일이다.
③ 감기가 떨어지지 않아 고생을 하였다.
④ 식당과 본관 건물은 서로 떨어져 있다.
⑤ 드디어 우리에게도 출동 명령이 떨어졌다.

> **2017년 3월 고2 모의고사**

• 스피커도 이와 같은 원리로 전류의 진동수나 진폭에 따라 다양한 소리를 ⓐ재생한다.
• 다이내믹 스피커는 영구 자석에 의해 형성되는 자기장이 보이스 코일에 흐르는 전류와 수직 방향을 이루도록 하여 진동판을 움직이는 힘이 위아래로 ⓑ작용하게 함으로써 소리를 재생하는 메커니즘을 갖는다.
• 퍼는 스피커의 외형을 이루는 단단한 프레임에 보빈을 지지시켜 보빈에 감겨 있는 보이스 코일이 위아래로 ⓒ원활하게 움직일 수 있도록 보이스 코일의 중심을 잡아 준다.
• 폴피스는 전류가 흐르면서 보이스 코일에서 발생하는 열을 영구 자석과 탑 플레이트로 ⓓ분산시켜 식혀 주는 역할을 한다.
• 영구 자석에서 형성되는 자기장의 세기는 항상 ⓔ일정하기 때문에 스피커에서 재생되는 소리의 크기는 보이스 코일에 흐르는 전류의 변화에 따라 달라진다.

03 ⓐ~ⓔ의 사전적 의미로 적절하지 않은 것은?

① ⓐ: 사물이 어떤 근원으로부터 갈려 나와 생김.
② ⓑ: 어떠한 현상을 일으키거나 영향을 미침.
③ ⓒ: 거침이 없이 잘되어 나감.
④ ⓓ: 갈라져 흩어지거나 그렇게 되게 함.
⑤ ⓔ: 어떤 것의 크기나 범위 등이 하나로 정하여져 있음.

수능 국어 어휘 만점 대비하기

| 이르다 | 다음 밑줄 친 부분에 해당하는 의미를 사전적 의미 에서 찾아 그 기호를 쓰시오. |

01 그의 책은 이제 마무리 단계에 <u>이르렀다</u>. ( )

02 우리는 부지런한 사람을 <u>일러</u> 개미에 비유한다. ( )

03 집 앞에 <u>이르고서야</u> 친구와의 약속이 생각났다. ( )

04 열아홉 살이면 독립하기에 아직 <u>이른</u> 감이 있다. ( )

05 동생에게 위험한 데서 놀지 말라고 단단히 <u>일렀다</u>. ( )

06 동생이 학원에 가지 않은 사실을 엄마에게 <u>일렀다</u>. ( )

사전적 의미　㉠ 어떤 장소나 시간에 닿다.　　　　　　　　　㉡ 어떤 정도나 범위에 미치다.
　　　　　　㉢ 대중이나 기준을 잡은 때보다 앞서거나 빠르다.　㉣ 잘 깨닫도록 일의 이치를 밝혀 말해 주다.
　　　　　　㉤ 어떤 사람의 잘못을 윗사람에게 말하여 알게 하다.　㉥ 어떤 대상을 무엇이라고 이름 붙이거나 가리켜 말하다.

| 읽다 | 다음 밑줄 친 부분에 해당하는 의미를 사전적 의미 에서 찾아 그 기호를 쓰시오. |

07 아이가 책을 소리 내어 <u>읽고</u> 있었다. ( )

08 약을 먹어야 할 때 반드시 설명서를 <u>읽는다</u>. ( )

09 그 부분은 임금에 대한 충정으로 <u>읽어야</u> 한다. ( )

10 눈빛만 봐도 서로의 마음을 <u>읽는</u> 친구 사이다. ( )

11 피아노를 배운 적이 있어 악보를 <u>읽을</u> 수 있다. ( )

12 경제의 흐름을 <u>읽기</u> 위해 아침마다 뉴스를 본다. ( )

사전적 의미　㉠ 글이나 글자의 음대로 소리 내어 말로써 나타내다.　㉡ 글을 보고 거기에 담긴 뜻을 헤아려 알다.
　　　　　　㉢ 그림이나 소리 등이 전하는 내용이나 뜻을 헤아려 알다.　㉣ 어떤 상황이나 사태가 갖는 특징을 이해하다.
　　　　　　㉤ 어떤 글이나 말을 특정한 방식으로 풀이하다.　㉥ 사람의 표정, 행위를 보고 뜻이나 마음을 알아차리다.

| 바르다 | 다음 밑줄 친 부분에 해당하는 의미를 사전적 의미 에서 찾아 그 기호를 쓰시오. |

13 화분을 양지 <u>바른</u> 곳에 놓았다. ( )

14 어떤 질문에도 <u>바르게</u> 대답해야 한다. ( )

15 줄을 <u>바르게</u> 선 팀이 먼저 입장을 한다. ( )

16 옆집에 사는 아이는 인사성이 참 <u>바르다</u>. ( )

17 건조한 겨울에는 로션을 <u>바르고</u> 다녀야 한다. ( )

18 장어의 뼈를 <u>바르고</u> 소금만 뿌려 구워 먹었다. ( )

사전적 의미　㉠ 겉으로 보기에 비뚤어지거나 굽은 데가 없다.　　㉡ 사실과 어긋남이 없다.
　　　　　　㉢ 액체나 가루 등을 다른 물체의 표면에 문질러 묻히다.　㉣ 그늘이 지지 아니하고 햇볕이 잘 들다.
　　　　　　㉤ 말이나 행동 등이 사회적 규범이나 사리에 어긋나지 아니하고 들어맞다.
　　　　　　㉥ 한데 어울려 있는 것 속에서 필요하거나 필요하지 않은 것을 추려 내다.

인문·철학 관련 빈출 어휘 익히기

자아 스스로 自 나 我	세상에 대한 인식이나 행동의 주체가 되는 자기. 예 청소년기에 접하는 다양한 경험은 [ ][ ] 형성에 큰 도움을 준다.
타진 칠 打 진찰할 診	남의 의사나 사정을 미리 살펴봄. 예 우리는 충분한 [ ][ ] 끝에 새로운 일을 하기로 하였다.
풍미 바람 風 맛 味	멋지고 아름다운 사람의 성품이나 인격. 예 전통 의상은 그녀의 우아한 [ ][ ]를 돋보이게 하였다.
학풍 배울 學 바람 風	학문의 태도나 경향. 예 그는 실학파의 [ ][ ]을 그대로 이어받은 학자였다.
함양 젖을 涵 기를 養	지식이나 능력, 성품 등을 기르고 닦음. 예 학교 교육은 인격 [ ][ ]과 더불어 지식 습득을 주목적으로 한다.
합일 합할 合 한 一	둘 이상의 서로 다른 것들이 합하여 하나가 됨. 예 동양 철학에서는 인간과 자연과의 [ ][ ]을 중시하였다.
향유 누릴 享 있을 有	좋은 것을 가져서 누림. 예 모든 청소년에게 예술을 [ ][ ]할 수 있는 기회를 제공해야 한다.
형국 모양 形 판 局	어떤 일이 벌어진 형편이나 상황. 예 노사 문제는 갈등과 대립의 [ ][ ]으로 치닫고 있었다.
정국 정사 政 판 局	정치계의 상황이나 형편. 예 새로운 후보의 등장으로 대선 [ ][ ]이 급변하고 있다.
형언 모양 形 말씀 言	사람이나 사물의 모양, 상태 또는 사람의 감정 등을 말로 표현함. 예 최종 합격하였을 때의 감정은 [ ][ ]할 수 없을 만큼 기뻤다.

과학·기술 관련 빈출 어휘 익히기

파형 물결 波 모양 形	물결처럼 기복이 있는 음파나 전파 등의 모양. 예 소리의 [　　] 은 물결처럼 기복이 있는 음파의 모양을 나타낸다.
편광 치우칠 偏 빛 光	빛이나 다른 전파 현상의 진동 방향이 특정한 방향으로 제한되는 현상. 예 태양 빛을 [　　] 거울로 반사하면 원하는 방향의 빛을 선택할 수 있다.
평형 평평할 平 저울대 衡	사물이 한쪽으로 기울지 않고 안정적인 상태에 있음. 예 물건을 하나 더 올려도 저울대는 [　　] 을 유지하였다.
합성 합할 合 이룰 成	둘 이상의 원소를 화합시켜 하나의 화합물을 만드는 일. 예 두 개의 수소와 하나의 산소가 결합하여 물로 [　　] 된다.
풍력 바람 風 힘 力	바람의 세기. 동력으로서 바람의 힘. 예 [　　] 으로 만들어진 전기는 공해가 없는 에너지이다.
화력 불 火 힘 力	불이 탈 때 내는 열의 힘. 예 난로 안에 [　　] 좋은 참나무를 가득 넣고 불을 붙였다.
원자력 근원 原 아들 子 힘 力	원자핵의 붕괴나 핵반응의 경우에 방출되는 에너지가 지속적으로 연쇄 반응을 일으켜 동력 자원으로 쓰일 때의 원자핵 에너지. 예 [　　　] 발전은 핵분열 때 발열되는 열을 이용하여 전기를 만든다.
항원 겨룰 抗 근원 原	생체 속에 침입하여 항체를 형성하게 하는 단백성 물질. 예 집먼지진드기와 같이 알레르기를 일으키는 [　　] 때문에 비염이 생겼다.
항체 겨룰 抗 몸 體	항원의 자극에 의해 몸속에서 만들어지는 물질. 예 예방 접종을 하면 해당 병균에 대한 [　　] 가 몸 안에 만들어진다.
명명 목숨 命 이름 名	사람, 사물, 사건 등의 대상에 이름을 지어 붙임. 예 우리는 정보화 시대라고 [　　] 한 시대를 살고 있다.

26

실전 문제로 어휘력 완성하기

● 다음 글을 읽고 물음에 답하시오.

> 현재 인간형 로봇은 인간의 신체 구조와 움직임과 거의 비슷한 수준에 ㉠이르렀다. 다양한 인체 관절과 근육을 갖추어 사람처럼 움직일 수 있고, 손가락으로 물건을 집거나 내려놓는 등의 섬세한 작업도 가능하다. 또한 얼굴 표정과 몸짓을 통해 감정을 표현하고 의사소통할 수 있도록 발전하고 있다.

01 ㉠의 문맥적 의미와 가장 가까운 것은?

① 후배에게 주의 사항을 잘 숙지하도록 일렀다.　② 드라마가 절정에 이르렀을 때 전기가 나갔다.
③ 공항에 이르러서야 가방을 두고 온 것을 알았다.　④ 자신의 이익만 챙기는 사람을 속물이라고 이른다.
⑤ 투표소는 이른 아침부터 투표하려는 주민들로 붐볐다.

● 다음 글을 읽고 물음에 답하시오.

> 김홍도의 풍속화는 간단한 선과 색채를 사용하여 사물들을 묘사하고, 인물들의 행동과 표정, 의상 등을 세밀하게 표현한 것이 특징이다. 농민들이 노동하는 농경 사회의 모습, 양반들의 귀족적인 생활 모습, 무인들의 평민적인 모습 등을 보여 준다. 이렇듯 당시의 사회적 모습, 문화적 특성 등을 ㉡읽을 수 있게 해 준다는 점에서 김홍도의 풍속화는 조선 시대의 역사와 문화를 이해하는 데에 큰 도움이 된다.

02 ㉡의 문맥적 의미와 가장 가까운 것은?

① 신체 신호로 상대의 감정을 읽을 수 있다.　② 조선 시대의 서민들은 한자를 읽지 못하였다.
③ 팀장은 팀원의 기획서를 천천히 읽고 있었다.　④ 지도를 읽으려면 다양한 기호를 알아야 한다.
⑤ 전시회에서 한국 미술의 현주소를 읽을 수 있다.

● 다음 글을 읽고 물음에 답하시오.

> 유물 보존가는 발굴된 유물을 보존하고 복원하는 작업을 한다. 유물이 시간에 따른 부식과 손상을 받을 수 있으므로, 유물 보존가는 이를 최소화하고 유물의 상태를 유지해야 한다. 특히 고대의 유물을 발굴할 때는 이미 헐려 버린 조각 중에 상하지 않은 부분들을 ㉢발라내고, 복원 작업을 거쳐 완성된 모습으로 재탄생시키게 된다. 이 과정에서 고대의 아름다움과 현대의 감성이 아름답게 어우러진 예술 작품이 탄생하는 것이다.

03 ㉢의 문맥적 의미와 가장 가까운 것은?

① 그녀는 마음이 착하고 행실이 바르다.　② 글씨를 잘 쓰려면 선을 바르게 그어라.
③ 민주주의를 바르게 이해하고 실천해야 한다.　④ 잘 말린 그릇에 유약을 바르고 가마에 구웠다.
⑤ 목에 안 걸리게 생선 가시를 잘 바르고 먹어라.

● 04~06 다음 설명에 맞는 글자를 골라 ①한글과 ②한자로 쓰시오.

04 둘 이상의 서로 다른 것들이 합하여 하나가 됨.　　　　　(①　　　　　　), (②　　　　　　)

05 좋은 것을 가져서 누림.　　　　　　　　　　　　　　　　(①　　　　　　), (②　　　　　　)

06 남의 의사나 사정을 미리 살펴봄.　　　　　　　　　　　(①　　　　　　), (②　　　　　　)

● 07~09 다음 설명에 맞는 글자를 골라 ①한글과 ②한자로 쓰시오.

衡	偏	形	波	平	光
저울대 형	치우칠 편	모양 형	물결 파	평평할 평	빛 광

07 빛이나 다른 전파 현상의 진동 방향이 특정한 방향으로 제한되는 현상.

　　　　　　　　　　　　　　　　　　　　　　　　　　　(①　　　　　　), (②　　　　　　)

08 사물이 한쪽으로 기울지 않고 안정적인 상태에 있음.　　(①　　　　　　), (②　　　　　　)

09 물결처럼 기복이 있는 음파나 전파 등의 모양.　　　　　(①　　　　　　), (②　　　　　　)

● 10~12 제시된 초성을 참고하여 다음 예문을 완성하시오.

10 학교 교육은 아이 스스로 ㅈ ㅇ 를 발견할 수 있게 도와주어야 한다.
　　　　　　　　　　세상에 대한 인식이나 행동의 주체가 되는 자기.

　　　　　　　　　　　　　　　　　　　　　　　　　　　　　　　（　　　　　　）

11 모유에는 신생아를 각종 질병으로부터 보호하는 ㅎ ㅊ 가 포함되어 있다.
　　　　　　　　　　　　　　　　항원의 자극에 의해 몸속에서 만들어지는 물질.

　　　　　　　　　　　　　　　　　　　　　　　　　　　　　　　（　　　　　　）

12 도시가스는 ㅎ ㄹ 이 세고 사용이 간단하고 위생적이다.
　　　　　　불이 탈 때 내는 열의 힘.

　　　　　　　　　　　　　　　　　　　　　　　　　　　　　　　（　　　　　　）

> 2016년 9월 고2 모의고사

이런 현실은 당시 화가들에게는 위기였고, 그래서 새로운 출발로 선택한 방식이 근원으로 ⓐ돌아가는 것이었다.

01 ⓐ와 문맥적 의미가 가장 유사한 것은?

① 기계가 잘 돌아간다.　　　② 물레방아가 빙글빙글 돌아간다.　　　③ 우리는 돌아가면서 점심을 산다.
④ 일이 바쁘게 돌아가서 정신이 없다.　　　⑤ 우리 원점으로 돌아가 다시 생각해 보자.

> 2016년 6월 고2 모의고사

• 재산을 무상으로 타인에게 ⓐ이전하는 것에는 '상속'과 '증여'가 있다.
• 상속과 증여에는 세금을 ⓑ부과하는데 이를 각각 상속세, 증여세라 한다.
• 그런데 상속의 경우 재산을 물려주는 이가 유언 없이 사망하였을 때, 그의 상속 의지를 알 수 없다. 이에 ⓒ대비하여 상속인의 범위를 민법에 명확히 규정하고 있다.
• 상속세와 증여세는 모두 공제 후 남은 금액에 대해 금액이 클수록 세율이 높아지는 누진 세율이 동일하게 ⓓ적용된다.
• 이러한 점을 악용하여 높은 비율의 세금 부담을 피하기 위해 일부 재산을 미리 증여하는 ⓔ폐단이 있다.

02 ⓐ~ⓔ의 문맥적 의미로 적절하지 않은 것은?

① ⓐ: 권리 따위를 남에게 넘겨주거나 넘겨받음.　　　② ⓑ: 세금이나 부담금 따위를 매기어 부담하게 함.
③ ⓒ: 두 가지의 차이를 밝히기 위하여 서로 맞대어 비교함.
④ ⓓ: 알맞게 이용하거나 맞추어 씀.　　　⑤ ⓔ: 어떤 일이나 행동에서 나타나는 옳지 못한 현상.

> 2016년 3월 고2 모의고사

• 노자의 『도덕경』을 ⓐ관통하고 있는 사고방식은 "차원 높은 덕은 덕스럽지 않으므로 덕이 있고, 차원 낮은 덕은 덕을 잃지 않으므로 덕이 없다."에 잘 나타나 있다.
• 노자에 따르면, A와 ~A가 공존하는 실상을 알지 못하는 사람들은 'A는 A이다.'와 같은 사유에 ⓑ매몰되어 세계를 온전하게 이해하지 못한다.
• 그 반대적 측면을 동반하게 되어 결국 사회의 혼란이 ⓒ가중되는 방향으로 나아가게 된다고 비판할 수 있는 것이다.
• '명'에 관한 노자의 견해는 이기심과 탐욕으로 인한 갈등과 투쟁이 극심했던 사회에 대한 비판적 분석이면서 동시에 그 사회의 혼란을 ⓓ해소하기 위한 것이라고 할 수 있다.
• 인위적인 규정이 없는 열린 세계에서 인간을 살게 하는 것이 훨씬 더 평화로운 안정된 삶을 ⓔ보장해 준다고 생각했다.

03 ⓐ~ⓔ의 사전적 의미로 적절하지 않은 것은?

① ⓐ: 일정한 체계에 따라 서로 관련되어 있음.　　　② ⓑ: 보이지 아니하게 파묻힘.
③ ⓒ: 책임이나 부담 따위가 더 무거워짐.
④ ⓓ: 어려운 일이나 문제가 되는 상태를 해결하여 없애 버림.
⑤ ⓔ: 어떤 일이 어려움 없이 이루어지도록 조건을 마련하여 보증하거나 보호함.

수능 국어 어휘 만점 대비하기

| 베다 | 다음 밑줄 친 부분에 해당하는 의미를 사전적 의미 에서 찾아 그 기호를 쓰시오. |

01 땔감으로 사용할 나무를 <u>베었다</u>.　　　　　　　　　　　　　　(　　　)

02 배가 고파서 떡을 덥석 <u>베어</u> 물었다.　　　　　　　　　　　　(　　　)

03 할머니의 무릎을 <u>베고</u> 누워 잠이 들었다.　　　　　　　　　　(　　　)

04 서둘러 면도하다가 턱을 살짝 <u>베었다</u>.　　　　　　　　　　　　(　　　)

사전적 의미　㉠ 날이 있는 물건으로 상처를 내다.　　　　　　㉡ 이로 음식 등을 끊거나 자르다.
　　　　　　㉢ 누울 때, 베개 등을 머리 아래에 받치다.　　㉣ 날이 있는 연장 등으로 무엇을 끊거나 자르거나 가르다.

| 배다 | 다음 밑줄 친 부분에 해당하는 의미를 사전적 의미 에서 찾아 그 기호를 쓰시오. |

05 어제 새끼를 <u>밴</u> 고양이를 구조하였다.　　　　　　　　　　　(　　　)

06 생선을 구웠더니 냄새가 집안에 <u>배었다</u>.　　　　　　　　　　　(　　　)

07 이곳은 아직도 시골의 정취가 <u>배어</u> 있다.　　　　　　　　　　(　　　)

08 그녀는 절약하는 습관이 몸에 <u>배어</u> 있다.　　　　　　　　　　(　　　)

09 어제 등산을 하였더니 다리에 알이 <u>배어</u> 아프다.　　　　　　(　　　)

사전적 의미　㉠ 스며들거나 스며 나오다.　　　　　　　　　　　　㉡ 버릇이 되어 익숙해지다.
　　　　　　㉢ 느낌, 생각 등이 깊이 느껴지거나 오래 남아 있다.　㉣ 배 속에 아이나 새끼를 가지다.
　　　　　　㉤ 사람의 근육에 뭉친 데가 생기다.

| 살다 | 다음 밑줄 친 부분에 해당하는 의미를 사전적 의미 에서 찾아 그 기호를 쓰시오. |

10 그들은 사기로 징역을 <u>살게</u> 되었다.　　　　　　　　　　　　(　　　)

11 그녀는 구십 살까지 건강하게 <u>살았다</u>.　　　　　　　　　　　(　　　)

12 그들은 한국 미술계의 <u>살아</u> 있는 역사다.　　　　　　　　　　(　　　)

13 울릉도는 자연이 그대로 <u>살아</u> 있는 곳이다.　　　　　　　　　(　　　)

14 도시에서 <u>사는</u> 사람들은 전원생활을 동경한다.　　　　　　　(　　　)

15 일에서 은퇴하면 자연과 동화된 삶을 <u>살고</u> 싶다.　　　　　　(　　　)

사전적 의미　㉠ 생명을 지니고 있다.　　　　　　　　　　　　　　㉡ 본래 가지고 있던 색깔이나 특징 등이 뚜렷이 나타나다.
　　　　　　㉢ 글, 말, 현상의 효력이 현실과 관련되어 생동감이 있다.　㉣ 어느 곳에 거주하거나 거처하다.
　　　　　　㉤ 어떤 직분이나 신분의 생활을 하다.　　　　　㉥ 어떤 생활을 영위하다.

법률·경제 관련 빈출 어휘 익히기

만기 찰 滿 기약할 期	미리 정한 기한이 다 참. 또는 그 기한. 예 학비를 모으기 위해 3년 [ ] 의 적금을 들었다.
원금 으뜸 元 쇠 金	빌린 돈 가운데 이자를 제외한 원래의 돈. 예 적금을 중도에 해지하면 [ ] 만 돌려받게 될 수도 있다.
이자 이로울 利 아들 子	남에게 돈을 빌려 쓴 대가로 치르는 일정한 비율의 돈. 예 금리가 상승하여 은행 [ ] 가 크게 올랐다.
일환 한 一 고리 環	서로 가까운 관계에 있는 여럿 중의 하나. 예 환경 보호 운동의 [ ] 으로 개인 컵 사용하기 캠페인을 벌이고 있다.
통관 통할 通 관계할 關	관세법의 규정에 따라 화물 수출입 허가를 받고 세관을 통과함. 예 수입 농산물에서 다량의 방부제가 검출되어 [ ] 이 금지되었다.
재정 재물 財 정사 政	개인, 가계, 기업 따위의 경제 상태. 예 우리 구는 [ ] 확충을 늘리기 위해 각종 세금을 인상하고 있다.
주식 그루 株 법 式	주식회사의 자본을 같은 값으로 나누어 놓은 단위. 예 회사의 [ ] 을 많이 가질수록 회사 운영에 대한 권리도 커진다.
주가 그루 株 값 價	주식이나 주권의 가격. 주식 시장에서 형성되는 시세에 따라서 결정됨. 예 국내 경제가 회복세를 보이면서 [ ] 도 상승세로 돌아섰다.
채권 빚 債 문서 券	국가나 지방 자치 단체, 은행, 회사 등이 필요한 돈을 꾸기 위하여 발행하는 일종의 차용증서. 예 기업의 신용도가 낮으면 [ ] 의 발행이 어려워질 수도 있다.
증권 증거 證 문서 券	어음, 수표, 주권, 채권 등 재산권을 표시한 증서를 통틀어 이르는 말. 예 국내외의 경제 위기와 불황으로 [ ] 시장은 꽁꽁 얼어붙었다.

문화·예술 관련 빈출 어휘 익히기

물신화 물건 物 귀신 神 될 化	어떤 이념이나 대상을 신과 같이 여기는 것. 예 인터넷 미디어를 ____ 하는 태도는 경계해야 한다.
범주화 법 範 이랑 疇 될 化	비슷한 성질을 가진 것이 일정한 기준에 따라 하나의 부류로 묶이게 됨. 예 복잡한 자료를 주제별로 묶어 ____ 하니 훨씬 이해하기 쉽다.
파편화 깨뜨릴 破 조각 片 될 化	깨어져 여러 조각으로 나누어짐. 예 전공 영역이 세세하게 나뉘면서 지식의 ____ 현상이 나타났다.
일원적 한 一 으뜸 元 과녁 的	특정한 문제나 사항을 하나의 원리로만 설명하는 것. 예 사회 문화의 다양성은 ____ 인 접근으로 이해하기 어렵다.
이원적 두 二 으뜸 元 과녁 的	두 가지의 다른 요소나 원리로 이루어지는 것. 예 이 소설에는 무산 계급과 유산 계급의 ____ 대립이 두드러지게 나타난다.
다원적 많을 多 으뜸 元 과녁 的	사물이나 현상의 근원이 여러 갈래로 많은 것. 예 다양한 의견을 수렴하는 ____ 인 토론으로 바람직한 해결책을 찾을 수 있다.
명시적 밝을 明 보일 示 과녁 的	내용이나 뜻을 분명하게 드러내 보이는 것. 예 모든 예산의 실제 사용처를 ____ 으로 밝혀야 한다.
전제적 오로지 專 절제할 制 과녁 的	개인이 국가의 권력을 장악하고 모든 일을 자신의 의사에 따라서 처리하는 방식을 쓰는 체제인 것. 예 독재자의 ____ 인 통치는 자유를 찾는 민중의 열망에 의해 무너질 것이다.
대외적 대할 對 바깥 外 과녁 的	국가나 사회의 외부에 관련되는 것. 예 이번 사태로 인해 우리나라의 ____ 신인도가 급격히 떨어졌다.
대칭적 대할 對 일컬을 稱 과녁 的	사물들이 서로 동일한 모습으로 마주 보며 짝을 이루고 있는 것. 예 건물 앞에 서 있는 두 개의 조각은 서로 ____ 이다.

실전 문제로 어휘력 완성하기

● 다음 글을 읽고 물음에 답하시오.

> 베개는 인간의 수면에 중요한 역할을 하는 생활용품으로, 일반적으로 머리와 목을 지지하여 자는 동안 올바른 자세를 유지하도록 돕는다. 적절한 높이의 베개를 ㉠베고 자면 목과 척추의 자연스러운 곡선을 유지하고 근육 피로를 완화하여 건강한 수면에 도움을 준다. 높은 베개를 사용하면 목과 어깨 긴장, 호흡 문제, 눈과 안면 압박 등의 문제가 생길 수 있으므로 체형을 고려하여 알맞은 베개를 선택해야 한다.

01 ㉠의 문맥적 의미와 가장 가까운 것은?

① 들판에서 소에게 먹일 풀을 베었다.　② 한 손으로 벼를 잡고 낫으로 베었다.
③ 그녀는 칼질이 서툴러서 손을 베었다.　④ 그는 사과를 한 입 베어 씹어 먹었다.
⑤ 우리는 팔을 베고 누워 하늘을 보았다.

● 다음 글을 읽고 물음에 답하시오.

> 인도의 카스트는 출신에 따라 사람들을 엄격한 계급으로 분류하여 사회적 등급과 기회를 결정하는 제도이다. 카스트와 같이 뿌리 깊이 ㉡배어 있는 관습은 현대 사회의 가치와 충돌하며, 사회적 불평등과 분열, 경제적 불평등 등 다양한 문제점을 초래한다. 인도 정부와 시민 단체들은 오랫동안 이어져 온 악습을 변화시키고, 사회적 공정성을 증진하기 위해 노력해야 한다.

02 ㉡의 문맥적 의미와 가장 가까운 것은?

① 시골 외할머니네 염소가 새끼를 배었다.　② 아이의 표정에는 장난기가 배어 있었다.
③ 농악에는 우리 민족의 정서가 배어 있다.　④ 그의 성실함은 어린 시절부터 몸에 밴 것이다.
⑤ 운동을 과격하게 하였더니 온몸에 알이 밴 것 같다.

● 다음 글을 읽고 물음에 답하시오.

> 빈센트 반 고흐의 〈별이 빛나는 밤에〉는 작가의 개성이 가장 잘 ㉢살아 있는 작품으로 평가받고 있다. 이 작품에는 총 11개의 별이 밤하늘을 채우고 있는데, 고흐는 대담한 색상과 강렬한 붓질로 밤하늘에 빛나는 별들을 표현하였다. 또한 작은 마을의 집과 나무들은 짙은 파란색과 노란색의 대비를 통해, 현실적인 느낌과 함께 환상적인 분위기를 연출하고 있다.

03 ㉢의 문맥적 의미와 가장 가까운 것은?

① 그는 위험한 전투에서 살아서 돌아왔다.
② 아이들에게 자연은 살아 있는 교훈이다.
③ 고기 본연의 맛을 살리기 위해 소금만 뿌렸다.
④ 물방개는 물속에 살며 작은 곤충을 잡아먹는다.
⑤ 그녀는 격동의 세월 속에서 파란만장한 삶을 살았다.

● 04~06 다음 설명에 맞는 글자를 골라 ①한글과 ②한자로 쓰시오.

環	價	券	一	證	株
고리 환	값 가	문서 권	한 일	증거 증	그루 주

04 주식이나 주권의 가격. 주식 시장에서 형성되는 시세에 따라서 결정됨.

(①   ), (②   )

05 서로 가까운 관계에 있는 여럿 중의 하나.   (①   ), (②   )

06 어음, 수표, 주권, 채권 등 재산권을 표시한 증서를 통틀어 이르는 말.

(①   ), (②   )

● 07~09 다음 설명에 맞는 단어를 골라 쓰시오.

이원적	다원적	명시적	대칭적	대외적

27

07 사물이나 현상의 근원이 여러 갈래로 많은 것.   (   )

08 내용이나 뜻을 분명하게 드러내 보이는 것.   (   )

09 국가나 사회의 외부에 관련되는 것.   (   )

● 10~12 제시된 초성을 참고하여 다음 예문을 완성하시오.

10 급히 목돈을 마련하기 위해 ㅁ ㄱ 가 얼마 남지 않은 적금을 해약하였다.

미리 정한 기한이 다 참. 또는 그 기한.

(   )

11 금리가 너무 높아지면서 ㅇ ㄱ 은커녕 이자를 갚기도 힘들다.

빌린 돈 가운데 이자를 제외한 원래의 돈.

(   )

12 수입 ㅌ ㄱ 절차를 마쳐야 화물을 배에서 내릴 수 있다.

관세법의 규정에 따라 화물 수출입 허가를 받고 세관을 통과함.

(   )

> 2015년 11월 고2 모의고사

색채, 명암, 질감 등에 매료되어 눈이 커지거나 고개를 내미는 등의 신체적 자세를 ⓐ취하는 상태를 의미한다.

01 ⓐ와 문맥적 의미가 유사한 것은?

① 그는 모자라는 돈을 친구에게서 취했다.
② 그는 사진을 찍기 위해 포즈를 취하고 있었다.
③ 수술 후에 어머니는 병실에서 휴식을 취하고 계신다.
④ 물질적 이익만을 취하는 오류를 범하지 말아야 한다.
⑤ 그가 제시한 조건들 가운데서 마음에 드는 것만을 취했다.

> 2015년 9월 고2 모의고사

• 특히 현대 민주주의에서는 구성원 간의 사회적 합의를 ⓐ도출해 내기 위해 의회의 역할이 강조된다.
• 여기에는 정부 등 공적 주체는 물론 시민의 활발한 참여와 관심이 ⓑ수반되어야 한다.
• 사회 갈등은 사회적 비용이 발생하는 등 부정적인 결과를 ⓒ초래하기 때문에 갈등 현안이 발생하면 의회는 이에 적극적으로 대처하기 위한 활동을 하게 된다.
• 이때 참여 기구의 인적 구성은 사회적 합의를 이끌어 낼 수 있도록 대표성과 중립성이 ⓓ담보되어야 한다.
• 특히 의회가 시민의 폭넓은 참여를 보장하는 최적의 입법 과정을 ⓔ정립하는 것은 우리 사회의 통합을 위해 꼭 필요한 일이다.

02 문맥상 ⓐ~ⓔ와 바꾸어 쓰기에 적절하지 <u>않은</u> 것은?

① ⓐ: 이끌어　　② ⓑ: 뒤따라야　　③ ⓒ: 가져오기
④ ⓓ: 나누어져야　　⑤ ⓔ: 바로 세우는

> 2015년 6월 고2 모의고사

• 가격이 시장에서 수요자와 공급자들의 의사 결정을 ⓐ조절하는 기능을 수행하듯이 국제 가격도 국제 거래에서 수요자와 공급자들의 의사 결정을 조절하는 역할을 한다.
• 많은 나라에서 1달러와 교환되는 자국 화폐 단위를 표시하는 방법을 채택하는 ⓑ경향이 있다.
• 환율은 외국 통화에 대한 자국 통화의 상대적인 구매력이 ⓒ반영된 것이므로 한 나라 상품의 국제적인 가격 경쟁력을 측정하는 데 널리 이용된다.
• 제품에 비해 더 비싸지므로 수출이 감소하고 수입이 증가하여 국내 경기가 ⓓ침체될 수 있다.
• 따라서 우리나라와 같이 수출 의존도가 높은 나라는 실질환율 하락으로 큰 ⓔ타격을 입을 수 있다.

03 ⓐ~ⓔ의 사전적 의미로 적절하지 <u>않은</u> 것은?

① ⓐ: 균형이 맞게 바로잡거나 적당하게 맞추어 나감.
② ⓑ: 어떤 일이나 현상을 앞장서서 이끌거나 안내함.
③ ⓒ: 다른 것에 영향을 받아 어떤 현상이 나타남.
④ ⓓ: 어떤 현상이나 사물이 진전하지 못하고 제자리에 머무름.
⑤ ⓔ: 어떤 영향을 받아 기운이 크게 꺾이거나 손해를 봄.

수능 국어 어휘 만점 대비하기

STEP 2

취하다 | 다음 밑줄 친 부분에 해당하는 의미를 사전적 의미 에서 찾아 그 기호를 쓰시오.

01 위험에 처하면 방어 자세를 <u>취해야</u> 한다. ( )
02 부족한 자금을 은행에서 대출받아 <u>취하였다</u>. ( )
03 승리감에 <u>취해</u> 다음 경기를 대비하지 않았다. ( )
04 남에게서 배울 점을 <u>취하여</u> 실천하도록 만들자. ( )
05 다음 경기를 위해 오늘은 휴식을 <u>취하기로</u> 하였다. ( )
06 정부는 이번 사태에 대해 강경한 태도를 <u>취하고</u> 있다. ( )

사전적 의미 ㉠ 일정한 조건에 맞는 것을 골라 가지다.   ㉡ 자기 것으로 만들어 가지다.
㉢ 어떤 일의 방책으로 일정한 행동이나 태도를 보이다.   ㉣ 어떤 특정한 자세를 하다.
㉤ 남에게서 돈이나 물품 등을 꾸거나 빌리다.   ㉥ 무엇에 마음이 쏠리어 넋을 빼앗기다.

세다 | 다음 밑줄 친 부분에 해당하는 의미를 사전적 의미 에서 찾아 그 기호를 쓰시오.

07 아이는 고집이 <u>세고</u> 응석이 심하였다. ( )
08 그는 힘이 <u>세서</u> 별명이 천하장사였다. ( )
09 모임에 참석한 인원을 <u>세어서</u> 알려주세요. ( )
10 바람이 <u>세게</u> 불어서 잔가지들이 떨어졌다. ( )
11 붕어는 가시가 <u>세기</u> 때문에 잘 먹어야 한다. ( )
12 이번 태풍은 올해 태풍 중 가장 위력이 <u>세다</u>. ( )

사전적 의미 ㉠ 힘이 강하다.   ㉡ 행동하거나 밀고 나가는 기세 등이 강하다.
㉢ 물, 불, 바람 등의 기세가 크거나 빠르다.   ㉣ 능력이나 수준 등의 정도가 높거나 심하다.
㉤ 사물의 감촉이 딱딱하고 뻣뻣하다.   ㉥ 사물의 수효를 헤아리거나 꼽다.

싸다 | 다음 밑줄 친 부분에 해당하는 의미를 사전적 의미 에서 찾아 그 기호를 쓰시오.

13 친구 생일 선물을 예쁜 포장지에 <u>쌌다</u>. ( )
14 중고품을 <u>싸게</u> 파는 벼룩시장이 열렸다. ( )
15 여행을 가기 일주일 전부터 가방을 <u>쌌다</u>. ( )
16 그 사람은 입이 <u>싸고</u> 험하기로 유명하다. ( )
17 그런 잘못을 했으니 너는 혼이 나도 <u>싸다</u>. ( )
18 심외막은 심장 근육의 바깥을 <u>싸고</u> 있는 막이다. ( )

사전적 의미 ㉠ 물건값이나 사람, 물건의 사용료가 보통보다 낮다.   ㉡ 저지른 일에 비추어서 벌이 마땅하거나 오히려 적다.
㉢ 물건을 안에 넣고 보이지 않게 씌워 가리거나 둘러 말다.   ㉣ 어떤 물체의 주위를 가리거나 막다.
㉤ 물건을 옮기고자 상자, 끈, 천 등을 써서 꾸리다.   ㉥ 들은 말 등을 진중하게 간직하지 아니하고 잘 떠벌리다.

28

인문·철학 관련 빈출 어휘 익히기

결연 맺을 結 인연 緣	둘 이상의 사람이나 기관이 가까운 관계를 맺음. (예) 정부 차원에서 도시 학교와 농촌 마을과의 □□ 을 추진하고 있다.
회귀 돌아올 回 돌아갈 歸	한 바퀴 돌아 제자리로 돌아오거나 돌아감. (예) 과거 독재 체제로의 □□ 는 원하지 않는다.
당대 마땅 當 대신할 代	일이 있는 바로 그 시대. (예) 그는 □□ 최고의 철학자로 이름을 떨쳤다.
양자 두 兩 놈 者	관계있는 두 사람이나 사물. 또는 두 개의 의견. (예) 사고 당사자인 □□ 간의 합의로 일이 원만하게 마무리되었다.
유한 있을 有 한할 限	수, 양, 공간 등에 일정하게 정해진 범위나 한계가 있음. (예) 그녀의 연주는 □□ 의 세계를 초월한 천상의 음악이었다.
위배 어긋날 違 등 背	법률, 명령, 약속 등을 지키지 않고 어김. (예) 고의적인 반칙은 스포츠 정신에 □□ 가 되는 행동이다.
창시 비롯할 創 비로소 始	어떤 사상이나 학설 등을 처음으로 시작하거나 내세움. (예) 최제우는 천도교를 □□ 한 인물이다.
규정 법 規 정할 定	내용이나 성격, 의미 등을 밝혀 정함. (예) 예술을 한마디로 □□ 하기는 어렵다.
통설 통할 通 말씀 說	세상에 널리 알려지거나 일반적으로 인정되고 있는 설. (예) 연등 의례는 신라 시대 황룡사에서 시작되었다는 것이 □□ 이다.
차원 버금 次 으뜸 元	어떤 생각이나 의견을 이루는 사상이나 학문의 수준. (예) 난민 문제는 인도적 □□ 에서 해결책을 모색해야 한다.

과학·기술 관련 빈출 어휘 익히기

천체 하늘 天 몸 體	지구의 대기권 밖의 우주 공간에 떠 있는 온갖 물체를 통틀어 이르는 말. 예 천문대는 [ ][ ]를 관측하고 연구하는 곳이다.
행성 다닐 行 별 星	중심이 되는 별의 둘레를 각자의 궤도에 따라 돌면서, 자신은 빛을 내지 못하는 천체. 예 태양계에는 수성, 금성, 지구, 화성 등의 [ ][ ]이 있다.
위성 지킬 衛 별 星	행성의 인력에 의하여 그 둘레를 도는 천체. 예 달은 궤도를 따라 지구 주위를 도는 [ ][ ]이다.
광년 빛 光 해 年	천체와 천체 사이의 거리를 나타내는 단위. 1광년은 빛이 초속 30만 km로 1년 동안 나아가는 거리로, 9조 4,670억 7,782만 km임. 예 안드로메다은하는 우리 은하계로부터 약 200만 [ ][ ] 떨어져 있다.
항성 항상 恒 별 星	스스로 빛을 내며 한자리에 머물러 있고 별자리를 구성하는 별. 예 태양은 은하계의 중심에서 3만 광년이나 떨어져 있는 [ ][ ]이다.
위도 씨 緯 법도 度	지구상에 있는 지점의 위치를 가로로 나타내는 것. 예 북반구에서는 [ ][ ]가 높아질수록 기온이 낮아지는 경향이 있다.
경도 지날 經 법도 度	지구에서의 위치를 나타내는 좌표축 중에서 세로로 된 것. 예 한국과 일본은 같은 [ ][ ]라서 시간대가 거의 비슷하다.
지축 땅 地 굴대 軸	북극과 남극을 관통하는 지구의 자전축. 예 지구는 [ ][ ]을 중심으로 기울어진 채로 돌고 있다.
일주 한 一 두루 周	일정한 경로를 한 바퀴 돎. 예 태양과 달이 하늘을 [ ][ ]하는 데 걸리는 시간은 24시간이다.
은하 은 銀 물 河	흰 구름 모양으로 길게 보이는 수많은 천체의 무리. 예 새로 발견된 [ ][ ]는 약 1,000억 개의 별로 이루어져 있다.

실전 문제로 어휘력 완성하기

● 다음 글을 읽고 물음에 답하시오.

> 미국이 2003년 이라크에 대해 군사적인 행동을 ㉠취한 이유는 사담 후세인 대통령이 알카에다를 비롯한 테러 조직을 지원하고, 화학 무기와 핵무기 등의 대량 살상 무기를 개발하였다고 의심을 품었기 때문이다. 이러한 의심은 이라크가 미국뿐만 아니라 전 세계의 평화와 안보를 위협한다는 우려를 불러왔다. 하지만 전투 후에 대량 살상 무기가 발견되지 않자, 국제 사회에서는 미국의 이라크 공격을 지지하지 않았다.

01 ㉠의 문맥적 의미와 가장 가까운 것은?

① 고궁에서 가을 분위기에 흠뻑 취해 걸었다.
② 넘어져 다친 아이에게 우선 응급조치를 취하였다.
③ 여러 물건 중에서 가장 비싸 보이는 것을 취하였다.
④ 부족했던 물량을 다른 지점에서 가까스로 취하였다.
⑤ 불법 사재기로 부당 이득을 취한 일당이 적발되었다.

● 다음 글을 읽고 물음에 답하시오.

> 자력이 강한 자석은 의료 분야에서도 중요한 역할을 한다. 의료 장비인 자기 공명 영상(MRI)에도 자력이 ㉡센 자석이 활용된다. MRI는 인체 내부의 조직과 기관을 정밀하게 관찰하기 위해 강력한 자기장을 활용하는데, 이를 가능하게 하는 것이 바로 자력이 강한 자석이다. 이에 따라 정확한 진단과 치료가 가능해지면서 의료 분야의 발전에 크게 기여하고 있다.

02 ㉡의 문맥적 의미와 가장 가까운 것은?

① 파도가 집어삼킬 듯 세게 치고 있다.
② 문고리를 너무 세게 당겨서 뜯어졌다.
③ 자존심이 세면 자존감이 낮을 수 있다.
④ 그녀는 받은 돈을 세어 지갑에 넣었다.
⑤ 이 동네는 집세가 너무 세서 살기 어렵다.

● 다음 글을 읽고 물음에 답하시오.

> 근육의 겉면을 ㉢싸고 있는 근막은 결합 조직의 일종으로, 근육과 같은 신체 내부의 구조물을 보호하고 지지하는 역할을 한다. 또한 부상과 스트레스로부터 근육을 보호하고 기능을 최적화하는 데 도움을 준다. 근막은 발생학적으로 뼈, 연골, 근육, 피부 등과 함께 중배엽에서 유래한다.

03 ㉢의 문맥적 의미와 가장 가까운 것은?

① 친구를 괴롭혔으니, 벌을 받아도 싸다.
② 카페에서 먹고 남은 빵을 종이로 쌌다.
③ 마트보다 시장에서 파는 수박이 더 쌌다.
④ 경찰들이 국회 주변을 겹겹이 싸고 있다.
⑤ 어머니가 볶음밥을 도시락으로 싸 주셨다.

● **04~06** 다음 설명에 맞는 글자를 골라 ①한글과 ②한자로 쓰시오.

者 놈 자	歸 돌아갈 귀	說 말씀 설	兩 두 양	通 통할 통	回 돌아올 회

04 관계 있는 두 사람이나 사물. 또는 두 개의 의견.　　(①　　　　), (②　　　　)

05 한 바퀴 돌아 제자리로 돌아오거나 돌아감.　　(①　　　　), (②　　　　)

06 세상에 널리 알려지거나 일반적으로 인정되고 있는 설.　　(①　　　　), (②　　　　)

● **07~09** 다음 설명에 맞는 글자를 골라 ①한글과 ②한자로 쓰시오.

星 별 성	體 몸 체	河 물 하	銀 은 은	天 하늘 천	恒 항상 항

07 흰 구름 모양으로 길게 보이는 수많은 천체의 무리.　　(①　　　　), (②　　　　)

08 스스로 빛을 내며 한자리에 머물러 있고 별자리를 구성하는 별.

(①　　　　), (②　　　　)

09 지구의 대기권 밖의 우주 공간에 떠 있는 온갖 물체를 통틀어 이르는 말.

(①　　　　), (②　　　　)

● **10~12** 제시된 초성을 참고하여 다음 예문을 완성하시오.

10 우리 회사는 섬마을 학교들과 ㄱ ㅇ 을 맺어 학용품을 보내고 있다.
　　　　　　　　　　　둘 이상의 사람이나 기관이 가까운 관계를 맺음.

(　　　　　)

11 국민의 권리를 제한하는 것은 헌법의 기본 정신에 ㅇ ㅂ 된다.
　　　　　　　　　　　　　　법률, 명령, 약속 등을 지키지 않고 어김.

(　　　　　)

12 화성은 두 개의 작은 자연 ㅇ ㅅ 을 가지고 있다.
　　　　　　　행성의 인력에 의하여 그 둘레를 도는 천체.

(　　　　　)

28

>> 2015년 3월 고2 모의고사

> 아나포라는 수사학에서의 두음(頭音) 반복의 원리를 음악에 적용하여 일정 구절의 앞부분을 반복하는 음형이다. 작곡가는 전달하려는 감정을 강조하기 위해 이 음형을 ⓐ쓴다.

01 밑줄 친 부분의 문맥적 의미가 ⓐ와 가장 가까운 것은?

① 요즘 신경 쓸 일이 많다.
② 그 공식을 쓰니 문제가 풀렸다.
③ 악기를 사는 데 많은 돈을 썼다.
④ 억지를 쓰는 버릇을 고쳐야 한다.
⑤ 공사를 하게 되어 인부를 써야 한다.

>> 2014년 11월 고2 모의고사

> 이와 같은 행위는 진입 장벽을 높여 타 집단과의 자유 경쟁을 억압하고 시장 전체의 비효율성을 ⓐ부른다.

02 ⓐ와 가장 가까운 뜻으로 쓰인 것은?

① 내가 부르는 대로 받아 적어라.
② 저 멀리 푸른 바다가 우리를 부른다.
③ 화는 또 다른 화를 부르기 마련이다.
④ 우리는 체육대회에서 신나게 응원가를 불렀다.
⑤ 그 가게에서는 값을 비싸게 불러 거래하지 않는다.

>> 2014년 9월 고2 모의고사

> • 휜 나무를 ⓐ쓴 또 다른 건축물로 개심사의 범종각을 들 수 있다.
> • 범종각에는 누각을 ⓑ이루는 기둥 네 개에 모두 휜 나무가 사용되었다.
> • 심하게 휘어져 있는 나무를 네 군데 모두 사용하다 보니 범종각은 금방이라도 쓰러질 듯 보인다. 하지만 곧은 나무를 사용한 누각과 ⓒ다르지 않게 널따란 지붕을 거뜬히 잘 받치며 오랫동안 잘 유지되어 왔다.
> • 개심사 범종각의 휜 기둥은 건축물에 율동감을 ⓓ주면서, 동시에 자연적인 상태를 받아들이고 더 이상의 치장은 욕심이며 불필요한 것임을 깨닫게 하는 정신적 경계의 역할을 하고 있다. 엄숙한 불교 건축에 휜 나무를 그대로 사용함으로써 자연의 모습, 있는 그대로의 모습을 따르는 것이 이상적 가치라고 알려 준다.
> • 자연의 일부인 휜 나무는 부족하거나 모자란 것이 아니라, 그 자체로 하나의 독립적이며 완결된 생명체이다. 그러니 일부러 ⓔ꾸미지 않고, 가공하지도 않는 것이 휘어 있는 나무 상태를 존중하는 것이다. 우리는 여기서 곧은 나무든 휘어진 나무든 모양에 상관없이 그 자체로 기둥의 역할을 충분히 해낼 수 있다는 선인들의 믿음과 평등 의식을 깨닫게 된다.

03 문맥상 ⓐ~ⓔ와 바꿔 쓰기에 적절하지 **않은** 것은?

① ⓐ: 사용(使用)한   ② ⓑ: 구성(構成)하는   ③ ⓒ: 상이(相異)하지
④ ⓓ: 부과(賦課)하면서   ⑤ ⓔ: 치장(治粧)하지

수능 국어 어휘 만점 대비하기

쓰다	다음 밑줄 친 부분에 해당하는 의미를 사전적 의미 에서 찾아 그 기호를 쓰시오.

01 책을 사면 표지 안쪽에 이름을 <u>쓴다</u>.   (   )

02 유학을 간 친구에게 자주 편지를 <u>쓴다</u>.   (   )

03 컴퓨터를 <u>쓰지</u> 않는 사람은 매우 드물다.   (   )

04 고향에 도착하면 사투리를 <u>쓰기</u> 시작한다.   (   )

05 도배를 빨리 끝내려면 인부 세 명을 <u>써야</u> 한다.   (   )

06 월급이 적어서 생활비로 <u>쓰고</u> 나면 남는 게 없다.   (   )

사전적 의미
㉠ 종이 등에 획을 그어서 일정한 글자를 적다.
㉡ 머릿속의 생각을 종이 등에 글로써 나타내다.
㉢ 어떤 일을 하는 데 재료나 도구, 수단을 이용하다.
㉣ 사람에게 어떤 일을 하게 하다.
㉤ 어떤 일을 하는 데 시간이나 돈을 들이다.
㉥ 어떤 말이나 언어를 사용하다.

어리다	다음 밑줄 친 부분에 해당하는 의미를 사전적 의미 에서 찾아 그 기호를 쓰시오.

07 문득 행복하였던 <u>어린</u> 시절이 떠올랐다.   (   )

08 막냇동생은 나보다 다섯 살이나 <u>어리다</u>.   (   )

09 누나가 길에서 <u>어린</u> 고양이를 주워 왔다.   (   )

10 그는 사회 초년생이라 아직 생각이 <u>어리다</u>.   (   )

11 그의 정성 <u>어린</u> 간호 덕분에 건강을 되찾았다.   (   )

12 고생하시는 부모님을 생각하니 눈에 눈물이 <u>어렸다</u>.   (   )

사전적 의미
㉠ 나이가 적다. 10대 전반을 넘지 않은 나이를 이른다.
㉡ 나이가 비교 대상보다 적다.
㉢ 동물이나 식물 등이 난 지 얼마 안 되어 작고 여리다.
㉣ 생각이 모자라거나 경험이 적거나 수준이 낮다.
㉤ 눈에 눈물이 조금 괴다.
㉥ 현상, 기운, 추억 등이 배어 있거나 은근히 드러나다.

다니다	다음 밑줄 친 부분에 해당하는 의미를 사전적 의미 에서 찾아 그 기호를 쓰시오.

13 퇴근길에 시장에 <u>다녔다</u> 가기로 하였다.   (   )

14 늦은 시간 산길로 <u>다니는</u> 것은 위험하다.   (   )

15 얼마 전 허리를 다쳐 병원에 <u>다니고</u> 있다.   (   )

16 이 마을에 <u>다니는</u> 버스는 한 대뿐이다.   (   )

17 그녀는 <u>다니던</u> 직장을 그만두고 쉬고 있다.   (   )

18 그는 산삼을 찾아서 전국 방방곡곡을 <u>다녔다</u>.   (   )

사전적 의미
㉠ 볼일이 있어 일정한 곳을 정하여 놓고 드나들다.
㉡ 볼일이 있어 어떠한 곳에 들르다.
㉢ 직장이나 학교 등의 기관을 정기적으로 늘 갔다 오다.
㉣ 이리저리 오고 가고 하다.
㉤ 어떤 곳을 지나가고 지나오고 하다.
㉥ 어떤 교통수단이 운행하다.

법률·경제 관련 빈출 어휘 익히기

주주 그루 株 주인 主	주식을 가지고 직접 또는 간접으로 회사 경영에 참여하는 개인이나 법인. 예 ☐☐ 는 기업이 이윤을 내면 그 이익금을 배당받는다.
매수 살 買 거둘 收	물건이나 주식을 사들임. 예 증권 거래소에는 주식을 ☐☐ 하려는 사람들로 붐볐다.
매도 팔 賣 건널 渡	값을 받고 물건의 소유권을 다른 사람에게 넘김. 예 외국인 투자자들이 ☐☐ 에 나서면서 주가가 크게 하락하였다.
지가 땅 地 값 價	토지의 가격. 예 지하철역이 생기자 그 주변 지역의 ☐☐ 가 몇 배나 올랐다.
징발 부를 徵 필 發	국가에서 특별한 일에 필요한 사람이나 물자를 강제로 모으거나 거둠. 예 국가가 군사용 목적으로 ☐☐ 한 토지를 원소유주에게 보상하였다.
징수 부를 徵 거둘 收	행정 기관이 법에 따라서 조세, 수수료, 벌금 등을 국민에게서 거두어들이는 일. 예 이번 회의에서는 지방세 ☐☐ 를 비롯한 여러 안건이 제시되었다.
차익 다를 差 더할 益	물건을 사고판 결과나 가격, 시세의 변동으로 생기는 이익. 예 우리 회사는 외국에서 사 온 가격보다 상품을 비싸게 팔아서 ☐☐ 을 남겼다.
체납 막힐 滯 들일 納	세금 등을 기한까지 내지 못하여 밀림. 예 전기료를 ☐☐ 하면 독촉장이 날아오고, 결국 전기가 끊길 수도 있다.
출자 날 出 재물 資	회사나 조합 등의 공공사업을 수행하기 위하여 구성원이 자금을 내는 일. 예 공기업이란 정부나 공공 단체가 자본의 전액을 ☐☐ 한 기업이다.
통화량 통할 通 재물 貨 헤아릴 量	국가 안에서 실제로 쓰고 있는 돈의 양. 예 시중 은행들이 대출을 늘리자 ☐☐☐ 이 증가하였다.

문화·예술 관련 빈출 어휘 익히기

독자적 홀로 獨 스스로 自 과녁 的	남에게 기대지 아니하고 혼자서 하는 것. 다른 것과 구별되는 혼자만의 특유한 것. 예 모든 문화는 국가나 지역별로 〔　　〕인 성격을 지니고 있다.
이질적 다를 異 바탕 質 과녁 的	성질이 다른 것. 예 두 작품은 너무 〔　　〕인 주제를 담고 있어 서로 어울리지 않는다.
일의적 한 一 옳을 義 과녁 的	가장 중요하고 근본적인 뜻을 갖는 것. 예 철학의 〔　　〕인 문제는 삶과 죽음에 관한 것이다.
자의적 마음대로 恣 뜻 意 과녁 的	일정한 원칙이나 법칙에 따르지 않고 제멋대로 함. 예 〔　　〕인 해석으로 작성된 기사는 진실을 왜곡할 우려가 있다.
배타적 밀칠 排 다를 他 과녁 的	한 개인이나 집단의 입장에 서서 그 외의 사람이나 집단을 제외하거나 배척하는 것. 예 다른 국가에 대해 〔　　〕인 정책을 펼치는 것은 바람직하지 않다.
사색적 생각 思 찾을 索 과녁 的	어떤 것에 대하여 깊이 생각하고 그 근본 뜻을 찾는 것. 예 〔　　〕인 태도는 자기성찰과 성장에 중요한 역할을 한다.
선제적 먼저 先 절제할 制 과녁 的	선수를 쳐서 상대편을 제압하는, 또는 그런 것. 예 정부는 전염병과 같은 긴급한 위기 상황에 대하여 〔　　〕인 대응 계획을 마련해야 한다.
총체적 다 總 몸 體 과녁 的	있는 것들을 모두 하나로 합치거나 묶은 것. 예 농민 항쟁은 당시 사회의 모순을 〔　　〕으로 반영하는 것이었다.
항시적 항상 恒 때 時 과녁 的	언제나 늘 있는 것. 예 독서는 〔　　〕인 습관을 통해 지식을 쌓고 창의성을 향상한다.
호혜적 서로 互 은혜 惠 과녁 的	서로 특별한 혜택을 주고받는 것. 예 문화 교류는 〔　　〕인 관계를 촉진하며 문화 다양성을 증진한다.

29

실전 문제로 어휘력 완성하기

● 다음 글을 읽고 물음에 답하시오.

> 인류 문명의 발전과 함께 농업은 오랜 시간 동안 생명과 식량을 공급하는 중요한 산업으로 자리 잡았다. 그러나 최근 기후 변화로 인한 가뭄과 물 부족으로 농업용수가 감소하고 있으며, 농민들은 물 자원 관리에 어려움을 겪고 있다. 이에 농업용수를 효과적으로 ㉠쓰기 위해 물의 재순환 시스템을 구축하고, 저수지와 물 자동 분배 시스템을 도입하는 등 다양한 방법과 기술들이 연구되고 있다.

01 ㉠의 문맥적 의미와 가장 가까운 것은?

① 경험이 많은 경력자를 쓰기로 하였다.
② 자신의 이름조차 한자로 쓰지 못하였다.
③ 음식이 맛있으려면 신선한 재료를 써야 한다.
④ 계획표를 만들어 시간을 효율적으로 써야 한다.
⑤ 전 세계 인구 중에서 무려 29%가 영어를 쓰고 있다.

● 다음 글을 읽고 물음에 답하시오.

> 차(茶)를 마시는 습관은 건강에 긍정적인 영향을 미친다. 항산화 작용으로 세포 손상을 방지하고, 면역력을 강화하며 소화를 개선해 준다. 감잎차는 감나무의 ㉡어린잎을 건조해 만든 차로, 건강에 다양한 도움을 준다. 감잎차에 있는 항산화 물질인 폴리페놀과 카로티노이드는 세포를 보호하고, 불안과 스트레스를 줄이는 데 도움을 주는 진정 작용을 한다.

02 ㉡의 문맥적 의미와 가장 가까운 것은?

① 그는 학생으로 착각할 만큼 어려 보인다.
② 화단은 초록색의 어린 새순들로 뒤덮였다.
③ 동생은 너무 어려서 놀이 기구를 탈 수 없다.
④ 저의 어린 소견이지만 한번만 고려해 주세요.
⑤ 그녀는 진심 어린 목소리로 부모를 설득하였다.

● 다음 글을 읽고 물음에 답하시오.

> 음식이 소화되는 과정은 마치 영양분이 우리 몸속에서 여행을 ㉢다니는 것과도 같다. 음식은 입안에서 출발하여 위에서 위산과 만나 분해되고, 그다음은 소장에서 영양소로 바뀌어 흡수된다. 이렇게 몸 이곳저곳에서 여러 단계를 거치며 음식은 우리 몸에 필요한 형태로 변화하고, 마침내 그 목적지에 도달하게 된다. 이 여정을 통해 우리는 영양을 얻고 에너지를 충전하여 생활을 이어나갈 수 있다.

03 ㉢의 문맥적 의미와 가장 가까운 것은?

① 동생이 자주 다니던 미용실에 가 봤다.
② 설날이면 동네 친척 집을 다니며 세배하였다.
③ 그는 서울에 있는 외갓집에서 학교에 다녔다.
④ 한밤에는 골목길보다 큰길로 다니는 것이 좋다.
⑤ 할아버지는 봄이 되면 멧돼지 사냥을 다니셨다.

● **04~06** 다음 설명에 맞는 글자를 골라 ①한글과 ②한자로 쓰시오.

價	發	資	徵	出	地
값 가	필 발	재물 자	부를 징	날 출	땅 지

04 국가에서 특별한 일에 필요한 사람이나 물자를 강제로 모으거나 거둠.

(①   ), (②   )

05 토지의 가격.   (①   ), (②   )

06 회사나 조합 등의 공공사업을 수행하기 위하여 구성원이 자금을 내는 일.

(①   ), (②   )

● **07~09** 다음 설명에 맞는 단어를 골라 쓰시오.

자의적	배타적	선제적	항시적	호혜적

07 서로 특별한 혜택을 주고받는 것.   (   )

08 남이 하기 전에 앞질러 하는 행동하여 상대편을 제압하는 것.   (   )

09 일정한 원칙이나 법칙에 따르지 않고 제멋대로 함.   (   )

● **10~12** 제시된 초성을 참고하여 다음 예문을 완성하시오.

10 회사는 비어 있는 공장 부지를 적당한 가격에 ㅁ ㄷ 하기로 하였다.

값을 받고 물건의 소유권을 다른 사람에게 넘김.

(   )

11 불법 주정차 등의 교통 법규 위반자에게는 벌금을 ㅈ ㅅ 한다.

행정 기관이 법에 따라서 조세, 수수료, 벌금 등을 국민에게서 거두어들이는 일.

(   )

12 재산을 은닉하고 고액의 세금을 ㅊ ㄴ 한 유명인이 적발되었다.

세금 등을 기한까지 내지 못하여 밀림.

(   )

>> 2014년 6월 고2 모의고사

- 기존의 경제학은 인간을 철저하게 합리적이고 이기적인 존재로 ⓐ상정(想定)하여, 인간은 시간과 공간에 관계없이 일관된 선호를 보이며 효용을 극대화하는 방향으로 선택을 한다고 본다.
- 그래서 기존의 경제학자들은 인간의 행동이 예측 가능하다는 것을 ⓑ전제(前提)로 경제 이론을 발전시켜 왔다.
- 행동 경제학은 인간이 때로는 이타적인 행동을 하고 비합리적인 행동을 하는 존재라는 점을 인정하며, 현실에 ⓒ실재(實在)하는 인간을 연구 대상으로 한다.
- 사람들은 손실을 능가하는 충분한 이익이 없는 한, 현재 상태를 유지하는 쪽으로 ⓓ편향(偏向)된 선택을 한다고 한다.
- 인간의 본성을 거스르지 않는 의사 결정을 하게 하는 좋은 ⓔ단서(端緒)를 제공할 수 있을 것으로 기대된다.

01 ⓐ~ⓔ의 사전적 의미로 적절하지 **않은** 것은?

① ⓐ: 토의할 안건을 회의에 내어놓음.　　　② ⓑ: 어떤 현상을 이루기 위하여 먼저 내세우는 것.
③ ⓒ: 실제로 존재함.　　　④ ⓓ: 한쪽으로 치우침.
⑤ ⓔ: 문제를 해결하는 방향으로 이끌어 가는 일의 첫 부분.

>> 2014년 3월 고2 모의고사

- 경제학에서는 한 재화나 서비스 등의 공급이 기업에 집중되는 ⓐ양상에 따라 시장 구조를 크게 독점 시장, 과점 시장, 경쟁 시장으로 구분하고 있다.
- 시장 점유율이란 시장 안에서 특정 기업이 차지하고 있는 ⓑ비중을 의미하는데, 생산량, 매출액 등을 기준으로 측정할 수 있다.
- 미국에서는 상위 4대 기업의 시장 점유율을 합한 값을 시장 집중률로 ⓒ채택하여 사용하고 있다.
- 시장 집중률을 측정하는 ⓓ기준에는 여러 가지가 있기 때문에 어느 것을 기준으로 삼느냐에 따라 측정 결과에 차이가 생긴다.
- 시장 집중률은 시장 구조를 구분하는 데 매우 유용한 지표이며, 이를 통해 시장 내의 공급이 기업에 집중되는 양상을 ⓔ파악해 볼 수 있다.

02 ⓐ~ⓔ의 사전적 뜻풀이로 바르지 **않은** 것은?

① ⓐ: 사물이나 현상의 모양이나 상태.　　　② ⓑ: 다른 것과 비교할 때 차지하는 중요도.
③ ⓒ: 작품, 의견, 제도 따위를 골라서 다루거나 뽑아 씀.　　　④ ⓓ: 어떤 상황의 가변적 요인.
⑤ ⓔ: 어떤 대상의 내용이나 본질을 확실하게 이해하여 앎.

>> 2013년 11월 고2 모의고사

　소비를 결정하는 요인들이 무엇이며, 그 요인들과 소비 사이에는 어떤 관계가 성립하는가의 문제를 다루는 이론을 소비 이론이라고 ⓐ부른다.

03 밑줄 친 단어 중, ⓐ와 문맥적 의미가 같은 것은?

① 손님을 잔치에 부른다.　　　② 반주에 맞추어 노래를 부른다.
③ 그 가게는 값을 비싸게 부른다.　　　④ 소란스러운 거리에서 그녀를 부른다.
⑤ 이 문화재를 청동 사자상이라고 부른다.

수능 국어 어휘 만점 대비하기

얻다
다음 밑줄 친 부분에 해당하는 의미를 사전적 의미 에서 찾아 그 기호를 쓰시오.

01 공짜로 <u>얻은</u> 사탕을 동생에게 주었다. ( )

02 고객 센터에서 원하는 답을 <u>얻을</u> 수 없었다. ( )

03 떡볶이 장사를 하기 위해 작은 가게를 <u>얻었다</u>. ( )

04 그녀는 유럽에서 요리사로 명성을 <u>얻고</u> 있었다. ( )

05 학자금 융자를 <u>얻어</u> 대학 등록금을 마련하였다. ( )

06 그는 회장 선거에서 많은 표를 <u>얻어</u> 당선되었다. ( )

사전적 의미
⊙ 특별한 노력이나 대가 없이 받아 가지다.   ⓛ 긍정적인 태도·반응·상태 등을 가지거나 누리게 되다.
ⓒ 구하거나 찾아서 가지다.   ② 돈을 빌리다.
ⓜ 집이나 방 등을 빌리다.   ⑪ 권리나 결과·재산 등을 차지하거나 획득하다.

엎다
다음 밑줄 친 부분에 해당하는 의미를 사전적 의미 에서 찾아 그 기호를 쓰시오.

07 뜨거운 국이 담긴 대접을 실수로 <u>엎었다</u>. ( )

08 아무리 화가 나고 밥상을 <u>엎으면</u> 안 된다. ( )

09 설거지한 그릇을 씻어 선반에 <u>엎어</u> 놓았다. ( )

10 예기치 못한 상황으로 모든 계획을 <u>엎어야</u> 하였다. ( )

11 그녀는 기존의 견해를 <u>엎고</u> 새로운 주장을 내놓았다. ( )

사전적 의미
⊙ 물건 등을 거꾸로 돌려 위가 밑을 향하게 하다.   ⓛ 그릇 등을 부주의로 넘어뜨려 내용물이 쏟아지게 하다.
ⓒ 제대로 있는 것을 넘어뜨리다.   ② 일, 체제, 질서를 완전히 뒤바꾸기 위하여 없애다.
ⓜ 기존의 일, 주장을 깨뜨리거나 바꾸어서 무효로 하다.

오다
다음 밑줄 친 부분에 해당하는 의미를 사전적 의미 에서 찾아 그 기호를 쓰시오.

12 성공은 끊임없는 노력으로부터 <u>온다</u>. ( )

13 밤늦게 집에 <u>왔더니</u> 모두 자고 있었다. ( )

14 입원하신 할아버지를 뵈러 병원에 <u>왔다</u>. ( )

15 사회인이 되자 그의 성격에도 변화가 <u>왔다</u>. ( )

16 겨울이 가고 봄이 <u>오면</u> 마음조차 따뜻해진다. ( )

사전적 의미
⊙ 가고자 하는 곳에 이르다.   ⓛ 어떤 대상에 어떤 상태가 이르다.
ⓒ 목적을 위하여 말하는 이가 있는 곳으로 옮겨 가다.   ② 어떤 현상이 어떤 원인에서 비롯하여 생겨나다.
ⓜ 때나 계절 등이 말하는 시점을 기준으로 현재나 가까운 미래에 닥치다.

인문·철학 관련 빈출 어휘 익히기

동력 움직일 動 힘 力	어떤 일을 발전시키고 밀고 나가는 힘. 예 팀원 간의 배려와 협력이 우승의 ☐☐ 이 되었다.	
탐닉 즐길 耽 빠질 溺	어떤 일을 지나치게 즐겨서 거기에 빠짐. 예 그는 모든 책임을 외면한 채 쾌락만을 ☐☐ 하였다.	
아집 나 我 잡을 執	자기중심적인 생각이나 좁은 소견에 사로잡힌 고집. 예 ☐☐ 을 버리고 다른 사람의 조언을 듣도록 노력해야 한다.	
탐독 즐길 耽 읽을 讀	어떤 글이나 책을 열중하여 읽음. 예 그녀는 책에 밑줄을 그어 가며 ☐☐ 중이었다.	
도출 인도할 導 날 出	어떤 방안이나 결론을 이끌어 냄. 예 과학자들은 실험을 통해 새로운 이론을 ☐☐ 하기 위해 노력한다.	
폄하 낮출 貶 아래 下	가치나 수준을 깎아내려 평가함. 예 장군의 업적은 친일파에 의해 지나치게 ☐☐ 되었다.	
통용 통할 通 쓸 用	일반적으로 두루 쓰임. 예 요즘은 백화점 상품권이 화폐처럼 ☐☐ 되고 있다.	
강경 강할 強 굳셀 勁	태도나 주장 등이 타협하거나 양보하지 않을 정도로 강함. 예 정부는 수입 품목 제한에 대해 ☐☐ 한 태도를 보여 왔다.	
연대 해 年 대신할 代	과거의 긴 시간이나 시대를 일정한 햇수의 단위로 나눈 것. 예 이 소설은 작가와 지어진 ☐☐ 가 불분명하다.	
국한 판 局 한할 限	어떤 사물이나 일, 현상 등의 범위를 일정한 부분이나 측면으로 제한하거나 한정함. 예 수질오염 문제는 비단 도시에만 ☐☐ 된 것이 아니다.	

과학·기술 관련 빈출 어휘 익히기

항진 배 航 나아갈 進	비행기나 선박 등이 앞으로 나아감. 예 우주선은 장장 12년의 ☐☐ 끝에 해왕성에 도착하였다.
혼재 섞을 混 있을 在	여러 가지가 뒤섞여 있음. 예 이 작품은 다양한 기법이 ☐☐ 되어 있어 다소 산만해 보인다.
호명 부를 呼 이름 名	이름을 부름. 예 담임 선생님은 반 학생들을 한 사람씩 ☐☐ 하였다.
호환 서로 互 바꿀 換	서로 교환함. 예 이 기계는 다른 회사 제품과 ☐☐ 을 할 수 있다는 장점이 있다.
만조 찰 滿 밀물 潮	밀물이 가장 높은 해면까지 꽉 차게 들어오는 현상. 또는 그런 때. 예 ☐☐ 가 되면 순식간에 갯벌에 물이 차오른다.
간조 방패 干 밀물 潮	바다에서 바닷물이 빠져나가 바닷물의 높이가 가장 낮아진 상태. 예 ☐☐ 가 되어 바닷물이 모두 빠지자, 조개를 캐러 갯벌로 들어갔다.
조석 밀물 潮 조수 汐	밀물과 썰물을 아울러 이르는 말. 예 동해는 ☐☐ 의 변동이 드물고, 수심이 대체로 균일하다.
해수 바다 海 물 水	바다에 있는 짠물. 예 사고 난 선박에서 흘러나온 기름으로 ☐☐ 가 오염되었다.
해류 바다 海 흐를 流	일정한 방향과 속도로 이동하는 바닷물의 흐름. 예 북쪽에서 따뜻한 ☐☐ 가 흘러 들어와 해수 온도가 올라가게 된다.
조류 밀물 潮 흐를 流	밀물과 썰물 때문에 일어나는 바닷물의 흐름. 예 서해안은 조석의 차이가 커서 ☐☐ 가 강하고 유속이 빠르다.

실전 문제로 어휘력 완성하기

● 다음 글을 읽고 물음에 답하시오.

> 소피아 아마루소는 이탈리아 르네상스 시대의 여성 화가로, 자연에서 영감을 ㉠얻어 아름다운 풍경과 감성을 표현한다. 대표적인 작품인 〈청록색의 푸른 바다〉는 아름다운 푸른 바다를 주제로 하며, 화가 특유의 감성과 아름다움을 잘 담고 있다. 작품 속 청록색으로 물든 바다는 차분하면서도 신비로운 분위기를 자아내며, 자연의 아름다움과 동시에 그녀의 내면과 감정을 담아낸 것으로 평가받고 있다.

01 ㉠의 문맥적 의미와 가장 가까운 것은?
　　① 독서를 통하여 지혜와 교훈을 얻는다.
　　② 미국에서 한국 김밥이 인기를 얻고 있다.
　　③ 그녀는 기초 훈련에서 높은 점수를 얻었다.
　　④ 내년까지 은행에서 얻은 빚을 갚아야 한다.
　　⑤ 10년 모은 적금으로 아파트 전세를 얻었다.

● 다음 글을 읽고 물음에 답하시오.

> 과거에는 태양이 지구 주위를 돈다는 주장이 학문적으로 널리 받아들여졌다. 그러나 우주 과학자들은 망원경과 위성 등을 이용하여 기존의 학문적 인식을 ㉡엎는 새로운 사실을 발견하였다. 태양이 중심에 있고 행성들이 그 주위를 공전한다는 사실을 밝힌 것이다. 이러한 발견은 우주 과학의 지평을 확장하였으며, 우리가 우주의 기원과 진화를 이해하는 데에도 큰 도움을 주었다. 또한 과학의 지속적인 발전과 탐구의 필요성을 강조하며, 더욱 정확하고 포괄적인 지식을 얻기 위한 노력이 계속되어야 함을 보여 주었다.

02 ㉡의 문맥적 의미와 가장 가까운 것은?
　　① 형사가 도망가는 범인을 잡아 바닥에 엎었다.
　　② 사라진 서류를 찾기 위해 책상 서랍을 엎었다.
　　③ 쌀이 담긴 바가지를 엎어 한참을 주워 담았다.
　　④ 선거는 정권을 엎을 수 있는 민주적인 절차이다.
　　⑤ 지금까지의 경제학 이론을 엎는 혁신적인 경제 모델이다.

● 다음 글을 읽고 물음에 답하시오.

> 팬데믹(Pandemic)은 전염병이 전 세계적으로 크게 유행하는 현상을 뜻한다. 대표적인 팬데믹 사례로는 1918년 스페인 독감 팬데믹, 2009년 H1N1 인플루엔자, 2019년 코로나바이러스 팬데믹 등이 있다. 팬데믹이 ㉢오면 사회, 문화, 경제 등 모든 영역이 어려움에 빠지게 되는데, 대규모 감염으로 인해 의료 시스템이 붕괴할 수 있는 위기에 직면한다. 이러한 문제들을 해결하고 응급 대응 능력을 강화하기 위해 정부와 의료 단체들은 효과적인 대응 전략을 모색해야 한다.

03 ㉢의 문맥적 의미와 가장 가까운 것은?
　　① 새해가 오면 나도 이제 어엿한 성인이다.
　　② 양로원에 봉사 활동을 온 학생들이 있었다.
　　③ 지도자의 부재로 지휘 체계에 혼란이 왔다.
　　④ 눈길을 운전해서 오느라 시간이 오래 걸렸다.
　　⑤ 숙소에 와서 짐부터 풀고 여행지를 찾아보자.

● 04~06 다음 설명에 맞는 글자를 골라 ①한글과 ②한자로 쓰시오.

出 날 출	限 한할 한	代 대신할 대	導 인도할 도	年 해 연	局 판 국

04 어떤 방안이나 결론을 이끌어 냄. (①   ), (②   )

05 과거의 긴 시간이나 시대를 일정한 햇수의 단위로 나눈 것. (①   ), (②   )

06 어떤 사물이나 일, 현상 등의 범위를 일정한 부분이나 측면으로 제한하거나 한정함.

(①   ), (②   )

● 07~09 다음 설명에 맞는 글자를 골라 ①한글과 ②한자로 쓰시오.

流 흐를 류	干 방패 간	混 섞을 혼	潮 밀물 조	潮 밀물 조	在 있을 재

07 여러 가지가 뒤섞여 있음. (①   ), (②   )

08 밀물과 썰물 때문에 일어나는 바닷물의 흐름. (①   ), (②   )

09 바다에서 바닷물이 빠져나가 바닷물의 높이가 가장 낮아진 상태.

(①   ), (②   )

● 10~12 제시된 초성을 참고하여 다음 예문을 완성하시오.

10 국민의 화합과 통합은 나라 발전의 가장 큰 ㄷ ㄹ 이다.

어떤 일을 발전시키고 밀고 나가는 힘.

(   )

11 최근 은행에서는 도장 대신에 사인이 주로 ㅌ ㅇ 되고 있다.

일반적으로 두루 쓰임.

(   )

12 이 시스템에서는 두 개의 프로그램을 ㅎ ㅎ 하여 사용할 수 있다.

서로 교환함.

(   )

Foreign Copyright:
Joonwon Lee　　Mobile: 82-10-4624-6629
Address: 3F, 127, Yanghwa-ro, Mapo-gu, Seoul, Republic of Korea
　　　　　3rd　Floor
Telephone: 82-2-3142-4151
E-mail: jwlee@cyber.co.kr

중등 내신 잡고 ➕ 수능 국어 실력 다지는

개념어·어휘력 3 - 비문학 -

2024. 4. 17. 1판 1쇄 인쇄
2024. 4. 24. 1판 1쇄 발행

저자와의
협의하에
검인생략

지은이 | 꿈씨앗연구소
펴낸이 | 이종춘
펴낸곳 | BM (주)도서출판 **성안당**

주소 | 04032 서울시 마포구 양화로 127 첨단빌딩 3층(출판기획 R&D 센터)
10881 경기도 파주시 문발로 112 파주 출판 문화도시(제작 및 물류)

전화 | 02) 3142-0036
031) 950-6300

팩스 | 031) 955-0510
등록 | 1973. 2. 1. 제406-2005-000046호
출판사 홈페이지 | www.cyber.co.kr
ISBN | 978-89-315-8623-7 (53710)
정가 | 14,000원

이 책을 만든 사람들
책임 | 최옥현
기획·진행 | 정지현
교정·교열 | 신현정
표지·본문 디자인 | 메이크디자인
홍보 | 김계향, 유미나, 정단비, 김주승
국제부 | 이선민, 조혜란
마케팅 | 구본철, 차정욱, 오영일, 나진호, 강호묵
마케팅 지원 | 장상범
제작 | 김유석

이 책의 어느 부분도 저작권자나 BM (주)도서출판 **성안당** 발행인의 승인 문서 없이 일부 또는 전부를 사진 복사나 디스크 복사 및 기타 정보 재생 시스템을 비롯하여 현재 알려지거나 향후 발명될 어떤 전기적, 기계적 또는 다른 수단을 통해 복사하거나 재생하거나 이용할 수 없음.

■ 도서 A/S 안내

성안당에서 발행하는 모든 도서는 저자와 출판사, 그리고 독자가 함께 만들어 나갑니다.
좋은 책을 펴내기 위해 많은 노력을 기울이고 있습니다. 혹시라도 내용상의 오류나 오탈자 등이 발견되면 **"좋은 책은 나라의 보배"**로서 우리 모두가 함께 만들어 간다는 마음으로 연락주시기 바랍니다. 수정 보완하여 더 나은 책이 되도록 최선을 다하겠습니다.
성안당은 늘 독자 여러분들의 소중한 의견을 기다리고 있습니다. 좋은 의견을 보내주시는 분께는 성안당 쇼핑몰의 포인트(3,000포인트)를 적립해 드립니다.

잘못 만들어진 책이나 부록 등이 파손된 경우에는 교환해 드립니다.